조선 왕릉제도 연구

조선 왕릉제도 연구

정 해 득 지음

신구문화사

머리말

조선왕릉은 2009년 세계문화유산으로 등재되었다. 500년 조선왕조의 역대 왕릉이 고스란히 잘 보존된 점과 조성과정을 알 수 있는 풍부한 기록물이 있고, 현재까지도 제향이 지속되고 있다는 사실이 세계인의 관심을 끈 것이다. 당시 조선왕릉을 실사한 심사위원들은 조선왕릉을 '신들의 정원' 이라며 감탄하였다고 한다.

조선왕릉이 세계문화유산으로 등재됨으로써 국민들의 관심이 고조된 것은 물론이고 그에 부응하여 왕릉의 보존과 주변 경관에 대한 국가적인 관리가 더욱 중요해졌으며 그를 뒷받침하기 위한 학문적 연구의 필요성도 절실하게 되었다. 2007년 세계기록유산으로 등재된 '조선왕조의궤' 가운데 상당수 자료가 왕릉 조성과정과 관리 상황을 상세히 기록하고 있고 역시 세계기록유산인 조선왕조실록과 승정원일기, 일성록 등에 왕릉 조성 당시의 기록이 풍부하게 실려 있다. 각 왕릉마다 능지(陵誌) 자료까지 남아 있는 등, 왕릉에 대하여 자세한 기록을 남긴 왕조는 세계적으로도 조선왕조가 유일하다.

그러나 현재의 조선왕릉은 조성 당시의 원형을 상실한 왕릉이 대다수이다. 왕릉과 관련된 풍부한 자료들이 활발하게 연구되어 보존과 관리에 활용되지 못한 채 일제강점기와 한국전쟁 당시 '왕릉능역'의 울창한 숲이 훼손된 것은 물론이고, 정부수립 이후 왕릉능역을 국유재산으로 편입한 후 왕릉에 대한 연구와 정당한 평가없이 최소면적만 남긴 채 국가시설부지로 사용하거나 민간에 불하하여 개발하였기 때문이다.

조선왕릉 주변에 대한 개발과 훼손은 현재까지 계속되고 있는데, 화성시에 소재한 융 · 건릉 주변에 '태안3 택지개발지구'를 계획한 것이 대표적인 사례이다. 이곳은 융 · 건릉과 원찰인 용주사(龍珠寺), 왕릉의 부속시설인 만년제(萬年堤) 사이에 위치하여 지구지정 당시부터 반대 의견이 컸었으나 개발을 계속하려는 사업시행자로 인해 사회 각계 · 각층의 다양한 의견이 맞서서 사회적 갈등이 지속되고 있다.

이러한 현상은 전적으로 1960년대 이후 개발과정에서 축소된 왕릉 능역을 사적지로 지정하고, 지정된 면적만을 왕릉구역으로 인식하게 된 현실에서 비롯된 것이다. 그 당시는 왕릉제도와 왕릉 능역에 대해 무지했던 시절이었으나 세계문화유산으로 등재된 오늘의 현실에서 그와 같은 인식이 지속된다는 것은 큰 문제가 아닐 수 없다.

조선왕릉 가운데 과거의 원형적인 모습을 잘 보여주는 곳은 광릉이 유일하다. 광릉능역의 울창한 숲이 국립수목원에 의해 잘 보존되었기 때문이다. 광릉에서 확인할 수 있는 것은 조선왕릉의 능역이 봉분과 정자각,

홍살문이 서 있는 협소한 공간이 아니라 외곽의 재실과 원찰, 풍수적 경관까지 포함한 넓은 공간이라는 사실이다.

이제 세계문화유산 조선왕릉의 보존과 관리를 위해 과거 식목과 보토가 이루어지며 울창한 숲으로 가꿔진 '왕릉능역' 전체를 조선왕릉으로 보는 인식의 전환이 필요한 시점이다. 또한 '왕릉능역' 전체를 염두에 두면서 방대한 자료를 활용한 연구와 왕릉 현장의 긴급한 상황을 바로잡기 위한 문제의식에서의 연구가 시급하다.

이 책은 이런 문제의식과 시각에서 조선왕릉제도 전반에 대한 본격적인 연구를 시도하였다. 필자는 경주의 신라왕릉, 공주·부여의 백제왕릉, 강화도의 고려왕릉은 물론 여러 곳에 산재한 조선왕릉을 직접 답사하여 조사하면서 각 시대마다 왕릉제도가 계승되고 변화·발전해 가는 과정을 확인하였다. 기존의 연구성과를 치밀하게 검토하고 최근에 소개된 북한 소재 왕릉의 사진자료를 통해 고려왕릉제도를 정리하여 공민왕릉에서 조선왕릉으로 계승·발전되어 가는 과정을 규명하였다. 또한 『조선왕조실록』과 의궤와 능지 등 관련자료를 고찰하여 조선의 왕릉제도가 정비되는 과정과 왕릉에 상설된 석물 및 시설물을 심층적으로 분석하였으며, 조선왕릉이 조성되는 과정과 관리체계를 영조 원릉을 대상으로 사례분석하였다.

왕릉제도에 대한 연구는 각 왕릉의 개별적인 연구는 물론 관련 학문 분야의 연구를 위한 기초작업으로서 중요한 의미가 있다. 각 왕릉마다 조성 당시의 정치 상황과 제도의 적용, 조성과정과 변화 등에 대한 심층적인 연구는 향후의 연구 과제라 할 수 있다. 여러 선학들의 관심과 질정을 바란다.

이 연구서가 나오기까지 많은 분들의 도움을 받았다. 왕릉답사에 동행하면서 궂은일을 함께한 동학(同學)들과 고려왕릉 사진자료를 제공해 주신 정학수 선생님, 연구발표마다 문제점을 지적해 주신 역사문화연구소와 조선시대사학회의 여러 선생님들께 감사드린다. 아울러 원고를 출간하면서 여러모로 애써주신 신구문화사 관계자 여러분께도 감사의 뜻을 전한다.

2013년 3월 1일

수원 만수재(萬修齋)에서

정해득 씀

차례

표 목차

그림 목차

도면 목차

부표 목차

제1장

서론

고려 태조 현릉 전경

조선왕릉이 세계문화유산으로 등재됨으로써 일반대중의 집중적인 관심을 받았으나 충분한 연구가 집적되지 않은 상태여서 왕릉에 대한 정확한 지식이 제공되지 못하였다. 기존의 연구는 조선왕릉제도를 전체적으로 이해하는데 별 도움이 되지 못하였다. 그 이유는 왕릉의 제도와 시기적 변화에 대한 연구를 선도해야 할 역사학계에서 내놓은 연구성과가 미미한 상태였기 때문이다.

역사학계의 연구가 빈약하자 조선왕릉에 대한 황당한 주장들도 난무하고 있다. 조선왕릉을 소개한다는 책자마다 마치 놀라운 '비밀'이 숨어 있는 것처럼 표현하여 호기심만 자극하고는 왕릉에 묻힌 왕과 왕비의 업적이나 일화를 소개하는 책자가 대부분인 것은 전적으로 조선왕릉제도에 대한 무지에서 비롯된 것이다. 조선왕조는 국상(國喪)이 나서 왕릉을 만들 때마다 『산릉도감의궤』를 남겼고, 나중에 왕릉을 옮겼을 때에는 『천릉도감의궤』를 작성하여 왕릉에 대해 자세한 기록을 남겨 놓았다. 그러한 자료들은 조선왕조 의궤의 일부로서 역시 세계기록유산이 되어 있다.

이처럼 왕릉에 대하여 자세한 기록이 남아 있는데도 연구가 부진한 것은[1] 왕릉과 방대한 자료에 대한 접근이 불편하였던 문제가 가장 컸기 때문으로 생각된다. 남한에 소재한 조선왕릉 40개는 18개소로 흩어져 있는데, 비공개 능이 많고 왕릉보호를 목적으로 능상[봉분]의 출입을 통제하고 있었다. 또한 왕릉 관련 『의궤』와 『능지』 자료들은 여러 기관으로 흩어져 있어서 찾아다니며 보는 것도 긴 시간을 요하는 문제였다. 최근 정보통신의 발달로 자료이용이 보다 수월해지긴 하였으나 아직까지 왕릉 전체를 확인하는 것은 힘겨운 일임에 틀림없다.

조선왕릉을 이해하기 위해서는 앞시기 왕릉과의 계승관계가 먼저 규명되어야 한다. 조선왕릉은 고려 공민왕릉을 모델로 조성되었기 때문에 고려의 왕릉제도에 대한 연구가 선행되어야 하지만 대부분이 북한에 소재하고 있다. 또한, 고려왕릉과 조선왕릉의 계승과정을 이해하는데 중요한 왕릉인 북도 8릉, 제릉, 후릉 등 조선초기에 조성된 왕릉들도 북한에 있어서 연구에 어려움이 있는 것이 사실이다. 2000년대 남북화해 분위기 속에서 개성의 고려 유적지들이 일부나마 공개됨으로써 조선왕릉제도 연구에 도움이 된 것은 다행스러운 일이라 하겠다.

고려초기 왕릉은 조선왕릉이 그랬던 것처럼 통일신라왕릉을 모범으로 삼았을 것이다. 그래서 필자는 조선왕릉과 같은 봉분구조가 통일신라왕릉에서 기원하였다고 판단한다. 반구형의 봉토분 가장자리에 호석(護石)을 두르고 난간석을 설치하는 형태가 조선왕릉과 기본적으로 같기 때문이다.

적석목곽분의 전통을 가진 신라는 삼국을 통일한 뒤 고구려 왕릉의 석실구조를 받아들여 전통적인 적석봉토분과 결합시켰다. 봉토를 견고하게 유지하기 위해 호석을 설치하면서 12지 신상을 각 방위에 조각하였는가 하면, 봉분을 둘러싼 난간석을 설치하였다. 여기서 호석 구조에 12지 신상을 배치한 것은 신라인의 독창적인 창안(創案)이며, 봉분 주위에 난간석을 두른 것은 인도의 불탑을 모방한 것이다.[2] 특히 12지 신상은 성덕왕릉에 처음 등장하는데, 당 능묘제도의 영향을 받아 석사자와 석인,

비석까지 배설하였었다. 곧 성덕왕릉은 고구려와 신라의 전통적인 왕릉 제도에 당나라 제도와 인도의 불탑(佛塔)적 요소까지 받아들여 왕즉불(王則佛: 전륜성왕)사상을 구현한 것이었다.[3)]

고려 태조 현릉은 통일신라왕릉을 계승하여 '왕즉불사상'을 더욱 구체적으로 발전시킨 것으로 보이는데, 장명등과 석상이 배설되고 제당까지 만들어졌다.[4)] 그리하여 죽은 왕의 시신을 매장(埋葬)한 공간에 불과하였던 왕릉은 통일신라왕릉에 비해 보다 정형(定型)화되고 제의(祭儀)까지 행해지는 신성한 성소(聖所)의 의미까지 더해졌던 것이다.

고려왕릉에 대한 조사는 일제강점기부터 시작되었다. 『조선고적도보』에 고려왕릉의 사진도판이 실려 있으며, 간략한 조사보고도 있어서 고려왕릉에 대한 일제의 관심을 보여준다.[5)] 그러나 일제강점기의 조사는 상설된 석물에 대한 학문적 관심보다는 왕릉에 부장(附葬)된 청자를 비롯한 장식품을 목적으로 하는 것이다. 실제 도굴이 성행하여 고려왕릉의 훼손이 심각하였는데, 1960년대 이후 북한에서 고고학적 조사를 진행한 후 정비하여 보호하고 있다.

고려왕릉에 상설된 석물은 불교예술품에 비해 수준이 떨어지는 것으로 평가되어 아직까지 연구성과가 빈약하다. 미술사분야의 연구성과가 미약한 것은 고려왕릉의 석물조각이 일제는 물론 해방 이후까지도 미학적인 관점에서 우수하지 못하다는 인식이 너무 컸기 때문이다. 그나마 우수한 조각솜씨를 선보인 공민왕릉 석인에 대한 몇 편의 논문이 발표되었을 뿐이다.

그리하여 고려왕릉 전체에 대한 개관이 어려운 상황인데, 남한은 물론 북한에서도 고려왕릉에 대한 본격적인 연구는 찾아보기 어렵다. 다만 북한 사회과학원에서는 고려왕릉 정비를 위한 고고학적 조사를 시행하였고, 그 조사를 바탕으로 연구성과를 발표한 바 있다. 또한 남한의 국립문화재연구소는 강화도에 소재한 고려왕릉에 대한 조사를 시행하여, 조사 보고서를 간행한 바 있다.

제2장에서는 통일신라~고려의 계승관계를 염두에 두면서 지금까지 조사 보고된 자료와 관련 문헌자료를 토대로 고려왕릉의 유형적 분석을 시도하여 고려왕릉제도의 성격을 고찰해 보았다. 원간섭기에 고려왕실의 위상이 변하였다는 것은 고려왕릉제도와 깊은 관련이 있을 것이고, 공민왕릉을 모범으로 삼은 조선왕릉의 성격 규명에도 중요하게 다뤄져야 할 사안이다. 따라서 고려왕릉에 대한 연구는 조선왕릉의 이해를 위해서도 반드시 선행되어야 하는 것이다. 제2장의 연구를 통해 고려왕릉은 통일신라왕릉을 계승하였다는 사실과 조선왕릉의 모델이 된 공민왕릉의 성격을 규명하여 조선왕릉으로 계승되어 가는 과정을 밝혀보고자 하였다.

제3장은 조선초기 왕릉의 조성추이를 살펴보면서 왕릉제도가 정비되어가는 과정을 고찰하였다. 고려를 계승한 조선은 건국초기에 고려의 제도를 따랐으므로 왕릉 역시 공민왕릉 제도를 따르는 것은 자연스런 귀결이었을 것이다. 공민왕릉이 형태적으로도 가장 우수할 뿐 아니라 명나라의 제도까지 반영하고 있기 때문이다. 조선초기에는 태조가 4대조까지 추존하면서 묘소를 왕릉으로 봉릉하였고, 제릉, 정릉, 건원릉을 비롯하여 후릉, 헌릉, 영릉이 조성되는 과정에서 왕릉제도가 정비되어 갔다.

공민왕릉과 조선의 왕릉은 대체적으로 유사한 것으로 보이지만 조선왕조에 들어와 제도화되는 과정에서 부분적인 차이점이 발생하였다. 그것은 불교사회에서 유교사회로 변화하는 과정에서 당연한 결과였다. 조선왕릉에 대한 최초의 예제(禮制)적 정리는 세종대에 이루어지게 되지만 그 기초는 태종에 의해 만들어졌다. 세종은 소헌왕후와 함께 같은 봉분에 수릉(壽陵)을 마련하는 방법까지 마련하였고, 능침에 상설하는 석물을 확정하였다. 그 내용이 『세종실록오례의』 「치장(治葬)」조에 기록됨으로써 조선왕릉제도가 1차적으로 정비되었다. 그 후 능실구조를 석실에서 회격으로 변경하였는데, 회격의 역사적 의미에 대하여도 고찰하였다.

제4장은 현궁의 조성방식이 석실에서 회격으로 변함에 따라 봉분구조가 어떻게 변화하였고, 석물의 변화상이 불교에서 유교로의 사상적 변화에 기인한 것이라는 점을 추적하고자 하였다. 조선왕릉은 『국조오례의』에 따라 공간구획과 석물상설이 이루어지는데, 고려 공민왕릉을 모범으로 삼아서 삼계(三階)를 설치하여 상계, 중계, 하계로 나누고, 강(岡) 아래의 제향공간까지 4개의 공간이 만들어진다. 『국조오례의』는 『세종실록오례의』 「치장」조를 그대로 반영하여 석물의 상설 역시 세종대를 기준으로 제시하였다.

조선왕릉의 능상에는 봉분시설과 곡장, 외호석수, 석망주, 석상(石床) 등이 상계에 배설되고, 중계에 장명등과 문석인, 하계에 무석인과 배석이 설치되어 있으며, 제향공간에는 정자각과 여러 시설물이 세워진다. 이러한 공간구획과 석물의 상설내용은 시간이 흐름에 따라 제거되는 석물도 있고, 새로 추가되는 석물도 생겨났다. 그러한 변화의 예제적 정리는 영조대에 이루어지는데, 제4장을 통해 산릉도감에서 진행한 각종 사업의 결과물인 석물과 각 시설물의 용도를 분석하여 조선왕릉에 상설된 석물에 대한 이해를 돕고자 하였다.

제5장은 조선왕릉 조성과정에 대한 사례연구로서 원릉의 선정과 조성과정, 합릉절차는 물론 왕릉의 관리에 대해 정리하였다. 영조는 1752년 의소세손(懿昭世孫, 1750~1752)의 국상과 1757년 왕비 정성왕후(貞聖王后, 1692~1757)의 국상을 지휘하면서 발생한 여러 문제를 정리하여 『국조상례보편(國朝喪禮補編)』을 펴냈다.[6] 영조는 1757년 정성왕후의 능인 홍릉(弘陵)을 부왕이 묻힌 명릉(明陵) 옆에 마련하면서 봉분 2자리를

만들 계획으로 오른쪽[서쪽]을 비워두어 자신의 서거 후에 합릉(合陵)하기를 원했다.

1776년 영조의 국상을 지휘한 정조는 『국조상례보편』을 기본으로 하여 원릉을 조성하였는데, 영조가 예정하였던 홍릉에 대한 봉심과정에서 흠결을 발견하고, 새로운 자리를 찾아 산릉을 조성하였다. 그것은 조선후기에 도입된 풍수관이 반영된 것이기는 하지만 후손이 귀했던 조선후기 왕실의 사정에서 비롯된 것이라 할 수 있다.

또한 1805년 정순왕후를 원릉에 합릉하기로 결정하여 쌍릉으로 조성되는 과정과 1890년 영조로 묘호를 추상(追上)함으로써 새로운 표석을 세우는 과정에 대해서도 고찰하였다. 조선은 왕릉을 관리하기 위해 왕릉마다 관원을 상주시키는 체제를 갖추었기 때문에 이에 필요한 재정적인 문제를 해결하여야 했으며, 그들로 하여금 제향을 준비하게 하였다. 그리고 능침에 이상이 있으면 즉시 보수공사를 하였는데, 이러한 문제들에 대해서도 살펴보았다.

이러한 서술을 통해 필자는 조선왕릉이 삼국시대, 통일신라, 고려를 거치면서 불교사회에 맞게 조성된 봉분구조와 중국의 당나라, 송나라, 명나라의 능묘제도를 받아들여 상설된 석물제도가 조선이 건국된 후 유교사회에 맞게 재정비된 문화유산이라는 점을 논증하고자 하였다. 즉, 삼국시대 이래 축적되어 온 고유문화와 중국을 통해 들어온 외래문화가 결합되어 이루어진 왕릉제도가 바로 조선왕릉이라는 사실을 밝히고자 한 것이다.

이 연구를 위해 필자는 『고려사』, 『조선왕조실록』, 『승정원일기』, 『일성록』 등을 비롯한 각종 연대기 자료, 중국의 『이십오사(二十五史)』, 왕릉과 관련된 각종 의궤(儀軌)와 능지(陵誌), 예서(禮書), 각종 사진자료는 물론 필자가 직접 여러 왕릉을 답사하면서 조사한 내용을 통해 조선왕릉

제도 전반을 고찰하였다. 선행연구가 많지 않은 가운데 북한에 소재한 여러 왕릉들을 실견(實見)하지 못하고 기왕에 소개된 자료에 의존하여 진행한 연구여서 논지전개상 다소 부족한 부분이 있을 수 있으나 현재의 상황에서 최선을 다하여 실증적인 연구가 될 수 있도록 노력하였다.

제2장

고려의 왕릉제도

공민왕릉 전경

제1절
고려왕릉에 대한 연구사적 검토

1. 일제강점기

일제는 통감부 시절부터 고려 능묘의 부장품을 획득하기 위해 도굴을 자행하여 많은 피해를 입혔다. 조선총독부는 더 이상의 훼손을 방지하기 위해 1916년 고려왕릉에 대한 현상조사를 진행하고 이를 『대정오년도고적조사보고』에 남겼다. 또한 1920년에는 『조선고적도보』에 사진자료를 남겨 일제강점기 고려왕릉의 상태를 일부나마 알 수 있게 되었다. 고려왕릉에 대해 개괄적인 정리는 1930년대에 나왔다. 그러한 작업을 주도한 인물은 세키노 타다시[關野貞]였다.

1902년 대한제국에 와서 한국건축사를 비롯하여 문화재 관련조사와 연구를 수행하였던 세키노 타다시는 고려의 왕릉도 조사하였다. 1932년 『조선미술사』를 출간한 세키노는 한국미술사를 7장으로 나누어 전 시기를 통사적으로 정리하였는데, 제6장 고려시대 제4절 능묘에서 고려의 왕릉제도를 다음과 같이 개론하였다.

"분묘는 언제나 주산을 짊어지고 남쪽과 접해 있다. 주산의 지맥이 좌우를 옹호하고 창룡(蒼龍) · 백호(白虎)가 그 세력을 이루고 있으며, 주수(主水), 객수(客水)가 종종 그 앞에서 합류하고 있다. 분묘는 주산의 기슭에서 약간 높은 곳에 있으며, 그 앞면이 여러 층의 단상을 이루고 있다. 높이가 약 3미터에서 4.5미터이고, 주위를 호석이 에워싸고 있다. 이 호석은 12각형으로 초기의 것은 그 면이 12지 방위와 일치하지만, 말기의 것은 그 평면삼각이 각각의 방위를 가리키고 있다. 이 호석의 우목석(羽目石: 面石)에는 종종 12방위신상이 부조되어 있다. 드물게는 음각된 것도 있다. 이들 방위신은 신라의 묘제를 모방한 것으로, 신라의 것은 속석(束石: 隅石)에 조각을 하였다. 그러나 이것은 우목석에 조각을 하였고, 신라의 것은 모두 입상인데 고려시대의 것은 입상도 있고 좌상(坐像)도 있다. 그러나 기교는 신라의 것에 비하면 훨씬 치졸하다. 분묘의 주위에서 약 60센티미터를 사이에 두고 석란(石欄)이 에워싸고 있다. 신라의 것은 옥원풍(玉垣風)인데 반하여 고려시대의 것은 고란(高欄)으로 되어 있다."

통일신라 능묘가 고려 묘제의 선구가 된 것으로 파악한 세키노 타다시는 고려왕릉의 풍수지리적 입지선정과 봉분에 대한 설명에서 통일신라 왕릉과 고려왕릉을 비교하여 12지 신상을 조각하는 수법의 차이점을 밝히고 있으나 현상적인 비교에 치우쳐 신라의 조각을 더 우수하다고만 평가하였을 뿐이다. 신라왕릉과 고려왕릉에 설치된 호석과 난간석의 특징과 변화에 대해 밝히지는 못하였다. 난간석의 경우도 신라의 것은 일본 신사(神社) 주위의 울타리와 비슷한 형태이고 고려의 것은 고란으로 표현하였으나 형태적으로 정형화되어 가는 양상에 대한 언급은 없다. 세키노는 계속하여 배설 석물에 대하여 다음과 같이 서술하고 있다.

"분묘의 앞면에는 석상이 놓여 있고, 좌우에는 망석(望石)이라 칭하는 돌기둥이 마주 서 있다. 그리고 아래 제2층단에는 중앙에 석등(石燈)

이 있다. 그 좌우와 제3층단 좌우에 문석(文石)·무석(武石)이 각각 한 쌍씩 세워져 있다. 다음의 제4층단은 비교적 넓어서 그곳에 평면의 정자(丁字)를 겹겹이 쌓은 형식을 한 정자각(丁字閣)이 세워져 있었으나 지금은 대부분이 마모되었고, 그 초석만이 남아 있다. 분묘 주위에 돌사자를 배열해 둔 점은 신라왕릉과 같고, 돌양·돌호랑이가 서로 에워싸고 있는 것도 있다. 분묘의 앞면 평지에는 비각(碑閣)과 그 외의 설비가 있었으나 지금은 거의 그 흔적을 찾아볼 수 없다."

위 기록은 고려왕릉에 대한 일반적인 개설이라기보다는 온전한 형태를 갖추고 있던 공민왕릉을 비롯한 몇몇 왕릉을 통해 일반화를 시도한 것이다. 여기서 주의하여 볼 점은 분묘 앞에 석상과 망주석이 놓이고, 봉분 주위의 수호 석수(石獸)로 신라와 같이 석사자가 일반적이었는데, 석양과 석호로 되어 있는 왕릉도 있다는 표현이다. 이에 대해 세키노는 별다른 언급없이 현상만을 소개하였을 뿐이지만 그것은 후술(後述)하듯이 능묘제도에서 대단히 중요한 변화였다.

세키노는 고려왕릉 가운데 가장 정비된 모습을 유지하고 있던 태조 현릉(顯陵)과 칠릉동의 제3릉, 공민왕 현릉(玄陵)과 공민왕비 정릉(正陵)을 소개하였다. 먼저 태조 현릉의 서술을 보자.

"개성 서쪽에서 약 400미터 떨어진 만수산(萬壽山)을 주산(主山)으로 하여 그 남쪽 기슭에 축조되어 있는 분묘는 조금 높은 지점에 있다. 용호(龍虎)가 두 산의 좌우를 품은 형세를 이루고 있다. 분묘의 주위는 12각형의 호석으로 이루어져 있으며, 각 면의 요석(腰石)에 부조로 12지 신상을 새겨두었다. 친주(親柱: 石柱)와 속석(束石: 童子石柱)으로 가목석(架木石: 竹石)을 지탱하는 돌난간이 분묘의 주위를 에워싸고 있다.

분묘의 앞면에 석상 · 석등이 놓여 있으며, 좌우에 망주석(望柱石) 한 쌍과 석인(石人) 한 쌍을 세우고 네 모서리에 돌사자를 배치하여 분묘를 수호하는 형상을 만들어 내고 있다. 이 왕릉은 외적의 침입 때마다 재궁(梓宮)을 다른 곳에 봉하여 난을 피하고 일이 수습된 뒤 다시 매장을 하였으므로, 대체적인 형태는 처음 그대로이지만 그 형상은 다소 후세의 수법과 섞였을 것이다. 산 아래에는 현재 정자각(丁字閣) · 비각(碑閣) 등이 서 있지만, 이것은 모두 조선후기에 세워진 것이다."

위의 서술을 보면 봉분은 12각형의 호석과 난간석이 설치되었고, 4방향에 석사자 1개씩을 배치하였으며, 전면에 석상과 석등을 놓은 뒤 좌우에 망주석 1쌍,[1] 석인 1쌍이 배설되어 있었다는 것을 알 수 있다. 이 형태는 통일신라 흥덕왕릉과 비슷한 듯하지만, 봉분과 난간석의 면수(面數)와 형태에서 차이가 있으며, 전면에 망주석과 석등이 배설되는 큰 차이점이 있다. 세키노는 봉분의 모습이 비슷하다는 점만을 생각하여 통일신라 능묘제도가 고려 능묘에 영향을 준 것으로 보았을 뿐이다. 공학박사였던 세키노는 고려왕릉에 대한 이해가 부족하였기 때문에 통일신라 흥덕왕릉 석주(石柱)와 고려 태조 현릉 망주석의 위치상의 변화가 무엇을 의미하는지는 물론 석등(石燈)의 배설과 같은 중요한 변화상을 설명할 수 없었던 것이다. 세키노는 칠릉동의 제3릉에 대해서도 다음과 같이 서술하였다.

"태조 이하 역대의 왕릉은 그 제도가 대동소이하며, 현재 그 배치가 완비되어 있는 것은 매우 드물다. 그 중 비교적 잘 보존되어 있는 것은 광종의 헌릉, 원종의 소릉과 칠릉동의 제3릉 등이다. 특히 제3릉은 분묘의 앞면에 석재로 3층 단을 쌓았으며, 호석 · 돌난간 · 망주석 · 석상 ·

석등 · 돌양의 배치 형식이 같다. 제2단 · 제3단에 각각 문무석이 1쌍씩 세워져 있으며, 그 밑에 정자각의 기초가 남아 있다. 석인 · 석등 · 돌난간 · 망주석 등은 매우 우수하나, 다른 것은 간결하고 고상한 취미를 지니고 있는 것에 비하면 상당히 다르다."

현재 칠릉동의 제3릉이 어느 왕의 왕릉인지는 확인되지 않는다. 제3릉에서 확인할 수 있는 것은 전체적인 형태가 태조 현릉과 같은데, 석사자 대신 석호와 돌양을 배치하였다는 것과 제2단과 제3단에 석인을 1쌍씩 세웠다는 것이다.2) 이러한 변화로 볼 때 제3릉은 태조 현릉보다는 공민왕릉과 유사한 상설형태를 보이고 있다는 것을 알 수 있다.

공민왕 현릉과 노국대장공주 정릉에 대해서는 고려시대 능제에 일대 전환기를 이루고 조선시대의 표준이 된 것으로 평가하면서, 공민왕과 노국대장공주와의 사랑과 왕릉조성에 얽힌 이야기를 소개한 후 다음과 같이 서술하였다.

"능은 봉명산(鳳鳴山) 기슭 언덕 위에 있는데, 정릉은 동쪽에, 현릉은 서쪽에 두 분묘가 나란히 서 있다. 돌난간이 각각 그 주위를 에워싸며 중간에서 서로 접해 있고, 돌양 · 돌호랑이가 그 바깥에 배치되어 있다. 분묘의 앞면에는 각각 석상이 있고, 그 아래의 중단(中壇)에도 각각 석등이 세워져 있다. 그리고 두 분묘에 대립하여 공통으로 상단(上壇) 앞면 좌우에 망주석 한 쌍, 중단(中壇)에 문석(文石) 두 쌍, 하단(下壇)에 무석(武石) 두 쌍이 차례로 세워져 있으며, 각 단에는 아름다운 돌계단이 각각 한 곳 혹은 3~4곳에 설치되어 있다. 종래의 석인 · 석수(石獸)류는 신라시대의 것에 비하면 수법이 오히려 지나치게 간결하지만, 이 왕릉에 이르러 비로소 웅장하고 화려한 기상을 나타내게 되었다.

두 분묘 모두 호석의 지대석과 갑석에는 연꽃무늬가 새겨져 있고, 우석(隅石)에는 중심에 태극문을 넣은 고형문(鈷形文)이 양각되었고, 우목석에는 와형운문(渦形雲文) 속에 12지 신상이 부조되어 있다. 그 외에 돌난간 · 망주석 · 석상 · 석등이 모두 조탁의 미를 보여주고 있으며, 석인 · 석수 역시 웅건하고 정밀하며 화려한 풍모를 나타내고 있다. 요컨대 이 두 무덤은 공민왕이 전력을 기울여 축성한 것으로, 이전의 형태를 깨뜨리고 규모가 장대하며, 배치법이 화려하여 고려말 도미(掉尾: 최후가 되어 활동이 씩씩해지다)의 우수작으로 볼 수 있다."

세키노는 시각적인 조형미가 우수한 공민왕릉이 고려를 대표하는 능묘라고 평가한 것이다. 고려의 멸망단계에서 가장 우수한 문화적 성취가 있었다는 점을 강조한 셈인데, 공민왕릉이 조성되던 시기는 원나라의 오랜 내정간섭으로 왕실의 권위가 추락하였고, 홍건적과 왜구에 의해 빚어진 잦은 전란으로 재정이 피폐해진 상태였다. 공민왕은 노국대장공주의 정릉을 조성하면서 이전의 왕릉에 비해 지나치게 화려하다는 원성에도 불구하고 직접 공역을 진두지휘하였다. 공민왕은 이때 원나라에서 석공 기술자를 불러왔을 가능성이 큰데, 실제 공민왕릉 석물의 여러 곳에서 이전과는 다른 양식적 차이가 나타나는 것은 그러한 이유가 있었기 때문으로 판단된다. 조선시대에는 공민왕이 원나라에서 석공을 데려다 조성한 것으로 인식하고 있었다.

세키노는 중국 공의(鞏義)의 북송 황제릉에 대한 실지 조사까지 진행하여 송나라 인종(仁宗)의 영소릉(永昭陵)의 무사, 무관, 남문의 사자 등의 석조물과 송나라 영종(英宗) 영후릉(永厚陵)의 석마, 석호, 석양 등의 석조물이 모두 송나라 태종(太宗) 능묘의 석상에서 비롯되었다는 의견을 제시하였다.[3] 그러나 세키노는 "고려시대의 능묘는 그 지세의 형상 · 상설 등이 대체적으로 신라제도를 계승하였으면서도 망석 · 석등 · 정자각을 설치하고, 돌양 · 돌호랑이를 분묘 주위에 배치하는 등의 제도가 서서히 새로 정비되었다. 이로써 다음에 올 조선시대 묘제의 기초를 마련하였다."고 하여 고려의 능묘제도가 신라와 조선의 연결이라는 단순한 도식을 정리하였을 뿐 중국 역대의 여러 나라와 우리나라의 능묘제도의 연관관계에 대해서는 전혀 고려하지 않았다.

2. 해방 이후

(1) 고유섭의 조사연구

고유섭은 개성박물관장으로 근무하며 개성의 여러 현장을 답사하여 많은 논고를 작성하였다. 고려왕릉에 대한 논고는 심층 연구의 결과라기보다는 고유섭의 표현대로 "여러 가지 고증해야 할 것이 많으나 생략하고, 그 형식을 살펴 본" 것이다. 고유섭은 먼저 풍수적 형태에 대해 세키노 타다시의 견해와 크게 다르지 않게 설명한 후 고려왕릉 전체에 대해 다음과 같이 개설적으로 정리하였다.

> "능성의 구조는 폭 열 칸 내외, 길이 스무 칸 내외의 장방형의 지형을 획(劃)하여 좌 · 우 · 후 삼면으로 석장(石墻)을 베풀고 그 앞 구역을 사단면(四壇面)으로 만들되 각 단면의 전방은 석벽을 쌓아 모으고 양단(兩端)에는 연락(連絡)하는 석계(石階)가 있다. 우선 능의 형식은 높이 십 척 내지 십오 척, 지름이 이십 척 내지 삼십 척의 봉토(封土) 반구형으로서, 아래는 석병(石屛)이 둘려 있고, 그 밖에 석난간(石欄干)이 있고, 석수(石獸)가 있고, 정면에 장방형 석상(石床)이 있고, 좌우에 망주석

(望柱石)이 있다.

이것이 능구(陵區) 제일단의 전모인데 능 주위의 병풍석이란 것은 열두 면으로서 이곳에 십이지신상(十二支神像)이 새겨져 있고(이것이 모두 열세 능, 십이지가 새겨져 있지 않은 다른 능이라도 석병은 대개 둘려 있다), 십이지는 으레 오석(午石)이 정면[南]에 있고(공민왕릉부터는 사석과 오석 간의 우석이 남정면에 있게 된다) 이 병풍석 삼 척 외에 난간석이 있으되 난간석은 대석주(大石柱)·동자석주(童子石柱)·죽석(竹石)으로 되어, 대석주는 병풍석의 우석에 면하여 있고 동자석주는 병풍석의 중간에 면하여 있어 동자석주는 죽석을 받고 있다. 이 역시 전체로 열두 각을 이루었는데, 대석주는 방주(方柱), 죽석은 원주형(圓柱形)이다.

석수는 혹 여덟 구(軀)도 있으나 일반은 네 구로서, 대개 석구(石狗) 형식이나 고려말에는 석호(石虎)·석양(石羊)의 두 종류로 되었다. 망주석은 팔각형으로 상부에 공혈(孔穴)이 쌍대(雙對)하여 있는 것은 검줄[神繩]을 달기 위한 것으로 해석된다.

제2단의 정면에는 장명등(長明燈)이 놓이고 좌우에 문석(文石)이 놓이고 제3단 좌우에 무인석(武人石)이 놓이고 제4단은 길게 경사면이 되어 그 앞에 정자각이 있고 그 왼쪽에 능비가 있다. 이것이 대개의 왕릉 제도이다." 4)

고려왕릉 전반을 개괄한 고유섭의 설명은 사실상 공민왕릉을 중심으로 설명한 것이다. 고유섭은 고려의 왕릉으로서 기구(機構)가 가장 정비된 것은 공민왕 및 노국대장공주의 정릉·현릉이며 쌍릉을 경영한 것도 이것이 시초라고 하였다. 고유섭은 "왕릉에 병풍석을 돌리고 그 밖으로 난간석을 돌리는 풍습은 조선능제에서나 볼 수 있는 특별한 형식"이고, "신라 통일 이후부터 생긴 특별한 제도로 주목할 만하다."고 높이 평가하였다. "조선의 문물을 모두 중국의 모방같이 말하는 사람들도, 이 중국의 능제에서 볼 수 없는 특색을 의연히 중국의 영향이리라고 억설하면서도 그 증거들을 못 들고 있다." 면서 조선의 독창적인 구조로 보았다. 즉, 병풍석의 12지 신상은 중국의 오행사상뿐 아니라 불교의 약사신앙이 크게 합쳐져 그곳에 특이한 경영법을 보인 것이 신라 이래의 왕릉제도의 근본 출발이라는 것이다.

고유섭은 고려왕릉에 배치된 석수를 개의 형상으로 오인하였는데, 고려왕릉의 석수를 미학적 관점에서 보게 되면 개처럼 보일 수도 있다는 점에서 큰 문제는 아닐 것이다. 또한 망주석 보삽의 공혈이 검줄을 달기 위한 것으로 본 것은 지나친 해석이라 할 수 있다.

(2) 김원룡 · 안휘준의 견해

김원룡과 안휘준은 『신판 한국미술사』 제8장 고려의 미술에서 고려왕릉에 대해 세키노와 고유섭이 공민왕릉을 기준으로 개설한 견해를 계승하면서, 부분적으로는 새로운 견해를 밝히기도 하였다. 고려의 십이지상이 신라 것에 비해 현저하게 퇴보한 것으로 보았고, 조선초기 왕릉이 고려의 묘제를 따르고 있음이 분명하기 때문에 『국조오례의』를 통해 고려왕릉을 유추하기도 하였다. 또한 "고려왕릉의 구조가 통일신라의 석실분을 대체로 계승하고, 약화(略化)한 것이며, 특히 현실구조에 있어서 요(遼) · 금(金) · 송(宋) · 원(元) 등의 중국묘제의 영향을 받지 않는 점이 주목된다." 고 하였다.[5] 특히 "공민왕 현릉과 공민왕비 정릉이 조선왕릉의 직접 범본이 되었으며, 문인석과 무인석의 입체감 있는 당당한 조각은 조선시대 문인석, 무인석이 따를 바가 못 된다." 고 평가하였다.

김원룡 · 안휘준 역시 미학적 기준으로 고려왕릉을 평가한 것인데, 평면적인 비교를 통해 고려왕릉이 중국의 영향을 받지 않은 것으로 본 점은 큰 문제가 있다. 앞선 통일신라에서 당나라의 영향을 받아 능제가 변하였는데, 원나라의 부마국이 된 고려의 왕릉에 아무런 영향이 없었다는 것은 납득할 수 없기 때문이다.

(3) 진홍섭의 견해

진홍섭은 고려의 왕릉제도에 대한 고찰보다는 고려왕릉에 세워진 석물에 대해 석조미술사의 관점에서 접근하였다. 진홍섭은 석인에 대해 "능묘 앞에 세우는 피장자를 수호하는 상징물의 하나로서 사람의 형상을 돌에 조각하여 세운 것"으로 정의하고, "중국에서는 한대(漢代)부터 예를 볼 수 있으나 한국에서는 신라 성덕왕릉에서 처음으로 설치하였다. 신라왕릉 중에서 석인이 있는 능은 성덕왕릉 · 괘릉 · 흥덕왕릉의 세 왕릉이고, 고려시대 왕릉에도 1916년 조사에 의하면 38개 왕릉에 있었다고 하나 이들은 심한 손상을 입어서 원형대로 있는 것이 매우 드물고, 조선시대 왕릉에는 예외 없이 설치되어 원형이 유지되어 온다."고 약술하였다.

진홍섭은 신라에 3개의 왕릉에만 있었던 석인이 고려와 조선의 왕릉에는 모두 배설되었다는 사실을 주목하였다. 공민왕릉의 석인에 대해 "고려시대 왕릉의 문무인석은 이 왕릉의 것만이 완존(完存)하고 작품으로 볼 만할 뿐 다른 석인은 모두 치졸하다. 문인석 한 쌍은 같은 크기에 같은 양식이다. 머리에는 높은 관을 썼고 얼굴은 온화한 상이다. 몸에는 두꺼운 관복을 입었고 두 손은 가슴 앞에 들어서 홀을 잡고 있다. 관복 소매가 길게 늘어졌고 밑에서는 두 발끝만이 보인다. 무인석에 비하여 몸이 가늘어 대조를 이룬다. 무인석은 얼굴이 크고 전신에 갑옷을 입었고 한 상은 앞에서 두 손으로 장검을 잡았으며, 한 상은 두 손을 가슴까지 들어서 마주잡고 있다. 하반신에는 경갑(脛甲)을 댄 두 다리가 보이며, 문인석과는 달리 전체에서 장부다운 기상이 나타나 있다."고 형상에 대하여 소개하고 있다.

고려왕릉의 석수에 대해서도 진홍섭은 "1916년 조사에 의하면 34(38의 오타?)개소의 왕릉에 있지만 손상이 매우 심하다고 하였다. 고려시대의 석수에서는 사자는 사라지고 호랑이와 양 두 종류가 있다고 한다."고 하여 일제강점기 조사에 의존하여 서술하였다.[7] 석등에 대해서는 "일명 광명대라고도 하여 법당 앞에 세워서 부처의 빛을 밝게 비치게 한다는 뜻이 담겨 있었는데, 고려시대 말부터는 장명등(長明燈)이라고 하여 분묘 앞에도 세우는 격식이 생기게 되었다."고 하면서 장명등에는 예술적 가치가 거의 없어서 석등 연구에서는 제외시켰다.[8]

진홍섭은 고려왕릉의 석물을 전체적으로 볼품없다고 생각하면서 그 가운데 우수한 작품만을 선택하여 미학적 관점에서 서술하였다. 일제강점기 조사보고서와 사진자료 등의 제한적인 자료를 가지고 서술한 한계를 보이고 있으나 고려시대부터 장명등이 등장하였다는 사실과 고려왕릉에는 석인이 모두 세워져 있다는 점을 강조하였고, 고려시대의 석수가 사자에서 호랑이와 양 두 종류로 변화하였다는 점을 밝혔다. 그러나 그러한 변화가 가진 의미에 대해서는 접근하지 못한 한계도 있다.

(4) 최근의 조사연구

장호수는 2000년 「개성지역 고려왕릉」을 발표하였다.[9] 고려왕릉의 현황을 정리하고, 태조 현릉, 정종 안릉, 신종 양릉, 명종 지릉, 공민왕 현릉과 정릉에 대한 간략한 소개를 하면서 현릉과 공민왕릉에 대해서는 무덤구역과 외부구조, 내부구조, 정비 내용 등을 언급하였다. 장호수는 고려왕릉의 특징으로 발해와 신라통일기의 무덤에서 그 연원을 찾을 수 있고, 나아가서는 고구려 무덤에까지 그 원류를 찾아갈 수 있다는 리창언의 견해를 수용하였다. 그러나 고려왕릉의 일반구조를 설명하면서는 공민왕릉의 공간구조와 석물의 배치를 일반화시켜 설명하여 앞시기 연구를 벗어나지 못하였다.

임영애는 공민왕릉에서 처음으로 문인과 무인의 왕릉 석인이 세워졌다는 점에 주목하여 문 · 무인상의 조각양식과 그 복장에 관해 살펴보고, 조선왕릉에서 어떻게 계승되었는지를 고찰하였다.10) 임영애는 육로와 해로를 통해 요(遼)나라와 남송(南宋)의 미술을 접할 기회가 적지 않았으므로 공민왕릉 석인상에는 송의 묘제를 기본으로 하면서도 문인석에서의 교각복두, 인면인신의 십이지상, 갑옷의 형태 등에서 부분적으로 요나라, 금나라, 남송의 미술에서 보여지는 요소들이 함께 나타난다고 보았다. 실제 공민왕릉 발굴조사에서 북송의 동전이 84개나 출토된 것으로 보아 석인상의 도상은 송대 능묘 석인상의 영향을 받았을 가능성이 있는데, 문인석 공복의 형태가 송의 복제를 따른 것이라 하였다. 특히 귀주(貴州) 양찬(楊粲)묘의 문관상과 송대 미술에 나타난 공복차림의 문인상과 기본적으로 동일한 도상을 보이고 있다는 점을 확인하였다. 그러나 임영애는 북송황릉의 경우 문관과 무관을 각각 따로 세우고, 갑옷을 입은 무사상(장군상)을 세운 데 비해 "공민왕릉에서는 공복을 입고 칼을 든 무인상과 갑옷을 입고 도끼를 든 무사상을 따로 세우지 않고 하나로 합하여 갑옷을 입고 칼을 쥔 모습의 무인상을 처음으로 세우기 시작하였다."고 추정하였다. 즉, 문인상이 2등 체감(遞減)하였듯이 무인상도 2등 체감하여 공복을 입은 무인상의 칼과 무사상의 갑옷이 결합한 모습으로 조영되었을 것으로 보고, 공민왕릉 무인석의 갑옷이 송대 갑옷의 기본형을 따른 것으로 보았던 것이다. 임영애는 석인에서 송제의 도입을 언급하였다는 점에서 한단계 진전된 연구를 하였으나 공민왕릉에 배설된 석물의 일부에 대해서만 연구하였기 때문에 공민왕릉의 전체적인 성격을 분석하는 데는 분명한 한계가 있다.

장경희는 수년간의 자료조사를 바탕으로 『아름다운 우리문화재③-고려왕릉-』을 펴냈다. 이 책은 여러 경로를 통해 모은 사진과 도면을 엮은 자료집의 형식을 띤 것으로서 각 왕릉의 현상을 간략하게 소개하여 본격적인 고려왕릉 연구를 위한 안내서로 평가할 수 있다. 장경희는 "고려왕릉의 능역은 3~4단으로 구획하였다. 1단의 봉분은 장대석 위에 봉토를 만들고 주위를 12지를 새긴 병풍석과 난간석을 둘렀으며, 네 면에는 석수[호랑이와 양]를 배치하였다. 봉분 뒤쪽에는 곡장을, 앞쪽에는 석상[혼유석]과 망주석 1쌍을 배치하였다. 2단에는 석등[장명등]과 문석인 1쌍을, 3단에는 정자각을 세웠다. 이와 같이 고려왕릉은 신라왕릉의 전통 위에 약간의 변화를 더해 정형화되었고, 이러한 고려왕릉의 양식은 조선왕릉으로 계속 이어져 우리나라만의 고유한 왕릉제로 정착되었다." 고 개관하였다.[11)]

대체적인 표현이 앞선 연구와 크게 다르지 않은데, 3~4단으로 구획한 공간에 배치된 석물과 정자각의 위치를 3단까지만 설명하였다는 점에서 공간구획의 의미를 간과한 측면이 있고, 현상적인 설명에 치중하여 고려 왕릉의 제도적 접근은 미약하다. 그럼에도 비교적 풍부한 사진자료와 간략한 도면을 첨부하여 고려왕릉연구에 도움을 준 점은 높게 평가할 수 있다.

(5) 강화도 고려왕릉의 조사

강화도의 고려왕릉에 대해서는 국립문화재연구소가 정비 · 복원을 위해 고고학적 조사를 실시하였다. 2001년에 석릉을 발굴조사하여 2003년 보고서를 펴낸 바 있는데, 현재의 석릉은 1974년 복원 · 정비된 것이다. 일제시기에도 한차례 정비된 적이 있는 석릉은 현재 5단으로 구획되어 있는데, 제1단에는 봉분과 담장, 석인상 1기가 서편 담장 앞부분에 접하여 있다. 제2단에는 중앙에 "고려희종석릉(高麗熙宗碩陵)" 이라 각자한 비석, 동쪽에 석인상 1기, 문화재 표석이 각각 1기씩 있고, 제3단~5단에는 아무런 구조물도 확인되지 않지만 전(塼)과 와(瓦)편들이 다량 수습되었다고 한다.[12)]

그러나 관리자 한관수(당시 77세)의 전언(轉言)에 따르면 1974년 정비가 이루어지기 전에는 담장이 없었고, 능역의 단은 3단 정도의 흔적이 육안으로 관찰되었다고 한 것으로 보아 1974년 정비과정에서 원형을 크게 상실하였다는 것을 알 수 있다. 발굴조사를 통해 밝혀진 사실은 봉분의 규모가 지름 2.6~2.7m에 불과하지만 봉분에서 8각형의 구조물이 확인되었고, 완전 파괴된 상태이긴 하지만 난간석에 사용되는 원주석(圓柱石)과 죽석(竹石)이 남아 있다는 점이다. 또한 3단 탐색갱 조사시에 초석과 잔탁, 다량의 기와편이 출토되어 정자각이 있었을 가능성이 크다는 것이었다.[13)] 석실의 규모는 개성의 왕릉에 비하여 별반 차이가 없다는 사실을 통해 보면 봉토(封土)의 규모를 줄였을 뿐 크게 축소한 것은 아니라는 것을 알 수 있다.

국립문화재연구소는 2004년 가릉과 곤릉을 발굴하고, 2006년에는 가릉 뒤편의 '능내리석실분'을 조사한 후 2007년 이에 대한 조사보고서를 발간하였다. 이 보고서를 토대로 강화 고려왕릉의 공간구성과 석물에 대해 살펴보면 다음과 같다.

가릉은 3단으로 공간이 구획되어 있는데, 제1단에 봉분이 있고, 봉분의 북편을 제외한 동·서·남편에 장대석을 1단으로 돌려 봉분을 감싸고 있는 형태로 조성하였고, 제2구역은 문인석이 서 있으며, 제3단은 경계석이 없어 확실하지 않다.[14)] 봉분은 석실을 만들고 주변에 할석을 쌓았으며, 석실상면에 8각 구조물을 설치하여 봉토를 쌓은 형태이다. 봉분의 북동과 북서에 석수가 1기씩 있는데, 북서편 모서리에서 111cm의 남북방향이 긴 타원형의 돌출된 적심석군이 있는 것으로 보아 이 자리에서 옮겨진 것으로 조사단이 판단하였다.[15] 조사단은 2기의 석인을 문인석과 무인석으로 판단하였으나 필자가 현장에서 확인한 결과 모두 문인석이었다.[16]

곤릉 역시 1970년대에 정확한 고증없이 정비된 적이 있어 현재의 모습을 원형으로 볼 수 없는 상태이다. 원래 3단 구획으로 보이는데, 조사단은 봉분 남쪽의 경사면을 하나의 공간으로 인정하여 4단 구획으로 보았다. 제1단은 봉분이 있고 남쪽의 경사면 끝에 경계석을 놓아 공간을 분할하였고, 제2단은 현재 조선시대에 건립한 '고려원덕태후곤릉' 표석이 있을 뿐이고, 제3구역은 건물지가 있었던 것이 확인되었다.[17] 발굴조사 결과 석실 상면에 12각 구조물이 확인되었고, 그 안에는 할석을 가득 채운 후 봉토를 쌓았다. 제3단 건물지는 전체적으로 정자각의 형태를 보이고 있는데, 경사지를 보강하기 위한 보조 기단이 덧붙여져 있다. 건물지 중앙의 계단지 부근에서 석인상 머리 및 건물에 쓰였던 귀목문 막새, 잡상 등의 기와류가 집중 출토되었다. 조사과정에서 총 17개의 난간석 부재와 하대석 2기, 석인상 머리 3기, 석수 1기 등을 수습하였다.[18] 이러한 조사결과를 보면 곤릉 역시 봉분의 규모를 줄였을 뿐 개성의 고려왕릉과 비교하여 큰 차이없이 조성되었다는 것을 알 수 있다.

왕릉으로 추정되는 능내리석실분의 조사결과를 보면, 석실과 석실상부구조물과 난간석, 난간엄지기둥[童子柱], 석수 2기, 곡장 등이 확인되었다. 석수 2기는 난간석 바깥으로 북서 · 북동 모서리에 각기 위치하고 있으며, 남쪽을 제외한 '冂'자 모양으로 쌓은 담장을 설치하여 보호하였다. 석수 옆에서 옥개석으로 보이는 석재 1매가 엎어진 상태로 출토되었는데, 담장의 지붕으로 사용되었을 가능성 있다. 장대석 축대 남쪽으로 '凵' 자형 건물지가 확인되었으며, 곤릉과 같이 경사진 지형을 보호하기 위해 보조기단을 쌓았다.[19]

한 가지 의문이 되는 것은 석릉과 가릉이 8각의 호석구조로 만들어졌다는 점이다. 이에 대해 발굴조사 당시 자문위원이었던 김기덕은 "피장자의 사망 당시의 상황과 신분적 차이가 반영된 결과"라는 견해를 밝혔는데, 타당한 것으로 생각된다. 즉, 희종은 최충헌에게 폐위되어 교동도로 유배되었다가 1237년 강화도에서 죽었고, 원종의 왕비 순경태후는 1236년 사망 당시 태자비의 신분이었다가 뒤에 태후로 추존되었기 때문에 엄밀하게 보면, 왕릉으로 조성할 필요가 없었으므로 왕릉과 차이를 두었다는 것이다.[20] 즉 사후에 추존된 경우에 해당되는 것이다.

그 밖에 강화도에는 고종의 홍릉도 위치하고 있다. 홍릉은 급경사지에 3단의 공간구성을 보이고 있는데, 제1단에 봉분을 두고, 경사지 밑에 마련한 제2단에 문인석 2쌍이 있고, 제3단은 현재 빈 공간이지만 건물이 있었던 것으로 추정된다.[21]

이처럼 강화도에 조성된 고려왕릉은 개성의 왕릉을 기본으로 하면서도 봉분의 규모를 상당히 줄였고, 병풍석에 12지 신상을 장식하지는 않았다. 대몽항쟁이 장기화되었음에도 크게 달라지지 않은 강화도의 왕릉이 지나치게 검소하게 조성된 것은 개경 환도(還都) 이후에 천장(遷葬)할 것을 염두에 두었기 때문으로 추정된다. 남송(南宋)에서도 환도를 염두에 두고 황릉을 검소하게 마련하였던 전례가 있기 때문이다.

3. 북한의 조사와 연구

북한 사회과학원 고고학연구소 자료를 받아 2009년 진인진에서 펴낸 『조선고고학전서47 고려의 무덤』은 1978년과 1993년 이후에 진행한 발굴성과와 함께 현재의 상태를 소개하였다. 북한의 연구결과는 2000년 발간된 『조선고고연구』 4호에 다음과 같이 정리되어 있다.

"…고려이전의 돌칸흙무덤(석실분)에서는 무덤들 호상간의 차이점이 주로 내부구조에서 나타났지만 고려돌칸 흙무덤에서는 외부구조에서 나타난다. 우선 돌칸흙무덤에서는 무덤구역을 3개의 구획으로 구분한 무덤과 4개의 구획으로 구분한 무덤이 있다. 이에 따라 돌사람을 제2구획에 한쌍 또는 두쌍 배치한 무덤과 제2구획과 3구획에 각각 한쌍씩 나누어 배치한 무덤으로 갈라지게 된다. 차이점은 또한 병풍돌시설이 놓인 상태 즉 남북중심축 우에 면돌이 놓이는가 모서리돌이 놓이는가에 따라 달라지는 병풍돌시설의 배치상태에서도 찾아볼 수 있다. 이와 같은 여러 가지 차이점가운데서 가장 특징적인 차이로 나타나는 것은 무덤구역을 구분한 구획의 수와 돌사람배치상태이다. 따라서 무덤구역을 구분한 구획의 수와 돌사람배치상태를 분류기준으로 하여 고려돌칸흙무덤을 가르면 크게 2가지 류형으로 나누어 볼 수 있다. 제1류형은 무덤구역을 3개의 구획으로 구분하고 제2구획에 한쌍 또는 두쌍의 돌사람을 마주 세워놓은 무덤들이다. 이 류형에는 왕건왕릉, 정종안릉, 광종헌릉, 현종선릉, 서구릉, 고읍리1호무덤, 7릉떼 1릉 등 많은 무덤들이 속한다. 제2류형은 무덤구역을 4개의 구획으로 구분하고 제2구획과 3구획에 돌사람을 각각 1쌍씩 마주 세워놓은 무덤들이다. 이 류형에는 7릉떼 2릉, 3릉, 4릉, 5릉, 6릉, 7릉, 고릉, 충정왕 총릉 등 여러 무덤들이 속한다. 현재까지의 연구성과에 의하면 고려돌칸흙무덤은 제1류형으로부터 제2류형으로 변천되었으며 제1류형은 10세기부터 13세기경까지 제2류형은 13세기부터 14세기말까지 만들어진 것으로 보고 있다."

위의 글을 통해서 유추해보면 북한은 고려왕릉 발굴과정에서 석실 내부공간의 형태적 변화는 발견하지 못한 것으로 생각된다. 그래서 외부의 공간구성과 석물 가운데 석인의 배치형태를 기준으로 2가지 유형을 도출해 내었다. 3개의 공간으로 구획한 제1유형이 4개의 공간으로 구획한 제2유형으로 바뀌는 시기를 13세기로 보고 있다. 형태적 변화를 고찰하여 밝혀낸 결과이지만 변화의 원인에 대한 언급이 없고, 석수의 변화에 대해서는 지적하지 않아서 아쉬움이 있다. 특히 제2유형에 속하는 공민왕릉의 석물 숫자가 늘어난 이유와 무인석이 등장하게 된 원인에 대해서는 설명하지 않은 것이 결점이라 할 수 있다.

이러한 점은 북한의 고고역사학자 리창언의 연구에서도 반복되고 있는데 석수에 대해서 리창언은 "돌짐승은 그 자세에 의하여 앞다리를 곧추 세우고 대가리를 우로 쳐든 것과 엎드려 진 것으로 나누어진다. 돌짐승에는 범과 양이 있다. 그 사례로서는 공민왕의 현릉과 정릉, 7릉떼의 3릉, 4릉, 서구릉, 랭정동1릉을 들 수 있다."고 하여 석양과 석호를 갖춘 왕릉이 5곳에 불과한 것으로 기록하였다.[22] 리창언은 생김새가 구별되지 않아 범인지 양인지 알 수 없는 것도 있다면서 대표적인 무덤으로 온혜릉, 영릉, 성릉, 태릉, 강릉, 현릉, 순릉, 동구릉, 소릉, 소릉떼의 무덤들, 명릉떼의 2릉, 3릉을 거론하였다. 리창언이 분간해내지 못한 짐승은 얼굴만 해학적으로 표현된 석사자일 가능성이 크다. 리창언 역시 왕릉에서 석수의 종류가 변화된 원인에 대해서는 언급하지 못하였다. 하지만 북한의 고고학적 연구결과를 통해 13세기 원간섭기부터 고려의 왕릉제도에 커다란 변화가 있었다는 것을 확인할 수 있다.

이상으로 현재까지 발표된 고려왕릉에 대한 조사와 연구성과를 검토하여 보았다. 이를 통해 고려왕릉은 3개 내지 4개의 공간으로 구획되어 있고 다양한 석물을 설치하였다는 것을 확인할 수 있다. 지금까지 검토한 조사 · 연구 내용을 종합하여 각 왕릉의 공간구획과 배설된 석물을 정리하면 다음의 〈표 1〉과 같다.

〈표 1〉 고려왕릉 상설석물

구분	제1단					제2단		제3단			제4단
	병풍석 난간석	석수[23]	석양	상돌	망주석	돌등	문석인	제당	문석인	무석인	제당
추존원창왕후 온혜릉	○	○(1)									
태조 현릉	○	○(4)		○	○	○	○1쌍	○			
신성왕후 정릉	○缺失										
혜종 순릉	○缺失							○[24]			
정종 안릉	○	○(3)		○失	○失			○址			
광종 헌릉	○	○(4)		○失	○失		○頭部 발견	○址			
경종 영릉	○	○(3)					○1쌍	○址			
성종 강릉	○缺失	○(3)[25]		○失	○失		○1기	○址			
추존 대종 태릉[26]	○	○(4)					○1쌍		○1쌍		○址
문종 경릉	○	○(4)			○1기		○1쌍	○址			
예종 유릉	○缺失							○址			
신종 양릉	○缺失	○(1)					○1쌍	○址			
서구릉 10c	○	○(3)					○1쌍				
동구릉	○缺失	○(2)									
명종 지릉	失						○1쌍				
고읍리 1호[27]	○	○(8?)		失	失		○1쌍	○丁址			
고읍리 2호	○	○(1)			1쌍	○失	○1쌍	○丁址			
희종 석릉	○失				○		○1쌍				
강종 비 원덕왕 후 곤릉	○缺失	○(1)					○3頭 28)	○址 29)			
고종 홍릉	○缺失	○(4)					○2쌍	○址			
원종 비 순경태 후 가릉	○缺失	○(2)					○1쌍	無			
능내리석실분	○缺失	○(2)						○址			
소릉떼 1릉	○	○(6)				○失	○1쌍		○1쌍		○址
소릉떼 2릉	○	○(2)			○1쌍		○1쌍		○1쌍		○址
소릉떼 3릉	○	○(4)			○1기		○1쌍	○址			
소릉떼 4릉	○	○(1)							○1쌍		○址

소릉떼 5릉	○	○(4)		○		○	○1쌍	○址			
제국대장공주고릉	○	○(1)	○1			○失	○1쌍		○1쌍		○址
명릉떼 1릉	○										
명릉떼 2릉	○	○失[30]			○1쌍		○1쌍		○1쌍		○址
명릉떼 3릉	○	○失					○1쌍		○1쌍		○址
충정왕 총릉	○	○(1)		○失	○1쌍	○失	○1쌍		○1쌍		○失
7릉떼 1릉	○缺失	○(8)					○2쌍	○址			
7릉떼 2릉[31]	○	○(3)			○1쌍		○1쌍			○1쌍	○
7릉떼 3릉	○	○(2)	○2	○	○1쌍	○	○1쌍		○1쌍		○址
7릉떼 4릉	○	○(2)	○2		○1쌍		○1쌍		○失		○址
7릉떼 5릉	○	○(3)			○1기		○1쌍			○笏	○址
7릉떼 6릉[32]	○				○1쌍	돌상	○1쌍		○1쌍		無
7릉떼 7릉[33]	○	○(3)		○	○1기	○	○1쌍			○笏	○址
공민왕릉	○	○(4)	○4	○2	○1쌍	○	○2쌍			○2쌍	○

위의 표를 보면 고려전기에서 강화천도기 사이에 조성된 왕릉의 공간 구획은 태조의 현릉과 같이 3개의 구획으로 이루어져 있었으나 원간섭기 이후 4개의 구획으로 변하였다는 점이 확연하게 드러난다. 변화된 내용은 제2단 밑에 하나의 공간을 더 만들고 석인 1쌍을 설치하면서 제3단에 위치하였던 제당[정자각]을 제4단으로 옮겨서 생긴 공간 구성의 변화였다. 그러한 변화의 시발점은 원종이 묻혀 있을 소릉떼와 제국대장공주의 고릉에서부터 시작되었다. 그 이후 원간섭기에 조성된 고려왕릉은 4단의 공간구성을 기본으로 하여 2단과 3단에 석인을 1쌍씩 설치하는 것은 물론 봉분 주변의 석물구성도 강화천도기까지 1종류의 석수를 배설하던 것에서 호랑이와 양(羊) 2종류로 늘어났다. 그리고 공민왕릉에서는 무인석 2쌍이 등장하였다.[34] 이러한 변화는 외형상 석물의 숫자가 늘어나서 왕릉의 규모가 확대된 것으로 보일 수도 있지만, 변화의 원인을 따져 보면 전혀 다른 의미를 담고 있다고 생각된다.

제2절

고려왕릉제도의 고찰

1. 고려초~무신집권기

고려는 잦은 전란을 겪었고 일제침략기에는 도굴(盜掘)도 성행하여 고려왕릉에 배설된 석물들이 결실(缺失)되거나 교란(攪亂)되어 원형을 유지하고 있는 왕릉이 많지 않은 것으로 나타난다. 앞의 〈표 1〉에서 확인할 수 있는 것은 고려초~무신집권기 왕릉 가운데 태조 현릉의 공간구획과 석물구성을 벗어나는 왕릉이 없었다는 사실이다. 그것은 곧, 태조 현릉이 고려왕릉의 전형(典型)이 되었다는 것을 의미한다.

태조는 자신의 왕릉을 한나라 문제(文帝)와 위나라 문성제(文成帝)의 고사에 따라 조성하라는 유명(遺命)을 남겼다.[35] 태조가 한나라와 위나라 제도를 받아들인 것은 중국의 정세와 깊은 관련이 있는 것으로 보인다. 고려와 동시대의 중국에서는 거란족이 세운 요(遼)나라가 당나라를 이미 멸망시켰고, 한족(漢族)이 세운 후량(後粱), 후당(後唐), 후진(後晋), 후한(後漢), 후주(後周) 등 5대 국가와의 교류는 미미한 상황에서 요나라와는 사이가 좋지 않았다. 검약을 강조한 태조는 거란이 세운 요나라의 문물을 모범으로 삼기보다는 한나라 문제와 위나라 문성제의 사례를 받아들여 왕릉을 간소하게 조성하되, 제향을 지낼 수 있게 조성하라고 한 것으로 보인다.

한나라 문제는 상례절차를 대폭 간소하게 하라는 유조(遺詔)를 내렸는데, 특히 상례기간을 대폭 줄였다.[36] 장례를 후하게 치르면 생업을 중단하는 경우도 생기며 복상(服喪)을 무겁게 하여 산 사람이 다치는 경우도 있었다. 한문제는 그러한 폐단을 방지하기 위해 단상(短喪)을 명하였던 것이다. 또한 패릉(霸陵)을 조성하면서, "인산위장(因山爲藏)"하여 분묘를 높이 올리지 못하게 하여 패릉지역의 원모습을 바꾸지 말라고 하였다.[37] 기와를 사용하고, 화려한 장식을 금지하였으며, 비용을 줄여 백성을 번잡하게 하지 않으려 하였기 때문이다.[38]

한편, 위나라의 문성제는 불교 탄압을 폐지하고 운강석굴을 축조하기 시작한 황제이다. 운강석굴 가운데 담요5굴이라고 말해지는 거대한 불상들은 북위의 황제인 도무제 · 명원제 · 태무제 · 경목제 · 문성제의 모습을 본뜬 것으로 알려졌는데, 황제를 곧 여래로 보는 왕즉불(王則佛: 전륜성왕)사상의 발현이었다.

한문제와 위문성제의 고사를 종합하면 곧 간소화된 장례의식과 박장(薄葬)을 하되, 왕즉불사상이 표현되어야 하였다. 이 문제와 관련하여 통일신라기 왕릉의 구조가 왕즉불사상을 표현한 것이라는 주장이 고고미술사학계에서 제시되어 있다. 강우방은 난간석의 존재야말로 통일신라 왕릉의 가장 중요한 특징 중의 하나로 왕즉불사상의 직접적인 표현이라는 견해를 제시한 바 있다.[39] 통일신라왕릉이 인도의 스투파처럼 능 자체에 견실한 호석을 두르고 있으며, 난간(欄干)과 호석 사이에 회랑(回廊)이라는 공간을 가지고 있기 때문이었다. 이근직도 성덕왕릉에서부터 당나라 능묘제도 및 인도의 불탑적 요소를 받아들임으로써 중국의 오랜 전통사상뿐만 아니라 불교사상적인 측면을 더하게 되었다고 이해하였다.[40]

신라는 적석목곽분(積石木槨墳)의 전통을 가지고 있었으나 삼국통일 이후 왕릉의 매장공간을 고구려왕릉과 같이 장대석으로 만든 석실구조

〈그림 1〉 성덕왕릉과 경덕왕릉의 봉분 전경

로 바꾸고, 그 위에 잡석과 흙을 쌓아 봉분을 만드는 신라의 전통을 결합하여 새로운 왕릉구조를 만들어 냈다. 반구형(半球形)의 봉토분 테두리에 호석을 설치하고 지대석을 시설한 후 난간석을 설치함으로써 통일신라의 독특한 봉토분(封土墳) 구조가 만들어진 것이다.[41]

그리하여 통일신라왕릉은 전륜성왕(轉輪聖王)을 모셨다는 의미가 상징적으로 표현되었고, 여기에 당나라 능묘제도를 받아들여 석사자와 석인, 석주 등의 석물이 도입되었다. 성덕왕릉, 괘릉은 능 앞에 석물들이 배설되어 있는 형태인데, 흥덕왕릉에는 석사자가 봉분 4방에 배치되어 수

〈그림 2〉 성덕왕릉 12지 신상-유상(酉像)

〈그림 3〉 성덕왕릉 석사자

〈그림 5〉 성덕왕릉 비좌(귀부)

〈그림 4〉 성덕왕릉 석인(옹중)

호(守護)하는 형태로 발전하였다.

당나라는 황제릉을 중심으로 태자, 공주, 대관(大官)을 배장하는 능원 제도를 만들었는데, 신분에 따라 묘 앞에 설치하는 석물에 차이가 있었다. 통일신라가 성덕왕릉, 괘릉, 흥덕왕릉 등에 도입한 석물은 당나라 고종 건릉의 배장묘 중에서 능이라 칭해지는 의덕태자(懿德太子)와 영태공주(永泰公主)의 석물구성과 일치한다는 점에서 주목된다.[42] 의덕태자와

〈그림 6〉 괘릉의 호석과 난간석

〈그림 7〉 괘릉의 석물배치

〈그림 8〉 괘릉의 석사자

〈그림 9〉 괘릉의 석인(옹중)

〈그림 10〉 괘릉의 석인(서역인)

〈그림 11〉 괘릉의 화표주

영태공주의 묘 앞에는 각 1쌍의 석주 · 석인 · 석사자가 놓여 있는데, 성덕왕릉은 석인 1쌍과 석사자 4기가 있지만, 괘릉과 흥덕왕릉에는 석사자 각 4기, 석인 2쌍, 석주 1쌍이 설치되어 있는 것이다.

당나라 배장묘의 경우 설치 석물에 대하여 엄격한 규정이 적용되었겠지만 통일신라는 당나라의 태자 · 공주에 해당되는 능묘제도를 받아들여 신라의 위상에 맞게 재해석하였던 것이다. 그것은 신라가 불교국가로서 신라국왕을 전륜성왕으로 인식하고 있던 것과 깊은 관계가 있는 것으로 보인다. 당나라의 능묘제도에 따르면 괘릉과 같이 석물을 모두 묘 앞에 배치하여야 했으나 흥덕왕릉에서는 봉분 주변 4방에 석사자를 배치함으로써 단순한 의장용 석수가 아닌 수호신적 의미를 부여하였던 것이다.[43] 사자는 불교에서 부처님과 불법을 수호하는 의물(儀物)로 신성시되어 분황사 3층석탑, 불국사 다보탑, 화엄사 4사자 석탑 등에도 배치되어 있었

〈그림 12〉 흥덕왕릉의 호석과 회랑, 난간석

〈그림 13〉 흥덕왕릉의 석사자

〈그림 14〉 흥덕왕릉 석인(옹중)

〈그림 15〉 흥덕왕릉 석인(서역인)

〈그림 16〉 흥덕왕릉 화표주

〈그림 17〉 흥덕왕릉 비좌(귀부)

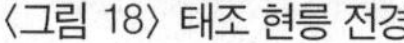

〈그림 18〉 태조 현릉 전경

〈그림 19〉 태조 현릉 정면

다.[44] 불교문화가 융성하였던 시기였기 때문에 불법의 수호자를 자처한 국왕의 무덤을 지키는 수호 석수로 석사자가 선택되었던 것이다.[45]

고려 태조 현릉 역시 통일신라왕릉을 계승하여 지하에 석실을 조성하고, 그 위에 봉토를 쌓았으며 병풍석과 지대석, 난간석을 둘렀다. 봉분주변에 석사자 4마리, 망주석, 석인 외에 석상, 장명등 등을 배설하였는데, 태조 현릉과 통일신라왕릉을 비교하면 몇 가지 차이점을 발견할 수 있다.

첫째, 병풍석에 12지 신상(神像)을 조각한 통일신라의 여러 왕릉들은 봉분의 규모에 따라 난간석의 면수가 제각각이었다. 태조 현릉은 병풍석과 난간석의 면수(面數)를 12면으로 조성하였는데, 12지에 맞추어 정형화(整形化)를 추구한 것으로 이해된다.[46] 그리하여 음택(陰宅)에 묻힌 임금이 지지(地支)의 중심으로 설정된 것이다.

둘째, 현릉에는 통일신라왕릉에서 정형화되지 않았던 석상(石床)이 갖춰지고, 장명등이 처음으로 세워졌다.[47] 석상은 제물을 진설하는 용도인데 태조 현릉의 경우 기둥받침을 하고 있다. 장명등은 불을 밝히기 위한 것으로서 석등이 왕릉에 배설된 것은 능묘제도상의 이유라기보다는 전륜성왕 개념이 구체적으로 표현된 것으로 보인다. 즉, 법당 앞에 설치한 석등이 불법을 사방에 밝히려는 상징적 의미가 있었듯이 왕릉 앞의 장명등은 왕의 교화를 길이 밝히려는 의도에서 설치된 것으로 생각된다. 한편으로는 왕릉에서 지내는 제의가 중요한 행사가 되었으므로 제의를 지낼 때 불을 밝히는 직접적인 이유도 있었을 것으로 보인다.

셋째, 통일신라 괘릉과 흥덕왕릉에서 화표주의 역할을 하였던 석주는 태조 현릉에서 봉분 앞으로 옮겨져 망주석이 되었다. 석주는 멀리서도 잘 보이도록 설치한 것으로 왕릉의 상징물이다. 태조 현릉에 설치되어 있는 망주석은 18세기에 새로 갖춘 것이어서 원형을 확인할 수는 없으나 처음 설치했던 자리에 다시 설치하였을 것으로 판단된다.

넷째, 석인의 경우도 통일신라에서는 당나라 건릉의 옹중석을 모방하여 세웠으나 태조 현릉에서는 관모를 쓴 관인의 모습으로 변하였다. 비록 고려왕릉 석인의 조각솜씨가 미숙하지만 문관의 모습을 하고 있다는 점에서 새로운 제도가 받아들여졌다는 것을 알 수 있다.

이와 같이 태조 현릉은 태조의 유명(遺命)에 따라 새로운 시대를 지향하면서 고려의 실정에 맞는 새로운 왕릉제도를 마련하였다. 후삼국을 통일한 고려 태조는 불교를 국교(國敎)로 삼았고, 불교의 수호자로서 전국에 많은 사찰을 건립하여 숭불정책을 적극 실시하여 전륜성왕으로 인식되었을 것이다. 따라서 태조 현릉은 통일신라왕릉을 계승한 것은 물론이고, 불교건축의 상징체계를 도입하여 왕릉을 조성하였던 것이다.

고려 태조에 대한 전륜성왕 사상은 통천관(通天冠)을 쓴 태조의 형상을 통해서도 확인할 수 있다.[48] 고려에서 태조의 주상(鑄像)을 만든 것은 위나라 문성제가 운강석굴을 조성한 고사를 계승한 것이라 볼 수 있는데, 거대한 석굴사원을 조성한 것이 아니라 청동 주물로 만들어 봉은사(奉恩寺) 진전(眞殿)에 안치한 차이가 있을 뿐이다. 고려인은 전륜성왕 태조가 영원히 고려를 지켜주기를 갈망하였던 것이라 할 수 있다. 그러한 기원이 태조 현릉의 조영에서도 나타나서 통일신라왕릉의 구조를 계승하는 한편,

〈그림 20〉 태조 현릉 난간, 망주석, 석사자

〈그림 21〉 태조 현릉 석등과 석상

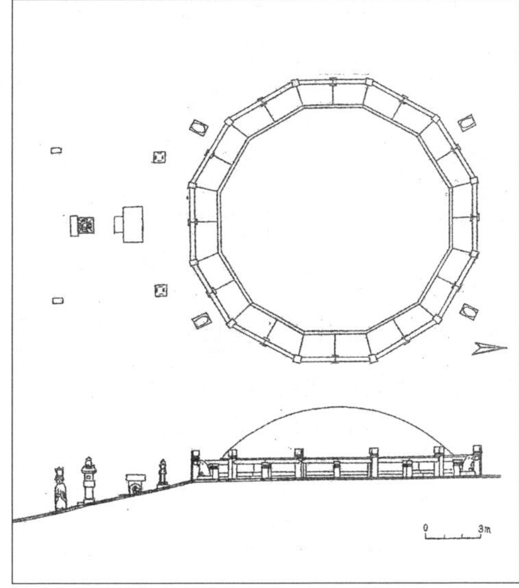

〈도면 1〉 태조 현릉 평면도 및 단면도
(출전 : 리창언 『고려유적연구』)

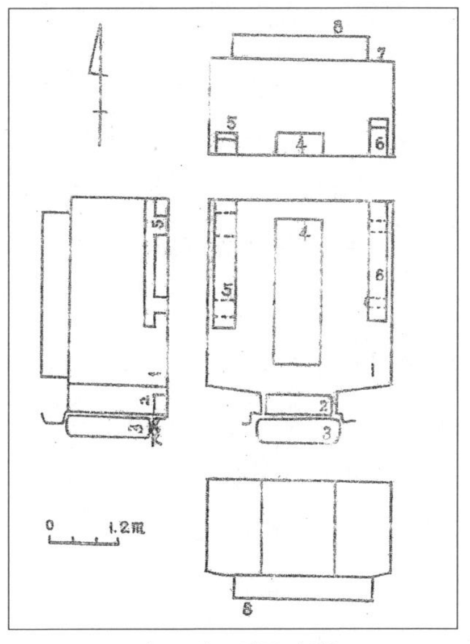

〈도면 2〉 태조 현릉 내실측도
(출전 : 리창언 『고려유적연구』)

사찰 법당 앞에 석등을 놓은 것처럼 왕릉의 봉분 앞에도 석등[장명등]과 석상을 배치하여 전륜성왕 개념을 보다 체계적으로 구현하였던 것이다.

한편, 태조가 언급했던 위나라는 문성제의 황후인 문명태후(文明太后)

풍씨(馮氏)에 의해 선비족 문화와 한족(漢族) 문화를 결합시킨 능침제도가 만들어졌다.[49] 북방민족인 탁발(拓跋)씨가 세운 위나라는 석묘(石廟) 또는 석실(石室)을 만드는 선비족(鮮卑族) 고유의 장례풍습에 따르고 있었다. 그런데 문성제 사후 2차례에 걸쳐 25년간 수렴청정한 문명태후는 한족(漢族)으로서 자신의 수릉(壽陵)인 영고릉(永固陵)을 조영할 때, 한나라식의 석전(石殿)과 석궐, 석수, 석비 방식을 채택하면서 능 앞에 청묘(淸廟: 종묘)를 만들었던 것이다. 즉, 불교국가였던 위나라에서 불교식 불당·재당과 유교식 사묘(祠廟)를 결합시킨 독특한 제도가 만들어진 것이다.[50] 따라서 고려 태조 현릉에서 석상과 정자각을 동시에 갖춘 것은 북위의 황릉제도를 받아들인 것에서 비롯되었을 것이라 할 수 있다.

그 후 고려왕릉은 태조 현릉의 제도에 따라 큰 변화없이 조성되었다. 고려와 송나라가 병존하고 있었던 시기에도 고려왕릉에 송나라의 영향은 나타나지 않는다. 그것은 고려가 송나라의 문물을 수입하면서도 내부적으로는 '황제국'이라는 인식을 가지고 자주적인 문물제도를 갖추었던 데 기인하는 것이었다.[51] 고려는 960년 후주(後周)의 선위(禪位)를 받아 송나라가 건국되자 요나라의 방해를 피하기 위해 바다를 건너 거의 매년 송나라에 사신을 보내 송나라의 선진문물을 수입하기 위해 노력하였다.[52] 송나라에서는 고려를 의심의 눈초리로 보기도 하였으나 요나라와의 관계를 고려하여 후대하였다. 성종대에는 송나라 제도를 참고하여 종묘를 건립하기도 하였다.[53]

송나라 신종은 1078년(元豐 元年, 고려 문종 32년) 가좌간의대부(假左諫議大夫) 안도(安燾)와 가기거사인(假起居舍人) 진목(陳睦) 등 대부급 인물을 처음으로 고려에 보내 답방을 하였다.[54] 그 이후 고려와 송나라의 관계는 더욱 긴밀해졌고, 고려에서는 송나라의 문물제도를 보다 적극적으로 받아들였다.

〈그림 22〉 경종 영릉 전경

〈그림 23〉 경종 영릉 호석, 석란 및 석수

〈그림 24〉 경종 영릉 석인

하지만 송나라의 지식인에게 고려와의 교류는 득보다 실이 많은 것으로 비쳐졌다. 1092년(송나라 元祐 7년) 사신으로 간 황종각(黃宗慤)이 『황제침경(皇帝鍼經)』을 바치면서 송나라의 서책을 다량으로 구입해 가

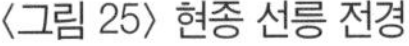
〈그림 25〉 현종 선릉 전경

〈그림 26〉 능현동 제3릉 전경

겠다는 요청을 하자 당시 예부상서였던 소식(蘇軾)은 냉담한 반응을 보였던 것이다. 황종각은 끝내 『책부원구(册府元龜)』 등의 서책과 금박을 구입해 귀국하긴 하였으나 송의 태도는 고려의 그것과는 차이가 있었던 것이다.

그럼에도 불구하고 고려가 변함없이 친송(親宋)적인 태도를 보이자 마침내 송나라 휘종(徽宗)은 정화(政和, 1111~1117년) 연간에 고려의 사신을 국신사(國信使)로 승격시켰다. 그 예우는 서하국보다 높아져서 요나라 사신과 함께 추밀원에 예속되었으며, 접대관리의 명칭도 접관반(接館伴)·송관반(送館伴)으로 격상되었다.

위와 같은 친송정책을 통해 고려는 송나라의 사회문화 전반에 대한 충분한 정보를 가지고 있었다는 것을 알 수 있다. 그러나 고려는 송나라와 사대관계를 맺은 이후에도 송나라가 멸망할 때까지 왕릉제도에 대해서는 국초 이래의 전통을 지켜나갔다. 원나라와 강화(講和)한 원종(元宗)이 1274년 홍서하면서 내린 유조(遺詔)에서 "역월(易月)로 계산한 복을 입되 3일 만에 그치고 산릉제도를 모두 검약하게 조성하라."고 한 것은 고려 태조 이래의 전통을 지키고자 한 것이라 할 수 있다.[56]

2. 원간섭기 이후

태조 현릉 이래 줄곧 지켜오던 고려의 왕릉제도에 변화가 생긴 것은 원간섭기가 시작되면서부터이다. 특히, 충렬왕이 태자시절이던 1274년 5월 원나라 세조(世祖: 쿠빌라이)의 딸인 제국대장공주와 혼인을 한 뒤 고려 국왕으로 책봉된 것이 결정적인 원인이었던 것 같다. 이전까지 송나라와 사대관계를 맺었어도 독자적인 왕릉제도를 지키던 고려가 원나라 황제가의 일원인 부마국이 됨으로써 더 이상 독립적인 황제를 자칭할 수 없게 되었기 때문이다.[57)]

원나라 세조의 부마가 된 충렬왕은 원제국의 이성왕(異性王)으로 몽원(夢元)의 종왕(宗王)과 구별되긴 하지만 그 지위는 종왕보다 높다는 평가를 받았다.[58)] 종왕은 황금가족으로서 그의 봉읍은 원 조정 직할 판도에 속하는 것이지만, 고려는 번속관계에 있는 국(國)으로 간주되어 국왕이 자치적으로 운영하였기 때문에 독립국에 다름 아닌 상태였다.[59)] 원 세조의 명에 따라 고려국의 풍속을 그대로 유지할 수 있었으나 원나라는 고려 국왕의 인신(印信)을 만들어 주고, 국왕을 지칭하는 용어를 강등하는

〈그림 27〉 원종비 가릉 전경

〈그림 28〉 원종비 가릉 석수

등의 조치를 취하였다.[60] 즉, 고려는 몽골황실에 대해 왕실의 격을 낮춰 예법을 변화시켜 나간 것으로 볼 수 있는데, 왕릉의 경우도 그와 같은 변화가 뒤따랐던 것이다.

그리하여 원나라로부터 충(忠)자 시호를 받은 원종(충경왕)의 왕릉에서부터 변화가 감지된다. 원종이 묻혔을 소릉때 5곳 가운데 3곳이 이전과는 다른 형태를 보이고 있기 때문이다. 즉, 이전까지 3개의 공간으로 구성된 왕릉의 구획이 1개의 공간을 더 마련하면서 문인석 1쌍을 더 배치하였고, 석수도 사자 대신에 석호와 석양을 배치하는 변화가 일어난 것이다. 이때 변화된 내용은 원나라의 제도를 따른 것은 아니었다. 원나라 황실은 은밀한 곳에 평장(平葬)을 하는 전통을 따랐으므로 능묘조성에 대한 예제(禮制)가 갖추어지지 않았기 때문이다. 칭기즈칸의 무덤은 몽골인의 전통에 따라 기련곡(起輦谷: 몽고 헨티성 부크만드르 지역)에 영구(靈柩)를 땅속 깊이 묻은 후, '봉분을 올리지 않고 나무도 심지 않았으며' 1만 마리의 말들이 평평하게 땅을 다져 '비장(秘藏)'하였다.[61] 원나라 세조의 무덤 역시 켄테이 산맥 어딘가에 묻혔다고 알려졌을 뿐, 그가 묻힌 정확한 위치는 기록되어 있지 않으며 지금까지 발견되지 않았다.[62]

그래서 고려는 원나라에 대해 부마국왕의 위격으로 낮추는 방안으로 송(宋)나라 능묘제를 도입한 것으로 보인다. 북송은 건국 초기에 능묘제도를 제정하여 황제 능원, 황후 능원과 훈척대신의 등급에 따라 능묘를 구분하였다. 송나라 황릉의 신도에는 코끼리와 코끼리 조련사, 중무장한 무사와 궁인(宮人), 외뿔이 달린 신수(神獸), 의장용 말과 마부 각 2쌍, 외국 사신, 양, 호랑이, 상서로운 동물 등이 반드시 있어야 한다는 규정이 있었다. 그리고 훈척대신의 분묘에는 석양, 석호, 망주가 각2기이고, 3품 이상이면 석인 2인을 추가로 세울 수 있었다.

항주로 옮긴 후의 남송(南宋)은 그 규모를 더욱 작게 하였다. 여진족인

금나라에 쫓겨 남쪽으로 옮겼다고는 하나 언젠가는 북벌하여 지난날의 국도(國都)를 되찾겠다는 전제가 있었으며, 절강성의 소흥에 능원을 만들면서 가매장을 뜻하는 찬궁(攢宮)이라 불렀다. 능에 석인과 석수상을 세우는 것도 같았으나 송나라의 석양상과 석호상은 아주 작았다.[64)]

지금까지 알려진 송나라 제후나 훈척대신에 해당되는 묘소는 몇 곳이 있을 뿐이다. 1961년 하남성 문화국 문물공작대에서 공현(巩縣) 효의진(孝义鎭) 남교(南郊)에서 위왕(魏王) 조군(赵頵: 英宗의 제4자) 부부의 합장묘를 조사하였다. 이 묘소는 비탈진[斜坡式] 묘도(墓道: 길이 13.5m)를 따라 묘문(墓門)과 긴 용도(甬道), 전축(磚築)한 묘실(墓室)로 조성되었다.[65)] 묘상(墓上)에 원래 석상이 남아 있었는데, 석호 1기, 석양 2기, 무관석 1기가 잔존하고 있다.[66)] 또한 1973년 안휘성박물관에 의해 북송의 최고위 관리였던 포증(包拯)의 가족묘지가 합비(合肥) 동교(東郊)의 대흥집(大興集)에서 발굴되었다. 3대(代) 12묘가 있었으며, 묘지 지표에는 석옹중, 석마, 석양이 각 1쌍씩 있었다고 보고하였다.[67)] 이러한 사례들을 통해 송나라 능묘제도를 부분적으로 확인할 수 있는데, 원간섭기 고려의 왕릉은 송나라 훈척대신급의 제도에 준해서 조성되었다는 것을 알 수 있다.

그리하여 고려는 매장공간과 봉분구조를 그대로 둔 채 기존의 석사자를 석양과 석호로 교체하여 왕릉제도를 개정한 것으로 보인다. 〈표 1〉에서 확인되듯이 제국대장공주 고릉과 7릉군의 제3릉, 제4릉, 공민왕릉 등 원간섭기에 조성된 대부분의 왕릉에서 석물구성의 변화가 나타나고 있는 것은 제도적 변화가 반영된 것이기 때문이다. 고려가 송나라 훈척대신의 묘제를 받아들인 것은 원나라와 가장 가까운 시기였고, 기존의 고려왕릉과 가장 유사한 석물 구성이었기 때문으로 보인다. 고려는 어쩔 수 없이 왕릉제도를 변경하였으나 그 차이가 쉽게 구분되지 않는 제도를 선택하였던 것이다.

〈그림 29〉 제국대장공주 고릉 정면

〈그림 30〉 제국대장공주 고릉 좌측면

〈그림 31〉 제국대장공주 고릉 석인

그런데 원나라 공주와 황제의 부마라는 지위는 훈척대신보다는 높은 지위였다. 그래서 왕릉의 구획을 3단에서 4단으로 늘리고 늘어난 공간에 문석인을 설치함으로써 공간구성과 상설 석물에 변화가 일어났던 것이다. 또한 송나라의 능묘는 한 · 당의 능원(陵園)제도를 종합하여 제릉(帝陵)과 후릉(后陵)을 군집(群集)하여 짓고 전체적으로 짜임새 있는 능묘 환경을 조성하였다. 원간섭기에 조성된 것으로 보이는 칠릉군 7개 능, 소릉군 5개 능, 명릉군(明陵群) 3개 능이 군집하여 등장하게 되는 배경도 송나라 능묘제도의 영향이었던 것으로 판단된다.

이와 같은 변화 가운데 주목되는 것은 봉분 4방향에 배치하던 석수인 사자가 호랑이와 양으로 변하였다는 점이다. 사자는 부처를 수호하는 의미를 가졌기 때문에 통일신라시기에 조성된 각종 불교건축과 탑, 석등 등에 많이 사용되었고, 신라의 국왕을 전륜성왕으로 간주하는 분위기 속에

〈그림 32〉 충목왕 명릉

〈그림 33〉 명릉동 제2릉 전경

서 왕릉에도 일부 사용되었던 것이다. 이를 계승한 고려에서도 태조 현릉에서부터 사자를 배치하여 왔는데, 고려 국왕이 원나라의 부마가 되자 더 이상 사자를 왕릉에 배설하지 않게 된 것이다.

원나라에서는 세조를 신성시하면서 그를 전륜성왕으로 묘사하고 있었다.[68] 불교의 법륜(法輪)을 관장하며 세계를 지배하는 전륜성왕이 원나라의 황제가 된 이상, 고려의 국왕이 그와 동격이 될 수는 없게 된 것이다. 따라서 원간섭기 고려왕릉에서 사자 대신에 호랑이와 양을 상설하게 된 것은 국왕의 위격을 전체적으로 낮추는 의미가 있었던 것이라 할 수 있다.

한편, 원간섭기 이전에 조성된 고려왕릉의 석인들은 인체의 표현이 대체로 수준이 떨어지는 질박한 솜씨였기 때문에 진홍섭은 "볼만한 것이 없다."는 극단적인 평가를 하였다. 그러한 상태에서 칠릉군 제3릉이나 공민왕릉 등에서 갑자기 우수한 조각의 석인이 제작된 것은 원나라에서 솜씨 좋은 장인들이 고려에 와서 제작에 참여하였을 가능성이 크다.[69] 실제 고려 국왕과 결혼한 원나라의 공주들은 원나라의 장인들을 직접 불러다 공역을 진행한 경우가 확인된다. 충렬왕비 제국대장공주는 궁궐 안에 자신의 거처로 사용할 건물을 짓기 위해 원나라에서 목장(木匠)들을 불러온 일도 있었다.[70] 따라서 원간섭기에 조성된 왕릉의 석인이 이전의 다른 왕릉보다 조각하는 기술이 월등히 좋아진 것은 원나라 석장(石匠)이 참여하였을 가능성이 높은 것으로 추정할 수 있다. 그리하여 한나라와 위나라 제도에 기반하여 검소하게 조성되던 고려왕릉은 원간섭기에 들어와서 이전보다 더 화려해지게 된 것이다.

그러한 가운데 공민왕릉이 우리나라 왕릉제도사에 큰 획을 그으며 등장하게 된다. 공민왕은 1365년 노국대장공주가 서거하자 "비통하여 어쩔 줄을 몰랐다."고 하며, 정릉(正陵)을 설계하고 1366년 5월부터 토목공사를 직접 감독하기까지 하였다. 공민왕은 충선왕 덕릉의 나무를 거의 전

〈그림 34〉 7릉떼 제3릉 정면

〈그림 35〉 7릉떼 제3릉 측면

〈그림 36〉 7릉떼 제3릉 석등

〈그림 37〉 7릉떼 제3릉 문석인

부 베어내서 정릉을 짓는데 사용하기도 하였다.[71] 국왕이 직접 공사를 감독한 노국대장공주 정릉의 경우는 공민왕의 뛰어난 미적 감각으로 인해 석물의 조각이 매우 정교하여졌을 것으로 추정된다. 공민왕은 3년 동안 고기반찬을 먹지 않았고, 새로 임명되는 관리들과 사신으로 가는 신하들

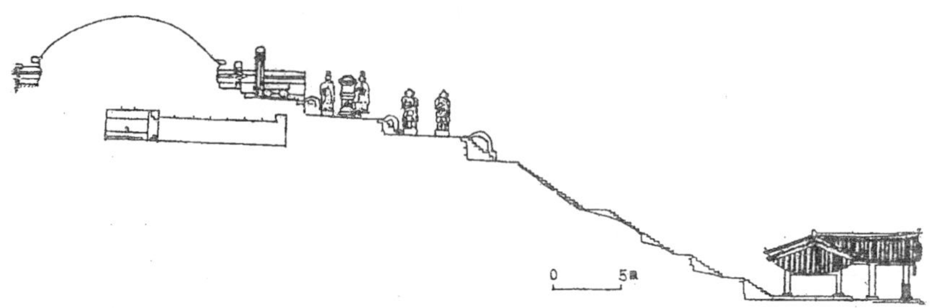

〈도면 3〉 공민왕릉 단면도(출전 : 리창언『고려유적연구』)

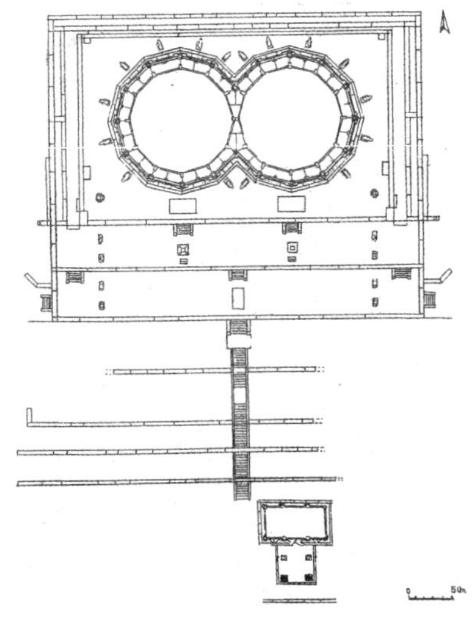

〈도면 4〉 공민왕릉 평면도
(출전 : 리창언『고려유적연구』)

에게 반드시 공주의 무덤으로 가서 궁중에서 하는 것처럼 예를 행하게 하였다.[72)]

공민왕은 1366년 정릉을 조성한 뒤, 1372년(공민왕 21)부터는 정릉 옆에 자신의 수릉(壽陵)을 짓기 시작하였고, 1374년 9월에 사망하여 수릉에 안장되어 현릉(玄陵)이라 하였다.[73)] 여기서 정릉과 현릉이 6년의 시차를 두고 2차례에 걸쳐 조성되었다는 사실은 공민왕릉 제도와 그 성격을 밝히는데 대단히 중요한 의미가 있다고 판단된다. 정릉을 조성한 뒤 중국대륙에서 원나라가 몰락하고 명나라가 1368년 건국되는 급격한 정세의 변화가 있었기 때문이다.

명나라는 1369년(공민왕 18) 4월 고려에 사신을 보내 새서(璽書)와 사라(紗羅)를 하사하였고, 고려는 5월에 원나라의 연호를 정지한 뒤 사신을

〈그림 38〉 공민왕릉 정면

〈그림 39〉 공민왕비 정릉 봉분

〈그림 40〉 공민왕 현릉 호석 선인

〈그림 41〉 공민왕 현릉 호석 영탁과 영저

파견하여 명 태조의 등극을 하례하고 사은하였다. 1370년 5월 명 태조는 다시 사신을 보내 공민왕을 고려 국왕으로 책봉(冊封)하였고, 고려는 7월부터 명나라 홍무(洪武)연호를 사용하였다.[74] 8월에는 복색(服色)을 바꾸면서 명나라를 사대하며 친명(親明)정책으로 기울어갔다.[75]

명나라는 고려와 명나라 사이에 사대관계가 성립하던 1369년 명 태조 주원장의 부모를 황제로 추존하고 안휘 봉양의 부모무덤을 황릉으로 조성한데 이어 1372년 능묘제도를 개정하였다. 고려왕릉과 관련하여 주목되는 조항은 공신(功臣)이 죽어서 왕에 봉해지는 경우이다. 묘지의 주위는 100보, 봉분의 높이는 2장, 봉분의 사방을 둘러싸는 담장의 높이 1장, 석인은 4기인데 문인과 무인을 각 2기씩 세우고, 석호와 석양, 석마, 석망주를 각 2기씩 세울 수 있게 하였다.[76] 석마를 제외하면, 공민왕릉의 석물 구성과 일치하는 내용을 담고 있으며, 석인을 문인과 무인으로 구분하여 명시한 것이 주목된다.

1372년 수릉 조성을 시작한 공민왕은 이 제도를 채용하여 현릉을 조성하였을 것으로 판단된다. 원간섭기에 조성된 왕릉에서 설치되지 않았던 무석인이 공민왕릉에서 처음으로 세워진 것은 명나라 제도를 받아들이는 변화가 있었다는 것을 의미하기 때문이다. 즉, 공민왕은 1366년 정릉을 조성하는 과정에서 원간섭기에 조성된 충정왕 총릉(聰陵)이나 칠릉군 제3릉의 경우와 같이 젊은 신하와 노신(老臣)의 모습을 한 문인석을 각각 1쌍씩 만들어서 2단과 3단에 세웠을 것이 분명하다. 그 후 1372년 공민왕이 수릉을 조성할 때(혹은 서거 후에) 명나라 제도에 따라 무석인을 배설한 것으로 보는 것이 타당할 것 같다.[77] 이에 따라 원래 제2단과 3단에 1쌍씩 있었을 문석인을 제2단에 합쳐 배설하고, 제3단에 무석인 2

〈그림 42〉 공민왕릉 석물배치상태

〈그림 43〉 공민왕릉 석상

〈그림 44〉 공민왕 현릉 장명등

〈그림 45〉 공민왕릉 문석인

〈그림 46〉 공민왕릉 무석인

쌍을 배설하였을 가능성이 대단히 높다. 게다가 공민왕릉 무석인의 갑옷을 비롯한 도상(圖像)은 명나라 황릉 무석인의 도상과 유사한 것도 그와 같은 추정을 뒷받침한다.

공민왕은 왕의 능과 왕비의 능을 따로 조성하던 고려왕릉의 전례를 깨고 처음으로 공민왕 현릉과 노국대장공주 정릉을 합쳐서 쌍릉으로 조성하였다. 그것은 석물의 숫자에 영향을 줄 수 있었는데 공민왕은 2기의 왕릉으로 인식하여 2기의 왕릉과 같은 숫자의 석물을 조성하였고, 망주석을 1쌍만 세웠을 뿐이다. 다만 공민왕릉에는 명나라 제도에서 제시된 석마가 설치되지 않았는데, 봉분 주변에 석양과 석호를 설치한 상태에서 석

〈그림 47〉 공민왕릉 석호와 석양

마를 어느 곳에 설치할지 결정할 수 없었기 때문으로 짐작될 뿐이다.[78)]

고려는 공민왕릉을 조성한 이후 우왕과 창왕, 공양왕이 왕위를 계승하였으나, 우왕은 위화도회군 이후 폐위되었고, 창왕 역시 1년 만에 이성계 암살모의사건으로 폐위되었다. 공양왕 역시 망국군주가 되어 조선 태조에 의해 봉군(封君)되었으므로 제대로 된 왕릉이 조성되지 못하였다.[79)] 따라서 공민왕 현릉과 공민왕비 정릉이 고려에서 조성된 최후의 왕릉인 셈이다.

위화도회군 이후 조선을 건국한 세력은 명나라와 사대관계를 맺어 친명정책을 추진하였다. 조선은 건국초기부터 왕릉을 조성해 나갔는데, 그 모델이 된 것은 공민왕릉이었다. 공민왕릉은 고구려, 신라의 전통과 한·당·위·송·명의 제도가 결합되어 독특한 형식을 갖추었고, 원·명에 대하여 제후국의 위격으로 낮춘 의미까지 있었다. 왕릉의 형식으로도 매우 우수한 공민왕릉 제도를 따르는 것은 당연한 선택이었을 것이다.

제3장

조선왕릉제도의 정비과정

태조 건원릉 봉분

제1절

태조대의 왕릉 조성

1. 4대조 추존과 8릉의 봉릉

1392년 7월 즉위한 태조는 8월에 정안대군(후일의 태종)을 동북면(東北面)에 보내어 사대(四代)의 능실(陵室)에 제사를 지내어 왕위에 오른 일을 고유하게 하였다. 그리고 황고(皇考)는 정릉(定陵), 황비(皇妣)는 화릉(和陵), 황조(皇祖)는 의릉(義陵), 황조비(皇祖妣)는 순릉(純陵), 황증조(皇曾祖)는 지릉(智陵), 황증조비(皇曾祖妣)는 숙릉(淑陵), 황고조(皇高祖)는 덕릉(德陵), 황고조비(皇高祖妣)는 안릉(安陵)이라 봉릉(封陵)하였다.[1)]

〈그림 48〉 목조 덕릉, 효공왕후 안릉 전경

〈그림 49〉 익조 지릉 무석인과 석마

〈그림 50〉 도조 의릉 전경

정안대군은 10월 28일 임무를 마치고 여러 능의 산세(山勢)를 그린 화본(畵本)을 바쳤다. 정릉(定陵)・화릉(和陵)・의릉(義陵)・순릉(純陵)은 모두 함주(咸州)에 있고, 지릉(智陵)은 안변(安邊), 숙릉(淑陵)은 문주(文州), 덕릉(德陵)・안릉(安陵)은 공주(孔州: 지금의 경원)에 있는데, 각 능마다 능지기[陵直] 권무(權務) 2인과 수릉호(守陵戶) 몇 호(戶)를 두고 재궁(齋宮)을 건축해 세웠다.[2] 이로써 4대조에 대한 봉릉공역이 시작되었다.

1393년 태조는 첨서중추원사(僉書中樞院事) 정총(鄭摠)에게 정릉(定陵)의 비문(碑文)을 짓게 하였고,[3] 문하 시랑찬성사 성석린을 함주에 보내어 환왕(桓王)의 정릉비(定陵碑)에 글을 써서 이를 세우게 하였다.[4] 태조가 4대조 묘를 봉릉하면서 다른 능에는 작은 표석을 순차적으로 세웠던 것으로 보인다.[5] 그러나 태종이 즉위한 뒤 다시 수리하는 것으로 보아 제반 시설이 모두 완비되지는 않았던 것으로 보인다.

1397년 태조는 두만강변의 공주에 있는 덕릉과 안릉의 제사를 받드는 정성을 다하지 못하였다며 정도전을 동북면 도선무순찰사로 보내서 성전(盛典)에 따라 원릉(園陵)을 빠짐없이 봉안하게 하였다.[6] 이로써 국경 지방인 덕릉과 안릉도 왕릉제도를 갖추었던 것으로 추정되지만 왕릉의

〈그림 51〉 도조 의릉 후면에서 본 전경

제도와 관련된 자세한 기록이 없어서 어떤 형태로 봉릉하였는지는 확인되지 않는다. 한양에서 경원까지 기일에 맞춰 제관을 파견하는 것은 대단히 어려운 일이기 때문에 사시(四時)의 제향은 청해도(靑海道: 함경도) 찰리사(察理使)가 섭행(攝行)하게 하였다.[7] 제사와 관련된 조치가 있는 것으로 보아 정자각을 갖춘 왕릉의 형태로 조성되었을 것으로 짐작된다.

2. 정릉(貞陵)의 조성

태조 당대에 조성된 왕릉은 신덕왕후(神德王后)의 정릉이 있다. 신덕왕후는 1396년(태조 5) 8월 13일 판내시부사 이득분(李得芬)의 집에서 서거하였다. 태조는 통곡하며 조회(朝會)와 시장의 개설을 10일간 정지하였고, 다음날 상장(喪葬)을 치루기 위하여 4도감 13소를 설치하였다. 신덕왕후의 정릉은 조선왕조 최초로 도감을 설치하여 조성한 왕릉으로서

〈그림 52〉 환조 정릉, 의혜왕후 화릉 전경

〈그림 53〉 환조 정릉, 의혜왕후 화릉 전면

〈그림 54〉 환조 정릉, 의혜왕후 화릉 문 · 무석인

〈그림 55〉 환조 정릉, 의혜왕후 화릉 측면

『태조실록』을 토대로 조성과정을 정리하면 다음과 같다.

풍수지리를 믿었던 태조는 신덕왕후의 능지(陵地)를 정하는데 만전을 기하였다. 8월 20일 행주(幸州)에 거둥하여 능지를 살펴보았으나 마음에 차지 않았다. 더구나 서운관(書雲觀) 관원인 유한우(劉旱雨) · 배상충(裵尙忠) 등이 서로 갑론을박하며 다투다가 결정을 짓지 못하자 태조는 크게 화를 내며 모두 매로 다스리기도 하였다.[8] 다음날에는 안암동(安巖洞)에 거둥하여 능지를 살펴본 후 이튿날 개기(開基)하고 땅을 파 보도록 하였는데, 물이 솟아나므로 중지하였다.[9] 신덕왕후의 능지는 8월 23일 취현방(聚賢坊: 뒤에 황화방으로 고쳤다) 북녘 언덕으로 결정되었는데, 태조

〈그림 56〉 신덕왕후 정릉 상석

〈그림 57〉 신덕왕후 정릉 장명등

가 직접 거둥하여 능지를 결정하였다.[10] 거론된 곳이 도성(都城) 안쪽이었던 것은 후일 태종이 천장을 하게 되는 원인이 되기도 하였다.

9월 28일 봉상시에서는 현비의 존호를 신덕왕후라 하고 능호(陵號)를 정릉(貞陵)이라 의논해서 올리자 태조가 결정하였다.[11] 태조는 공민왕릉을 본받아 정릉에 자신의 수릉(壽陵)을 함께 조성하였고, 정릉 옆에 재궁으로 흥천사(興天寺)를 건립하게 하였다. 정릉을 조성하던 시기는 도성을 축성(築城)하는 역사(役事)가 진행되고 있었으므로 태조는 도성 공역현장을 살펴본 뒤 능지에 거둥하여 살펴보기도 하였다.[12] 11월 19일 태평관에 거둥하여 명나라 사신을 맞아 연회를 진행한 후 수릉에 갔고,[13] 12월 24일에도 수릉에 거둥하였다는 기록이 있다.[14] 태조가 수릉에 함께 묻혔다면 공민왕릉과 같은 구조의 왕릉이 만들어졌을 것으로 추정된다.

신덕왕후의 장례는 해를 넘긴 1397년 1월 3일 진행되었고,[15] 태조는 1월 15일에 거둥하여 정릉을 살펴보았다.[16] 흥천사는 정릉보다 오랜 기간 공역이 진행되었는데, 태조는 권근에게 "내가 잠저(潛邸)에 있을 당시 중

외에서 근로할 때나 화가위국(化家爲國)하는 날에 있어서도 신덕왕후의 내조가 실로 많았다. 여러 가지 중요한 정무에 임할 때에도 충고하고 돕기를 부지런히 하였는데, 이제 뜻밖에 세상을 떠나니 경계하는 말을 들을 수 없고 어진 정승을 잃은 것 같아서 내가 매우 슬프다. 저승길의 복록을 바라면서 이 절을 창립하고 또 그 은택을 미루어 나라를 복되고 만물을 이롭게 하여 길이길이 다함이 없게 하려 한다."고 소회를 밝혔다.[17] 태조는 홍천사에 거둥하게 되면 공장(工匠)들에게 음식을 주기도 하였고,[18] 정릉에 거둥하면 꼭 홍천사의 공역을 살펴보았다.

홍천사는 정릉의 향화(香火)를 받들기 위한 것이었는데, 환자(宦者) 김사행(金師幸)이 잔재주를 부려 사치스럽게 꾸몄다는 평을 받았다.[19] 화려하게 조성된 정릉과 홍천사는 신의왕후 소생의 왕자들이 불만을 가지게 되는 발단이 되기도 하였다. 조선이 개국하기 전인 1391년 서거한 첫 번째 부인[향처, 신의왕후]에게 태조는 제릉(齊陵)이란 능호를 내렸을 뿐, 왕릉의 격식에 맞는 가봉절차를 진행하지 않았기 때문이다.

2차례 왕자의 난을 거쳐 등극한 태종은 도성에 무덤을 둔 일 없다는 예관(禮官)의 말을 핑계 삼아 1408년 태조가 서거한 다음해인 1409년에 정릉을 양주군(楊州郡) 남사아리(南沙阿里)로 옮겼다. 태종이 정릉을 천장한 것은 정릉이 도성 내에 위치하여 상당한 면적을 차지하고 있었던 것이 직접적인 이유였을 것이다. 개경에서 한양으로 재천도한 이후 태종은 정릉이 한양의 도시적 성장에 걸림돌이 되었으나 태조가 직접 지휘하여 조성한 정릉을 쉽게 천장할 수 없자 태조가 서거한 뒤에 도성 안에는 무덤을 두지 않는다는 명분으로 천장을 단행하였던 것으로 판단된다. 이때 태종은 종묘에 부묘할 태조의 왕비로 신의왕후만 모실 생각이었기 때문에 정릉의 격식을 현격하게 낮추어 묘(墓)로 조성하고, 제의(祭儀)까지 폐하여 방치하였다.[20] 그리하여 정릉의 원형을 알 수 없는 상태가 되었으나

〈그림 58〉 신덕왕후 정릉 묘역 전경

청계천 광통교 석축으로 사용된 병풍석과 난간석의 부재들을 보면 그 모습이 공민왕릉보다는 건원릉과 비슷하다는 것을 알 수 있다.[21] 특히 난간석 기둥의 상부가 공민왕릉과 달리 원두(圓頭)형태로 조성되었다.

태조는 즉위 후에 4대조와 신의왕후에 대한 추존과 함께 묘를 왕릉으로 봉릉하였으나 실질적인 조치를 취하지는 않았다. 재위기간 중 오직 신덕왕후 정릉을 조성하였을 뿐이다. 그러나 정릉은 태종에 의해 천장되면서 격을 낮추어 원형을 잃어버리고 말았기 때문에 이후의 왕릉 조성에서 전례(前例)로써 참고될 수 없었다.

제2절

태종대의 왕릉 조성

1. 제릉(齊陵)의 가봉(加封)

신덕왕후 한씨(韓氏)는 1391년 서거하여 조선개국 후에 절비(節妃)라 증시(贈諡)하고 능 이름은 제릉이라 하였다. 그 후 제릉과 관련된 조치가 기록되지 않는 것으로 보아 왕릉으로 가봉하는 실질적인 조치가 이루어지지 않았던 것 같다. 1398년(태조 7) 제1차 왕자의 난이 끝난 뒤에야 적장손인 봉녕후(奉寧侯) 복근(福根)을 보내어 조선의 개국과 태조의 즉위 사실을 제릉에 고하였던 것을 보면,[22] 신의왕후에 대한 예우는 외면되고 있었다는 것을 알 수 있다.

1399년(정종 1) 정종은 한식 때 제릉에 행차하여 친제(親祭)를 올렸다.[23] 정종은 승도(僧徒)를 시켜 재궁을 수리하는 중이었으나 흉년이 들자 공역을 정지시키기도 하였다.[24] 4월 1일 정종은 제릉의 제사를 종묘의 향례(享禮)와 같게 하라는 지시를 내렸는데, 예조가 반대하고 나서자 희생(犧牲)만 없애게 하였다.[25] 정종에 의해 신의황후에 대한 제의가 시작되긴 하였으나 번듯한 왕릉으로 가봉하는 문제는 상왕 태조의 눈치를 살펴야 했기 때문에 더 이상 진행하기 어려웠던 것 같다.

정종에 비해 태종은 제릉의 관리에 더욱 적극적인 모습을 보였다. 1403년(태종 3) 2월부터 제릉 주변의 소나무에 송충이가 창궐하자 1만

명을 동원하여 송악산 일대의 송충이를 모두 잡게 하였고,[26] 권근(權近)에게 제릉의 신도비문(神道碑文)을 지어 올리게 하여[27] 1404년 신도비를 건립하였다.[28] 이러한 일들은 신의왕후의 정통성을 강조하는 것임과 동시에 제릉을 번듯한 왕릉으로 만들어가는 첫 번째 조치였다. 태종은 우정승 성석린과 권근 등에게 잔치를 베풀어 상찬(賞讚)까지 하였다.[29] 태종의 조치에 감동한 상왕 정종은 신도비를 보기 위해 직접 제릉에 행차하기도 하였다.[30]

〈그림 59〉 신의왕후 제릉 신도비

1406년(태종 12) 태종은 예조의 건의에 따라 선대(先代)의 여러 산릉의 능실 보수(步數)를 사방 각각 161보(步)로 정하였다.[31] 사방 323보인 후한(後漢) 광무제(光武帝)의 원릉(原陵)제도를 반감(半減)한 것으로서 사면(四面)이 각각 80보가 되었다. 그로부터 1년 뒤 태종은 제릉을 가봉하였다. 1407년 사헌부 집의 허조(許稠)가 한양도성 건설의 폐해를 상소하면서 "지금 제릉의 석실(石室)이 이룩되지 아니하여 보통사람과 다름이 없다" 며 가봉할 것을 주청하였다.[32] 태종은 허조를 치하하며 즉시 공사를 명하였고, 1408년 3월 10일 제릉의 석란(石欄)과 석인(石人) 등의 역사(役事)를 감독한 박자청(朴子靑) 등에게 상을 주었다.[33] 허조의 상소에서 박자청 시상까지 약 5개월 정도의 기간이므로 왕릉으로 가봉하기에

〈그림 60〉 신의왕후 제릉 전경

〈그림 61〉 신의왕후 제릉 석인과 석마

〈그림 62〉 신의왕후 장명등

〈그림 63〉 신륵사 나옹화상 석종부도 앞 석등

는 충분한 시간이었다. 그 후 태종은 1410년 태조와 함께 신의왕후를 종묘에 배향하여 자신의 정통성을 확고히 하였다.[34)]

여러 사진자료를 통해 확인되는 제릉의 모습을 보면 전체적으로 공민왕릉을 계승한 것으로 보인다.[35)] 능상은 계체석을 놓아 상계, 중계, 하계로 공간을 구획하였다. 병풍석과 난간석을 갖춘 봉토분으로서 배설된 석물은 상석 1기(足石 5개), 장명등 1기, 석호 4기, 석양 4기, 망주석 2기, 문석인 2기, 무석인 2기, 석마 4기[36]가 배설되어 있다. 계체석에 작은 계단을 설치하였고, 경사지 아래 정자각을 세웠으며, 정자각 북동쪽으로 비각이 있다.

정릉이 온전히 남아 있지 않아 제릉과 직접 비교하기 어려운 점이 있지만 제릉의 경우 공민왕릉 난간석과 유사한 난간석을 하여 정릉과 차이가 있는 반면 장명등은 정릉과 공민왕릉이 유사하고, 제릉은 여주 신륵사에 세워진 나옹화상 석종부도 앞의 석등을 계승한 형태의 8각 장명등이 만들어졌다. 이렇게 제릉과 정릉의 석물에 미묘한 차이를 보이는 것은 태종이 정릉과 대비되는 관점에서 제릉의 석물을 조성하였기 때문으로 생각된다. 이후 조선전기에 조성된 왕릉의 장명등은 대부분 제릉의 양식을 계승하게 된다.

2. 건원릉의 조성

제릉을 가봉한 지 2달여 만인 1408년 5월 24일 태조가 승하하였다. 태종은 『주자가례』에 의하여 치상(治喪)토록 명하였고, 의정부에서 빈전(殯殿)·국장(國葬)·조묘(造墓)·재(齋) 등의 4도감과 상복(喪服)·옥책(玉册)·복완(服玩)·관곽(棺槨)·제기(祭器)·유거(柳車)·법위의(法威儀)·상유소조(喪帷小造)·산소(山所)·영반(靈飯)·의장(儀仗)·묘소포진(墓所鋪陳)·반혼(返魂) 등 13색(色)을 설치하여 각 도감에 소속시켰다.[37] 태종은 날마다 『주자가례』를 보면서 국장을 진행하였다.[38]

태종은 정릉에 태조의 수릉이 있다는 것을 알았겠지만 판한성부사(判

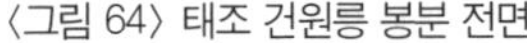
〈그림 64〉 태조 건원릉 봉분 전면

〈그림 65〉 태조 건원릉 병풍석과 난간석

漢城府事) 유한우(劉旱雨)와 전 서운관 정(書雲觀正) 이양달(李陽達) 등에게 다른 자리를 알아보게 하였다. 6월 12일 태조의 산릉자리로 원평(原平)의 예전 봉성(蓬城)을 의망하자 영의정부사 하륜(河崙) 등을 보내 확인하였더니 하륜은 쓸 수 없다며, 해풍(海豐)의 행주를 추천하자 태종은 다른 곳을 택하라고 명하였다.[39] 이에 하윤 등이 다시 유한우 · 이양달 · 이양(李良) 등을 거느리고 양주(楊州)의 능자리를 살펴보았는데, 참찬의정부사 김인귀(金仁貴)가 자신이 사는 검암(儉巖)에 길지(吉地)가 있다고 추천하여 하윤 등이 가서 확인한 후 산릉자리로 정해졌다.

그 즉시 조묘도감 제조 박자청이 공장(工匠)들을 거느리고 공역을 시작하였다.[40] 태조의 승하 이후 1달이 지나서야 다른 곳에 산릉자리를 정한 것은 정릉에 합장하지 않기 위해서였던 것이다. 태조의 산릉 공역은 7월 5일 충청도에서 3,500명, 풍해도(豐海道: 황해도)에서 2,000명, 강원도에서 500명의 군정(軍丁)을 징발하여 산릉의 역사에 부역(赴役)하게 하였고, 7월 그믐날을 기하여 역사를 시작하게 하였다.[41]

태종은 건원릉의 묘실을 『주자가례』에 의거하여 회격으로 만들자는 주장도 검토하였다. 7월 9일 서운관의 상서를 보면, "우리 국가에서 예전부터 지금까지 능실(陵室)을 만드는 데에 돌을 사용하지 않은 것이 없고, 신서(臣庶)에 이르러서도 돌을 써서 장사지내는 자가 가끔 있었다." 며 "대행 태상왕(太上王)의 능은 마땅히 돌을 써서 실(室)을 만들고, 그 밑바닥은 벽돌[甃]을 쓰지 않을 것 같으면 본조(本朝)의 능실제도에 어긋나지 않고, 문공(文公)의 필성(必誠) · 필신(必信)의 의리와 호씨(胡氏)의 통기(通氣) · 삼맥(滲脈)의 법이 거의 갖추어질 것" 이라며 석실로 만들기를 주청하였다. 태종은 이 상서를 의정부에 내려 다시 의논하게 하였다.[42]

서운관의 상소로 인해 조정은 석실을 주장하는 측과 회격을 쓰자는 측으로 의견이 갈려서 쉽게 결정하지 못하는 상황이 되었다. 이에 태종은 산릉의 기일(期日)이 가까워지자 세자(世子: 양녕대군)를 종묘에 보내 점[栍]을 쳐 보게 한 뒤 7월 26일 석실을 조성하기로 결정하였다.[43] 우여곡절 끝에 건원릉의 능실이 석실로 결정되었지만 이전과는 다른 제도를 검토하였다는 점은 큰 의미가 있다. 왕실에서 『주자가례』 시행의 모범을 보여야 한다는 의도를 가졌다는 증거가 되기 때문이다.

태종은 7월 29일 건원릉의 수호군으로 100명을 두고, 재궁에 개경사(開慶寺)라는 이름을 하사하여 조계종(曹溪宗)에 소속시키면서 노비 150구(口)와 전지(田地) 300결을 정속시켰다. 태종은 황희(黃喜)에게 "불씨(佛氏)가 그른 것을 내 어찌 알지 못하랴마는, 이것을 하는 것은 부왕(父王)의 대사를 당하여 시비를 따질 겨를이 없다. 내 생전에 마땅히 해야 할 일을 자세히 제정하여 후손에게 전하겠다." 며 신하들의 이해를 구하였다.[44]

8월 17일 태종은 영의정부사 하윤을 총호사, 이조판서 이직(李稷)을 산릉사(山陵使), 안성군(安城君) 이숙번(李叔蕃)을 교량돈체사(橋梁頓遞使)로 임명하여 산릉공역을 주도하게 하였다.[45] 8월 25일 산릉사 이직이 산릉의 참초제(斬草祭)와 개토제를 행하였다.[46] 태종은 9월 4일 대신을 보내 태조의 발인(發引)을 종묘와 사직에 고한 후 9월 7일 빈전(殯殿)에서 견전례(遣奠禮)를 행하고, 발인하였다.[48] 다음 날 태종은 상왕 정종과 함께 산릉제도를 두루 살펴보았다.[49] 9월 9일 자시(子時)에 백관을 거느리고 임광제(臨壙祭)를 행한 태종은 영구를 받들어 현궁(玄宮)에 봉안하고 나서, 신주(神主)를 썼다. 태종은 집의 이관(李灌)을 머물게 하여 현궁의 봉함을 감독케 하고 엄광제(掩壙祭)를 행하게 하였다.[50]

태조의 승하 이후 1백여 일만에 장사를 마친 것이다. 그러나 산릉에 설치하여야 할 석물들이 이때 모두 배설된 것은 아니었다. 11월 2일 산릉에 부역한 공장들에게 상전을 베풀어 쌀과 베를 나눠주었고,[51] 11월 11일 건원릉의 지석(誌石)을 묻은 것으로 보아 이 무렵에 공역이 끝났다는 것을 알 수 있다.[52] 현궁을 매장하고 나서도 약 2달 정도 공역을 더 진행한 셈인데, 그것은 석실을 만들어 현궁을 매장한 뒤, 봉분과 각종 석물을 배설하는 조성방식에 기인하는 것이었다.

〈그림 66〉 태조 건원릉 장명등

〈그림 67〉 태조 건원릉 석망주

〈그림 68〉 태조 건원릉 석상

한편으로는 명나라의 시선을 의식한 점도 있었을 것으로도 생각할 수 있다. 즉, 명나라 황제의 제문을 가지고 온 사신 기보(祁保) 등은 회암사(檜巖寺)에서 제를 올린 후 돌아오는 길에 건원릉(健元陵)을 살펴보았는데, 능침(陵寢)의 아름다운 산세(山勢)를 보고 인위적으로 만든 산[造山]일 것으로 보았다고 한다.[53] 명나라는 건국초기에 사대관계를 맺은 조선에

〈그림 69〉 태조 건원릉 문·무석인

대해 의심을 품고 있었다. 명나라 내사 황엄(黃儼)은 조선 태조의 국상중임에도 황명(皇命)을 내세워 경복궁에서 처녀를 계속 선발하고 있던 상황에서 명나라 사신이 건원릉에 갔던 것은 조선의 왕릉제도의 위격(位

〈그림 70〉 태조 건원릉 신도비
(국사편찬위원회 유리원판사진)

格)이 어떠한지 살펴보기 위한 것이었다고 생각된다.

아무튼 명나라 사신들이 돌아가고 난 뒤, 11월 26일 상왕 정종과 함께 건원릉에 행차한 태종은 동지제(冬至祭)를 행하고, 능 옆에 올라 산세를 살펴보았다. 태종은 공조판서 박자청에게 "능침에 소나무와 잣나무가 없는 것은 예전 법이 아니다. 하물며 전혀 나무가 없는 것이겠는가? 잡풀을 베어버리고 소나무와 잣나무를 두루 심으라."고 지시하였다.[54] 석물제도에 대하여 별다른 언급이 없었던 것으로 보아 이 무렵에는 산릉공역이 완전히 끝난 것으로 생각된다. 한편 태종의 식목지시로 인해 조선왕릉은 능침 주변에 소나무와 잣나무를 식목하는 관례가 생겨서 정식(定式)이 되었다.

또한 건원릉에 이수귀부형 신도비를 세웠는데, 길창군(吉昌君) 권근이 비문을 짓고, 정승(政丞) 성석린(成石璘)이 글씨를 썼으며, 전 판한성부사(判漢城府事) 정구(鄭矩)가 전액(篆額)을 하였다.[55] 이러한 절차로 조성된 건원릉은 공민왕릉의 제도를 기본으로 하면서 난간석은 정릉과 같은 원두형 석주를 사용하였고 제릉과 같은 8각 장명등을 세움으로써 새로운 식물 조합이 만들어졌다.

3. 북도 8릉의 정비

조선 건국과 함께 봉릉된 북도의 8릉 가운데 경원에 위치한 덕릉과 안릉은 1410년 야인 올적합(兀狄哈)이 변경을 자주 침몰하자 봉분이 파헤쳐질 수도 있는 위험에 처하게 되었다. 태종은 덕릉과 안릉을 남쪽으로 옮기고 군(郡)을 폐하여 경성(鏡城)으로 물러나서 지키자는 제안을 수용하였다.[56] 그리하여 8월에 파묘하여 10월에 함주 달단동에 쌍릉으로 합장하였는데, 능실을 회격으로 조성하였다. 함흥과 영흥일대에 태조가 추존한 왕릉이 모이게 됨으로써 '북도 8릉' 이라는 명칭으로 불려지게 되었다.

태종은 1412년 영의정부사 하륜이 태조의 공덕을 칭송하여 지은 글을 승문원 교리 성개(成槪)에게 글씨를 써서 정릉(定陵)에 작은 비석을 세우게 하였고, 또한 8릉의 사방에 표석을 세웠다.[58] 1413년에는 영길도(永吉道)의 준원전(濬源殿)과 8릉에 도순문사(都巡問使)와 가까운 고을의 3품 이상 수령으로 하여금 제사를 행하게 하였다.[59] 그러나 함주목의 규모로는 능실 삭망(朔望)의 제사를 감당하기 어렵다는 판군자감사(判軍資監事) 이적(李迹)의 문제제기가 있었다. 이적은 영길도 본영(本營)과 영흥

〈그림 71〉 목조 덕릉 · 안릉 석인과 석마(『조선고적도보』)

〈그림 72〉 목조 덕릉 · 안릉 표석(『조선고적도보』)

〈그림 73〉 목조 덕릉 · 안릉 장명등(『조선고적도보』)

〈그림 74〉 목조 덕릉 · 안릉 석양과 석호(『조선고적도보』)

(永興)의 토관(土官)을 모두 옮겨 배치하던지 아니면 판관(判官)을 더 두어서 서무(庶務)를 다스리게 하자는 주청을 올렸다.[60]

1418년 함길도(咸吉道)의 8릉은 세월이 오래되어 허물어졌으니, 속히 수치(修治)하자는 순심사(巡審使)의 주청에 따라 함주의 의릉 · 이씨릉(李氏陵) · 덕릉과 화주(和州)의 최씨릉(崔氏陵)을 다시 수리하였다.[61] 이를 통해 왕실의 직계 조상을 모신 왕릉에 대한 관리가 철저하게 이루어졌다는 것을 알 수 있다.

『북도능전지』와 『조선고적도보』에 실진 사진을 통해 북도 8릉이 공민왕릉에서 나타난 상설제도에 따라 4개의 공간으로 구획되어 석물이 배치되었다는 것을 확인할 수 있다. 북도 8릉은 모두 추존한 경우이기 때문에 봉분에 난간석을 설치하지 않았고, 곡장의 경우는 강화 고려왕릉이나 공민왕릉 석축담장과 같이 모서리를 접지 않은 '冂'자형으로 되어 있다. 석마가 배설된 것은 후술(後述)하였듯이 세종대에 다시 추가한 것으로 보인다. 고려의 왕릉제도가 그대로 사용되고 있었던 것이다.

〈표 2〉『북도능전지』에 기록된 북도 8릉의 상설제도

구분	덕릉 · 안릉	지릉	숙릉	의릉	순릉	정릉 · 화릉
봉분형태	좌우쌍릉	단릉	단릉	단릉	단릉	상하쌍릉
곡장	○	○	○	○	○	○
석상(혼유석)	각1	1	1	1	1	각1
장명대	각1	1	1	1	1	각1
문석	각2기	2기	2기	2기	2기	각2기
무석	각2기	2기	2기	2기	2기	각2기
석양	각4기	4기	4기	4기	4기	각4기
석호	각4기	4기	4기	4기	4기	각4기
석마	각4기	4기	4기	4기	4기	각4기
정자각	1	1	1	1	1	1
홍전문	1	1	1	1	1	1
비석	2	1	1	1	1	2
관리인원	수호군30명 보인30명 위전17결 급복18결	수호군15명 보인15명 위전14결 급복9결	수호군15명 보인15명 위전15결 급복9결	수호군15명 보인15명 위전21결 급복8결	수호군15명 보인15명 위전17결 급복9결	수호군30명 보인30명 위전34결 급복18결

4. 후릉(厚陵)의 조성[62]

1412년(태종 12) 6월 25일 상왕 정종의 왕비인 순덕왕대비(順德王大妃) 김씨(金氏)가 서거하였다. 태종은 즉시 4도감을 설치하였는데, 상복도감(喪服都監) 제조(提調)에 공안부 윤(恭安府尹) 정역(鄭易), 빈전도감 제조에 총제(摠制) 이담(李湛), 국장도감 제조에 옥천군(玉川君) 유창(劉敞)과 총제 이지실(李之實), 재도감(齋都監) 제조에 총제 황녹(黃祿)과 최윤덕(崔閏德)을 임명하고, 도감마다 사(使) · 부사(副使) · 판관(判官)을 두었다.[63]

7월 20일 대비의 시호를 '정안왕후(定安王后)'라 하고, 능호를 '후릉(厚陵)'이라 결정하였다.[64] 이때 예조는 예장(禮葬)할 때와 계빈(啓殯) 등의 제사는 모두 섭행(攝行)토록 하고, 헌관(獻官)과 집사(執事)의 칭호는 모두 본국의 관제(官制)에 따르자는 주청을 올렸다. 8월 4일 정안왕후의 상여가 발인하였는데, 상여가 반송정(盤松亭)에 이르자, 태종이 성에 올라 전송하였고, 상왕의 이어소(移御所)로 가서 진위(陳慰)하였다.[65] 후릉은 해풍군 백마산(白馬山) 동쪽 기슭에 있는데, 8월 8일 정안왕후의 장례를 치르고 봉토를 쌓아 올리자마자 대장(隊長) · 대부(隊副)를 제외한 일꾼들을 모두 놓아 보내 곡식을 거두게 하였다.[66]

상왕 정종은 제릉을 배알한 뒤에 후릉을 둘러보고 흥교사(興敎寺)에서 법석(法席)을 베풀고자 하였으나, 신하들의 반대의논이 두려워서 망설이고 있었다. 이 사실을 알게 된 태종은 신하들에게 상왕이 뜻대로 할 수 있도록 조치하였다.[67] 불교를 배척하는 분위기에서 쉽게 행동하기 어려운 정종의 입장을 헤아렸던 것이다. 태종은 1414년 후릉에 능직(陵直) 2인을 두어 관리하게 하였다.[68]

정안왕후의 후릉이 조성된 지 7년만인 1419년(세종 1) 9월 26일 정종이 승하하였다. 의정들과 조말생의 의론에 따라 상왕인 태종이 백관을 거느리고 참최(斬衰) 27일의 복을 입고, 주상은 대행상왕(大行上王)에게 손자 항렬이 되므로, 재최(齋衰) 13일의 복을 입는 것으로 결정하였다.[69] 하루를 한 달로 셈하는[以日易月] 방식을 사용한 것이다. 다음날 국장도감 제조에 판한성부사(判漢城府事) 맹사성, 전 판서 최이(崔迆), 경창부윤(慶昌府尹) 우홍강(禹洪康), 산릉도감제조에 전 도총제(都摠制) 여칭(呂稱)과 전 도관찰사 이백지(李伯持)를 임명하였다.[70]

세종은 대행상왕의 능호 · 묘호 · 시호를 의논하게 하면서 사시(私諡: 조선에서 올리는 시호)는 올릴 수 없고, 명나라 황제가 하사하는 시호만 쓰겠다는 생각을 밝혔다. 허조가 묘호는 옛 적에도 그 예가 없었으니 지금도 없는 것이 좋지만, 시호의 경우는 태조도 조서에서 올린 시호가 있었다고 하자 다시 논의하게 하였다.[71] 그리하여 12월 2일 대행상왕의 시호를 온인공용순효대왕(溫仁恭勇順孝大王)이라 하고, 능호를 후릉이라 하였다. 후릉은 왕비의 능과 동일한 능호를 사용한 첫 번째 왕릉이 되었다.

정종이 서거한 지 두 달 반 이상이 지난 12월 15일 후릉의 영역(塋域)을 개토하면서 후토제(后土祭)를 의식대로 거행하였다.[72] 늦게 개토한 것을 보면, 정안왕후 국상 때에 정종의 능실을 함께 조성하였던 것으로 보인다. 정종의 상여는 한양에서 해풍군까지 운구하여야 했으므로 12월 26일 정종의 빈궁(殯宮)을 열고,[73] 다음날 발인하였다. 상왕 태종은 흰 옷과 검정 띠[帶]의 차림으로 인덕궁에 나아가 견전(遣奠)을 올리고 의식에 따라 봉사(奉祀)하였다. 태종은 청평(淸平) 부원군 이백강(李伯剛) · 청성(淸城) 부원군 정탁(鄭擢) · 예조 참판 김자지(金自知) 등에게 명하여 재궁을 모시게 하고, 돈체사(頓遞使) 김겸(金謙)과 총호사 정진(鄭津) · 예장도감 제조 최이(崔迆) 등에게 재궁이 임진강을 건널 때에 각별히 노력하라고 당부하였다.

운구하는 길에 백관들과 공신들이 모화루(慕華樓)에서 노제(路祭)를 베풀었고, 각사(各司)에서 한 명씩 재궁을 받들고 능소까지 갔다.[74] 재궁을 모신 연(輦)이 덕수원평(德水院坪)에 머물게 되자 예빈(禮賓)이 전(奠)을 올렸고, 저녁에 벽제역(碧蹄驛) 앞에 이르자 경기감영에서 전을 올렸다. 여기서부터 산릉까지의 조석전(朝夕奠)은 공안부(恭安府)에서 주장(主掌)하였다. 12월 28일 대행상왕의 재궁이 파주 동파역(東坡驛) 앞 들판을 지나 다음해 1월 1일 천수사(天壽寺) 앞뜰에 머물렀다.[75] 1월 2일 능소에 도착하였고, 1월 3일 후릉(厚陵)에 장사지냈다.[76] 태종은 정종을 합장한 뒤 후릉의 수호군을 20호(戶) 더 설치하도록 명하였다.[77]

정종과 정안왕후의 후릉은 고려 공민왕릉과 같은 방식으로 합장하여 쌍릉으로 조성한 첫 번째 조선왕릉이다. 『세종실록』에는 후릉의 규모를 상세하게 기록하였는데, 석실과 봉분구조, 상설된 석물 및 공간구획은 다음과 같다.

① 석실(石室)

시신을 안치하는 석실의 넓이는 8척(尺)이며, 높이는 7척, 깊이는 11척으로 큰 방이 만들어졌다. 동 · 서 · 북쪽의 벽은 각기 1개의 돌로 만들고, 천정의 개석(蓋石)은 2개의 돌로 덮었는데 2개의 돌 사이에 다시 돌 하나를 덮었다. 석실의 입구가 되는 남쪽은 문(門)을 만들어야 하는데 우선 문 양쪽에 세운 두께 3척의 기둥돌을 세우고, 그 사이에 길이 7척의 문지방 돌[門閾石]을 놓은 후 2쪽으로 만든 돌문[門扉石]을 단다. 문에 덧붙일 문의석(門倚石)을 끼워 넣음으로써 석실이 완성되는 것이다.

후릉의 석실을 동 · 서 · 북쪽 3면에 1개의 돌을 세우고 그 위에 2장의 돌로 덮었으므로 5장의 큰 돌과 2장의 문비석이 소요되었다. 이에 비해

〈표 3〉 후릉 석실 부재의 규모

구분	규모
동서 양쪽의 돌 2개	높이 8척, 길이 11척 5촌, 두께 2척 5촌
북쪽 모퉁이의 돌 1개	높이 8척, 길이 11척, 두께 2척 5촌
개석(蓋石) 2개	넓이 8척, 길이 14척, 두께 3척
개석 위에 더 설치한 개석[加置蓋石] 1개	넓이 5척, 길이 10척 5촌, 가운데 두께 2척, 가장자리 두께 1척
문 양쪽에 세운 기둥돌 2개	높이 8척, 넓이 3척 5촌, 두께 3척
문지방 돌[門閫石] 1개	두께 2척, 길이 7척, 넓이 3척
돌문[門扉石] 2개	높이 7척, 넓이 3척 5촌, 두께 1척
문의석(門倚石) 1개	높이 7척, 넓이 7척, 두께 2척

화려한 왕릉으로 비난되었던 공민왕릉 석실의 경우는 같은 부분에 잘 다듬은 화강석으로 3단을 쌓고 그 위에 3장의 덮개돌을 덮었으므로[78] 12장의 돌과 2장의 문비석이 사용되었다. 공민왕릉과 후릉의 조성시기는 약 50년 정도의 시간적 차이가 있지만, 무거운 돌을 운반하는 기술력의 차이는 별로 없었을 시기에 3배 더 큰 돌을 벽면에 사용하였다는 것을 알 수 있다.

② 병풍석과 난간석 구조

석실 위로 병풍석을 설치하기 위해서 대석(臺石) 12개를 놓고, 12지신을 새긴 지면석 12개와 모퉁이의 우석(隅石)을 맞물리게 설치한다. 그 위에 만석(滿石)을 놓아 기우는 것을 방지하고, 만석 사이에 당김돌[引石]을 설치하여 벌어지는 것을 방지한다. 이러한 석조 구조물이 설치된 위에 봉토를 쌓아 올리고 사초를 입히면 웬만한 자연재해는 물론 인위적인 도굴도 쉽지 않은 견고한 구조가 된다.

〈그림 75〉 정종 후릉 전경

〈그림 76〉 정종 후릉 난간석과 석양, 석호

난간석은 12면 병풍석의 외면에 설치한 의장물로 역시 12면으로 만드는데 먼저 난간석을 세울 자리에 12개의 배석과 12개의 우석을 사용하여 지대석을 설치한다. 12면 꼭지점에 돌기둥을 세우고, 기둥과 기둥 사이에 12개의 동자석주를 세워 죽석을 올려놓는 형태이다. 각 기둥 사이에 지방석(地方石)을 놓아 고정시켰다.

병풍석과 난간석 사이에는 빈 공간이 생기게 되는데, 이 사이에도 돌을 깔아 빗물이 석실로 새어 들어가는 것을 방지하는 시설을 하였다. 박석을 먼저 깔고, 그 위에 배석 12개와 우석 12개를 설치한 것으로 보인다. 후릉의 경우 '차면지대(次面地臺)'라 명칭하였으나 후대에는 상석(裳石)이라 불렀다.

③ 석물의 상설

후릉 역시 제릉과 마찬가지로 공민왕릉의 공간구획과 상당히 유사하다. 3개의 계체석을 설치하여 상계, 중계, 하계로 구분하고, 그 아래에 정자각을 세워 4개의 공간으로 구획하였고, 석물을 배치한 위치와 석물의 수효도 거의 같다. 정종의 왕릉을 조성할 때의 기록에는 석양 4기, 석호 4기, 전죽석(망주석의 다른 이름) 2개, 소전대석(燒錢臺石) 1개, 석상(石床)

〈표 4〉 후릉의 병풍석 · 난간석 · 차면지대석 부재의 규모

구 분	규 모	비 고
대석(臺石)12개	두께 1척 8촌, 길이 9척, 넓이 3척	복련(覆蓮) 조각
지면석(地面石) 12개	높이 2척 8촌, 길이 4척 8촌 5푼, 두께 3척	지초(芝草)와 운채(雲彩) 조각 각 면마다 1신씩 12지신 조각
모퉁잇돌[隅石] 12개	높이 2척 8촌, 길이 3척 9촌, 두께 3척	석경(石磬)형상으로 하단에 영지(靈芝) 조각, 왼편우석에 영저(靈杵), 오른편우석에 영탁(靈鐸) 조각
만석(滿石) 12개	높이 1척 8촌, 길이 9척, 두께 3척	앙련(仰蓮) 조각
당김돌[引石] 12개	길이 6척, 모[方]의 넓이 1척 1촌	외단(外端)에 목단(牧丹) 규화(葵花) 국화(菊花)를 돌아가며 조각
난간석 초면지대석(初面地臺石) 12개	두께 1척 5촌, 길이 6척 8촌, 넓이 2척	난간석이 놓일 자리에 배치한 지대석
난간 모퉁이 돌 12개	두께 1척 5촌, 길이 4척 4촌, 넓이 2척 5촌	석경(石磬) 형상
돌기둥[石柱] 12개	높이가 6척 3촌	앙복련(仰覆蓮)과 둥근 여의(如意)문양 조각
동자주석(童子柱石) 12개	높이가 각 3척 2촌, 사면(四面)으로 넓이가 각 2척 1촌	1척 1촌의 운두(雲頭) 죽석지탱
지방석(地方石) 24개	두께 1척, 넓이 1척 1촌, 길이 4척 3촌[79]	
죽석(竹石) 24개	길이 4척 9촌, 8면 각 3촌, 지름 8촌	
박석(薄石) 24개	넓이 2척, 두께 1척, 길이 5척 5촌	병풍석과 난간석 사이의 공간에 설치
차면지대(次面地臺)로 배치한 돌[排石] 12개	두께 1척 3촌, 길이 7척 5촌, 넓이 2척	난간석 밖에 설치
차면 지대 모퉁잇돌[隅石] 12개	높이 1척 5촌, 길이 4척, 두께 1척 5촌	석경(石磬) 형상

〈그림 77〉 정종 후릉 석인과 석마

〈그림 79〉 정종 후릉 석상

〈그림 78〉 정종 후릉 망주석

1개, 족석(足石) 5개, 족석 아래의 대석(臺石) 5개, 장명등 1기, 지대석이 있는 석인(石人)이 4개(문무 각 2기), 배석(拜石) 1개 등을 설치하였다.

④ 담장과 계체석

봉분 북쪽과 동・서쪽 뜰의 넓이가 각 6척이다. 북쪽 담장은 밑에 섬돌 1층을 놓았는데, 높이가 3척 3촌, 넓이가 2척 5촌이다. 담장의 지대는 격석(隔石)과 만석(滿石)을 갖추었는데 담장의 높이가 2척 3촌, 길이가 55척이며, 지대의 높이는 9촌이다. 동쪽과 서쪽의 담장 밑에도 섬돌 각 1층을 놓았으니, 높이 각 9촌, 넓이 각 2척이며, 담장 높이는 2척 3촌, 길이는 58척 8촌, 지대의 높이가 9촌이다. 위의 내용을 통해 후릉의 담장이 원래 '冂' 자형으로 만들어졌다는 것을 알 수 있다. 현재 후릉 곡장의 모

〈표 5〉 후릉[왕릉]의 배설 석물

구분		규모	비고
석양(石羊) 4개		길이가 각 5척, 넓이가 각 2척 8촌, 높이가 2척 5촌	좌우에 각 2개
석호(石虎) 4개		길이가 각 4척, 넓이가 각 2척, 높이가 각 3척 9촌	좌우에 각 2개
전죽석(錢竹石) 2개	기둥	높이 6척 4촌(1척의 원두(圓頭), 그 아래 1척 5촌까지 앙련(仰蓮)과 운채(雲彩) 조각, 4척 1촌의 팔면(八面) 기둥, 원경(圓徑) 1척 1촌)	헌릉에서는 석망주라 하였음
	지대석(地臺石) 2개	높이 2척 6촌, 상하(上下) 원경 각 2척 2촌 5푼[分]	8면, 허리[腰]있음
소전대석(燒錢臺石) 1개		높이가 2척 5촌,[80] 사면 각 3척 1촌, 위와 아래가 다 모가 있음	위는 사각(四角), 복판은 평평함, 허리[腰]가 있고 운채(雲彩)조각
석상(石床)	석상(石床) 1개	길이 11척, 넓이 6척 3촌, 두께 1척 4촌	
	석상 족석(足石) 5개	각 원경(圓徑) 3척,[81] 높이 1척 6촌	어두(魚頭) 조각
	족석 아래 대석(臺石) 5개	규모에 관한 기록 무(無)	
장명등(長明燈)	정자석(頂子石) 1개	높이 1척 5촌, 원경(圓徑) 1척 1촌	둥근머리에 운채(雲彩)조각
	개석(蓋石) 1개	높이 2척 5촌, 상경(上徑)은 1척 1촌, 하경(下徑) 3척 9촌	8면에 운각(雲角)
	격석(隔石) 1개	높이 1척 7촌, 지름[徑] 2척 3촌	8면인데, 그 가운데는 비었고, 4면에는 창(窓)
	대석(臺石) 1개	높이 4척이며, 지름 3척 2촌	8면 모퉁이에 연주(蓮珠), 상 1척 3촌 앙련(仰蓮), 중 1척 5촌 위에는 복련(覆蓮), 하 운족(雲足) 조각
석인(石人) 4개		길이는 11척 5촌(지상 7척 5촌, 지하 4척), 넓이가 각 3척, 두께가 각 2척 5촌	2인 관대(冠帶), 2인 의갑(衣甲), 마주봄
배석(拜石) 1개		길이 6척 1촌, 넓이 3척 2촌	

습은 북서와 북동 방향의 모서리를 귀접이한 형태인데, 현종대에 후릉을 수개할 때 형태를 변경한 것으로 보인다.[82)]

봉분의 남쪽으로 3계(階)를 설치하였다. 상계(上階)는 높이가 1척이며, 남북으로 넓이가 14척이고, 동서 길이는 55척 5촌이다. 중계(中階)는 넓이가 21척이고, 높이와 길이는 상계와 같다. 하계(下階)는 지대석과 만석을 갖추었는데 넓이 27척, 높이 2척 7촌이고, 길이는 상계와 같다. 남쪽으로 동 · 서에 각각 작은 돌층계[石梯]가 있다.

제3절
세종대의 왕릉 조성

1. 헌릉의 조성

태종은 1415년 좌의정(左議政) 하윤(河崙)에게 명하여 광주(廣州) 대모산에 수릉(壽陵)을 정해두었었다.[83] 태종은 광주로 사냥을 나갈 경우 수릉을 살펴보고 환궁하기도 하였다.[84] 공민왕이나 태조의 경우 왕후의 왕릉을 조성하면서 수릉을 정하였다면, 태종은 왕후의 생전에 정하였다는 점에서 미리 왕릉자리를 정해두는 명나라 황제의 예를 따랐던 것으로 보인다.

태종의 왕비 헌경왕후는 1420년(세종 2) 7월 10일 수강궁 별전에서 서거하였다. 습염과 빈(殯)에 이르기까지 『주자가례』에 따라 국장절차를 진행하게 하였다. 국장도감 도제조(都提調)에 좌의정 박은과 우의정 이원, 제조에 호조판서 정역, 전 유후 권진, 공조참판 이천, 산릉도감 도제조에 청평부원군 이백강, 제조에 판좌군도총제부사(判左軍都摠制府使) 박자청과 전 부윤 서선, 빈전도감 제조에 여천군 민여익, 전 부윤 이종선, 변계량이 임명되었다.[85]

7월 11일 주상 세종은 역월지제(易月之制)를 행하여 13일 만에 복을 벗으라는 신하들의 주청에 대해 이는 야박한 행실이라며 자신은 산릉 후에 최질(衰絰)을 벗을 것이니, 백관들이나 13일 만에 최복을 벗고 백의 ·

오사모로써 바꾸라고 하였다.[86] 상왕 태종은 왕후의 능침 옆에 절을 세울지에 대해 주상에게 논의하게 하였는데, 유정현의 반대의견에 따라 짓지 않는 것으로 결정하였다. 건원릉과 제릉에 절을 세운 것은 태조의 뜻에 따른 것이지만 자신은 왕릉에서도 절을 짓지 않는 법을 세우겠다는 것이었다. 세종은 건원릉과 제릉은 물론이고, 명나라 금상황제(今上皇帝)가 태조고황제를 위하여 보은사(報恩寺)를 세웠다는 점을 들어 사찰의 건립을 주장하였으니[87] 상왕 태종은 끝내 허락하지 않았다.

7월 19일 예조는 고려에 이어서 조선 태조의 상장(喪葬)과 공정대왕(恭靖大王: 정종)의 상장에서 4도감과 12색을 세운 것은 대개 전조(前朝)의 예에 따라 고치지 않았던 것이니, 이제부터는 각사(各司)가 소속 관원을 거느리고 그 직무를 담당하게 하자는 주청을 올렸다. 이와 함께 이번 국상에서는 국장 · 빈전 · 산릉의 세 도감 외의 나머지는 혁파하고 국장도감이 독찰(督察)하여 판비(辦備)하도록 하자고 하여 상왕 태종의 윤허를 받았다.[88] 사찰을 세우지 않기로 하였으니 재(齋)도감은 필요하지 않게 되었고, 국장진행과정에서 행정 처리와 관련된 부분을 임시기구 대신 상설기구를 활용하는 방향으로 변화하였던 것이다.

원경왕후의 국장은 송나라 제도에 따라 정해졌다. 즉, '오월(五月)만에 장례하는 것이 예(禮)인데, 왕공(王公) 이하는 모두 3월이면 장사하라.'는 조항에 따른 것이다. 대신들이 이렇게 헌의한 것은 세종이 오랫동안 거려(居廬)하며 상왕께 문안도 드리지 못하고 있는 상황에서 상기(喪期)를 줄여 세종의 건강을 지키기 위한 측면에서 상왕 태종에 의해 결정된 것이었다.[89] 이 결정에 따라 9월 17일 광주군(廣州郡) 대모산(大母山)에 안장하여 3월장이 되었다.

상왕 태종은 산릉 일이 끝난 뒤인 9월 24일 낙천정에 거둥하여 세 의정과 육조 판서, 세 도감의 제조와 산릉도감 낭청을 불러서 술을 주며 위

〈그림 80〉 태종 헌릉 봉분 전경

로하였다.[90] 원경왕후의 국장은 세종대에 조성한 것이긴 하지만 실질적으로는 상왕 태종의 지휘를 세종이 따르는 형태였다. 2달여 만에 왕릉 공역을 끝낸 것을 보면 동원된 역부가 대단히 많은 숫자였을 것이다. 원경왕후의 산릉은 후릉의 제도를 거의 그대로 따라서 조성되었다.

그로부터 2년 뒤인 1422년(세종 4) 5월 10일 상왕 태종이 연화방(蓮花坊) 신궁(新宮)에서 56세로 서거하였다. 세종으로서는 정종과 원경왕후에 이어 세 번째 맞는 국상이었으나 이전에는 태종이 상왕으로서 주요 사항을 결정하였기 때문에 실질적으로는 처음으로 주관하는 국장이었다. 세종은 의정부 참찬 변계량과 이조참판 원숙(元肅)을 빈전도감 제조, 청평부원군(淸平府院君) 이백강(李伯剛)을 산릉도감 도제조, 판 우군도총제부사 박자청과 전 강릉도호부사 심보(沈寶)를 제조, 좌의정 이원(李原)과 우의정 정탁(鄭擢)을 국장도감 도제조, 찬성사 맹사성(孟思誠)과 호조판서 신호(申浩), 공조참판 이천(李蕆)을 제조에 임명하였고,[91] 다음날 영의정부사 유정현(柳廷顯)을 산릉사(山陵使)로 삼고, 좌의정 이원(李原)을 총호사(總護使)에 임명하여 국장의 진행과 산릉공역에 만전을 기하였다.

예조에서는 5월 13일 『주자가례』에 따라 상제(喪制)를 정하였는데, 세종은 참최복(斬衰服)을 입게 되었다.[92] 이때 예조에서는 역월(易月)제도를 주청하기도 하였지만, 세종은 원경왕후의 국상 때 부왕의 명령에 순종하여 역월제를 사용하게 하였으나, 태종에게 두 번이나 간청하여 산릉을 모신 뒤에 효복(孝服)을 벗었던 전례를 들어 거절하였다. 세종의 입장에서는 역월제도가 선왕의 법이 아니라 한나라 · 당나라 이래의 임금이 하던 일이므로 이번에 25일 만에 복을 벗게 되면, 모후의 초상만도 못하게 되는 것이었다. 세종은 최복(衰服)으로 3년을 지내되, 졸곡 뒤에는 권도(權道)로 상복을 벗고 흰옷과 검은 사모(紗帽), 각대(角帶)로 정사를 보다가 상사(喪事)에 관한 일이 있을 때 다시 상복을 입고, 소상 · 대상 · 담제의 법도 일체 고례에 따르는 것으로 정하였다.

태종이 서거한 때는 여름철인데다 각도의 기근이 심한 상황이어서 세종은 여러 가지를 근심하였다. 더위와 습기 때문에 병든 자가 많이 발생하였으므로 호조에서는 병사(病舍) 10여 칸을 짓고 병든 산릉 채석군(採石軍)을 치료하되 중들로 하여금 소금 · 장 · 죽 · 쌀을 가지고 치료하게 하자는 제안을 올려 세종의 윤허를 받았다.[93] 세종은 산릉도감에 술을 내려 위로하는가 하면, 산릉에 부역한 군인 가운데 병든 자는 약품을 주어 구원하게 하였으며,[94] 사망한 자에게는 쌀과 콩을 부조하도록 명하였다.[95] 이와 같이 역군들의 건강관리에 큰 관심을 둔 세종은 산릉 채석군의 구료(救療) 물자를 처리하라는 명령을 받고 여러 날 지체한 호조 참의 허해(許荄)와 정랑(正郞) 이안경(李安敬)을 속장(贖杖) 70대에 처하기도 하였다.[96]

박자청 등은 태종 헌릉에 동원할 인원이 1만 명은 되어야 산릉조성을 마칠 수 있다고 주장하였다. 이에 대해 대언(臺言)들은 징발 규모를 축소하기 위해 여러 방안을 제안하였다. 대언들은 경기도의 수군 1천 명과 도성 안에 있는 여러 관청의 노예 및 부유한 동내에 있는 역부(役夫) 1천 명 가량을 동원하고, 수레꾼에게 특별히 품삯을 주면서 소 수백 마리를 투입하면 지방에서 2천 명 정도만 징발하면 될 것이라 하였다. 즉 채석한 돌을 옮기는 일에 4천 명 정도의 인력과 수백 마리의 소를 동원하면 넉넉하게 마칠 수 있다는 계산이었다. 수석(輸石)과정이 끝나면, 대위(隊尉)와 공장(工匠) 수천 명이 나머지 일을 끝낼 수 있다는 주장에 대해 박자청 등도 동의하여 가까운 도(道)에서 인부 2천 명을 징발하되 10일에 한 번씩 교체하게 하였다.[97)]

그런데, 8월 20일 산릉의 광(壙)을 열고나서 보니, 광 동쪽 모퉁이에서 물이 솟아올랐다. 이 소식에 크게 놀란 세종은 지신사 김익정(金益精)을 보내서 자세히 살펴보게 하였는데, 오랜 비로 말미암아 스며든 것이지 근원이 있는 샘이 아니었다. 세종은 김익정의 보고에 안심하였고, 며칠 되지 아니하여 과연 물기가 없어졌다고 한다.[98)] 그 후 산릉조성은 순조롭게 진행되어 태종이 서거한 지 약 5개월째 되는 9월 5일 태종의 재궁(梓宮)을 현궁(玄宮)에 안장하였으니 실재 석실을 조성한 기간은 20일 남짓에 불과하였던 것이다.

재궁을 안장하기 위해 곽(槨)에 넣은 후 가죽 끈으로 묶고 관의(棺衣)로 덮었으며, 깃대를 떼어낸 명정(銘旌)을 그 위에 놓은 다음에 전(奠)을 올렸다.[99)] 그런데 재궁을 안치하는 과정에서 재궁의 방향을 거꾸로 안치하는 해프닝도 있었다. 재궁을 산릉으로 올릴 때에 남쪽으로 머리를 돌렸었기 때문에 현궁에 들어갈 때에는 북쪽으로 머리를 돌려 넣어야 했다. 재궁을 맨 자들이 이미 북쪽으로 머리를 돌렸는데도 호조판서 신호(申浩)가 이 사실을 잊어버리고 다시 재궁을 돌려 메라고 명하여 머리를 남쪽으로 하여 현궁에 모셨던 것이다. 공조참판 이천(李蕆)이 안치한 재궁을 털고 닦으면서 잘못된 사실을 알고, 다시 재궁을 꺼내 북쪽으로 돌려

〈그림 81〉 태종 헌릉 석상

〈그림 82〉 태종 헌릉 석물들

봉안하였다. 세종은 이 일을 주관하였던 신호, 이천, 판내시부사(判內侍府事) 김용기(金龍奇)를 의금부에 가두기도 하였다.

태종 헌릉의 산릉제도는 정종 후릉과 원경왕후 헌릉의 예에 따라 조성되었다. 석실 내부의 규모는 너비 8척, 높이 7척, 길이 11척이다. 후릉과 원경왕후의 석실 동쪽과 서쪽의 벽면에 사용한 돌은 높이 8척, 길이 11척 5촌, 두께 2척 5촌 규모였는데, 태종 헌릉 석실의 경우 높이와 두께는 같지만 길이를 절반인 5척 7촌 5푼의 돌 2개를 붙여 사용하였다. 태종이 원경왕후 석실을 만들 때 내렸던 지시내용이 반영된 것이다.

난간석을 원경왕후 봉분과 합쳐서 만들었기 때문에 난간석에 소요되는 석재의 숫자가 약간 줄어서 석주(石柱) 11개, 동자석주(童子柱石) 10개, 지방석 20개, 죽석 20개, 박석(薄石) 20개, 차면(次面)지대배석 10개, 우석 9개가 제작되었다. 현재 헌릉에는 망주석 1쌍과 소전대석 1개가 있는데, 기록상으로는 원경왕후와 태종의 국장 때마다 만든 것으로 되어 있지만 실제 만들어서 배설하였었는지의 여부는 확실하지 않다.

북장(北墻)의 길이가 99척 9촌으로 늘어났고, 동서장(東西墻)의 길이도 58척 8촌으로 약간 늘어났다. 하계에서 남쪽으로 50보 2척 거리에 원

〈그림 83〉 태종 헌릉 홍살문과 어도

〈그림 84〉 태종 헌릉 신도비

경왕후 때 세운 정자각(丁字閣) 5칸을 그대로 두고 동쪽으로 전찬배설청(奠饌排設廳) 3칸을 신축하였다. 또 헌릉의 동쪽 산 밑의 평지에다 수릉 재소(守陵齋所) 22칸을 지었는데, 원경왕후의 재소 17칸이 있었기 때문에 조선초기에는 쌍릉으로 조성하였더라도 왕릉과 왕후릉을 별개의 왕릉으로 인식하고 있었다는 것을 알 수 있다.

한편, 9월 6일 산릉에서 천전을 행한 세종은 도보로 홍살문 밖에 이르러 소연(素輦)을 탔고 백관들은 홍살문[紅門] 밖으로 1백 보쯤 나와서 말을 타고 세종을 따라갔다.[100)] 왕릉에 설치된 홍살문에 관한 첫 번째 기록으로서 정자각과 홍살문 사이의 어로(御路)도 태종 헌릉에서부터 설치하기 시작하였을 것으로 추정된다. 이처럼 세종이 처음으로 주관한 태종헌릉 조성과정에서 전찬배설청[후일의 제기고] 3칸과 홍살문, 어로 등이 새로 추가됨으로써 왕릉은 더욱 권위적인 공간이 되었다.

2. 소헌왕후 영릉의 조성

세종은 태조와 태종의 전례에 따라 1438년(세종 20)부터 헌릉 옆에 수릉자리를 알아보게 하였다.[101] 이때 세종이 생각한 수릉은 단지 자리만 정해두는 개념이 아니었던 것 같다. 1443년 김종서와 이천이 수릉의 제도를 올리자 진양대군(晉陽大君) 이유(李瑈)와 안평대군(安平大君) 이용(李瑢)에게 명하여 다시 설시(設施)하는 제도를 알아 보게 하였기 때문이다.[102] 1년 뒤 헌릉(獻陵)의 서쪽 혈(穴)을 수릉으로 삼기 위해 보토(補土)하게 한 것을 보면,[103] 혈자리에 봉토를 한 것으로 추정된다.

1445년 4월 헌릉의 서편에 세종의 수릉이 확정되었으니 우의정 하연(河演)·예조판서 김종서(金宗瑞)·우참찬 정인지(鄭麟趾)·중추원 부사 이진(李蓁), 호조참판 강석덕(姜碩德)·이정녕(李正寧) 등과 집현전 수찬(集賢殿修撰) 이영서(李永瑞)·예조 좌랑 이선로(李善老)·전농 주부(典農主簿) 안지귀(安知歸)·행 사정(行司正) 문맹검(文孟儉) 등이 살펴본 뒤 결정된 것이다.[104] 이때 참여한 관리들은 『습유(拾遺)』, 『의룡단제수언(疑龍斷制粹言)』, 『명산론(明山論)』, 『혈법비요(穴法秘要)』, 『동림조담(洞林照膽)』, 『호수경(狐首經)』, 『감습(撼襲)』, 『입식가(入式歌)』, 『장중가(掌中歌)』, 『호순신(胡舜申)』 등 명나라에서 들여온 풍수지리서의 논리에 따라 산릉자리를 정해두었다.

산릉을 정해둔 지 1년이 지난 1446년 3월 24일 세종의 왕비 소헌왕후가 수양대군의 집에서 서거하였다. 세종은 승정원에 전교를 내려 산릉제도와 장례기간에 대하여 지시하였다. 이미 산릉자리가 정해져 있으므로 택지(擇地)과정이 생략되었다. 세종은 『당서(唐書)』·『원릉의(元陵儀)』를 비롯하여 송나라 제도를 검토하면서[105] 하나의 봉분에 현실(玄室)만 다르게 하는 동분이실(同墳異室)이라는 새로운 제도를 마련하고 있었다. 그것은 『주자가례』에서 제시한 부부합장을 왕릉에서도 실현하려는 것이었다.

세종은 당일 빈청도감(殯廳都監)을 설치하여 우참찬 정인지(鄭麟趾)·첨지중추원사 변효문(卞孝文)·정척(鄭陟)을 제조로 삼았다.[106] 국장도감과 산릉도감은 다음날 설치하였는데, 영의정 황희와 우의정 하연(河演)을 국장 도제조, 우찬성 김종서(金宗瑞)와 중추원사 이천(李蕆)을 제조, 하연을 산릉 도제조(山陵都提調), 이천과 지중추원사 이사검(李思儉)·대사헌 강석덕(姜碩德)을 제조, 형조판서 남지(南智)를 수릉관(守陵官), 환관(宦官) 최득룡(崔得龍)을 시릉관(侍陵官)으로 임명하였다.[107]

세종은 모후(母后)인 원경왕후를 3개월 만에 장사지냈으나, 이번에는 5개월 만에 장사지낼 것이며, 명나라 태종황제가 황후를 위하여 기년을 입었던 고사(故事)와 옛날의 상제를 상고하여 복제를 마련하게 하였다. 이에 따라 3월 30일 서운관에서 왕비의 장일을 7월 7일과 19일로 정하여 아뢰자 세종은 풍수학관과 의논케 하여[108] 7월 19일로 결정되었다.

세종은 아버지가 생존해 계신 가운데 어머니를 위하여 기년(期年)을 입는 것이 자신으로부터 시작되었으나 마음이 편하지 못하였다며, 동궁(東宮)과 대군·제군(諸君)들은 최복(衰服)을 입되 졸곡(卒哭) 후에 벗고 흰옷으로 3년을 마치게 하였다. 여러 신하들은 최복을 입되 졸곡 후에 벗고 흰옷으로 기년을 마치게 하고, 자신은 소대(素帶)를 했다가 30일 후에 벗는 것으로 소헌왕후의 복제를 마련하게 하였다.[109] 다음날 예조는 각 신분에 따른 왕비의 상제를 세종에게 보고하였는데,[110] 동궁의 복제를 수정하여 졸곡 후에 최복을 벗고 백의(白衣)를 입되 기년을 마친 후에 천담복(淺淡服)으로 심상삼년(心喪三年)을 하게 하였다.[111]

이렇듯 주자의 예설에 따라 장례절차를 준비한 세종이었지만 한편으로는 소헌왕후의 극락왕생을 위해 불경(佛經)의 사경(寫經)을 강행하기도 하였다. 세종은 신하들의 반대를 무릅쓰고 집현전 수찬 이영서(李永瑞)와 돈녕부 주부 강희안(姜希顔) 등에게 성녕대군(誠寧大君)의 집에서 불경을 금자(金字)로 쓰게 하였고, 인순부소윤(仁順府少尹) 정효강(鄭孝康)에게 그 일을 주관하게 하였다.[111]

3월 30일 산릉의 시일(時日)이 정해진 뒤 공역이 진행되어 4월 24일 영릉(英陵)의 형역(塋域)을 열고 후토제(后土祭)를 지냈다. 후토제를 지낼 집사관(執事官)은 2일의 산재(散齋)와 1일의 치재(致齋)를 하였다. 제사 당일 축시(丑時)에 서운관(書雲觀)에서 새로 얻은 땅에 조역(兆域)을 파는데, 네 모퉁이는 그 흙을 밖으로 내고, 가운데를 파낸 흙은 남쪽으로 내고 각각 표목(標木)을 하나씩 세우되 남문(南門)에 당하여서는 두 개의 표목을 세운다. 집사자가 후토씨의 신위를 가운데 표목[中標] 왼편에 남향(南向)으로 두고 제를 지낸다. 8변(籩), 8두(豆), 2보(簠)와 2궤(簋)의 제물을 갖추고, 1작(爵)을 올렸다.[112] 소헌왕후가 서거한 지 1개월 만에 본격적인 산릉공역이 시작된 것이다.

세종은 5월 8일 예조에 다시 전지하여 영릉의 공역에 대해 봉분(封墳)은 같이하고 광중(壙中)은 달리 하며, 석양(石羊), 석호(石虎), 석마(石馬), 석인(石人)은 두 광중의 예(例)로 하게 하였다.[113] 1개의 봉분이지만 2개의 봉분으로 보고, 석물을 그에 맞게 배설하라는 것이다. 세종이 재차 산릉제도를 지시한 것으로 보아 신하들은 세종의 주문을 어떻게 시행할 것인지 논의하였던 것으로 추정된다. 왕과 왕후를 합장하더라도 공민왕릉, 후릉, 헌릉과 같이 봉분을 따로 쓴 쌍릉의 형태였는데, 세종의 주문은 처음으로 시도되는 것이기 때문이다.

세종에 의해 고안된 영릉의 능실은 2개의 석실을 붙여 만들어 소헌왕후를 동쪽에 안치하고, 세종의 수실(壽室)은 서쪽으로 정하였다. 광(壙)

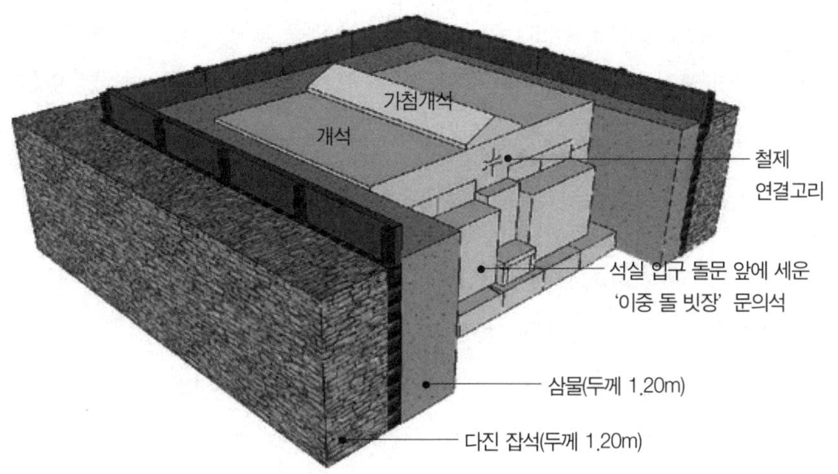

〈도면 5〉 세종 영릉의 석실구조(김상협, 박사학위논문에서 인용)

은 깊이 10척(尺), 동서(東西) 29척, 남북(南北) 25척 5촌 규모로 파서 동서 외면(外面)의 길이 20척, 남북 외면 길이 14척 5촌의 석실을 안치한 후 북·동·서 삼면을 숯가루와 삼물로 채웠다. 후릉과 헌릉 석실의 내부 규모가 너비 8척, 길이 11척이었으므로 이를 기준으로 만들었다면, 동서 방석(傍石)과 가운데 격석(隔石)은 2척 두께의 돌을 사용하였을 것이고, 북쪽의 우석(隅石) 역시 2척 두께라면 문비석은 1척 5촌 규모로 만들었을 것이다. 사용된 돌은 전석(全石)인지 편석(片石)인지 확인되지는 않지만 아무런 언급이 없는 것으로 보아 전석일 가능성이 높다.

아무튼 석실조성에 필요한 석재는 종전에 비해 갑절 이상 늘어난 상황이었던 것이다. 그런데 소헌왕후의 산릉이 조성되던 시기는 농사철이었다. 산릉도감에서는 농민을 사역하면 농사시기를 잃게 되므로 방패(防牌)[114]·육십(六十)[115]·보충군·별군(別軍)과 공조·상의원(尙衣院) 소속의 장인, 동강(東江)·서강(西江)의 흥리인(興利人), 시리(市里)의 상고인(商賈人), 각사(各司)의 노자(奴子), 개성부의 각패(各牌), 경기·충청·

강원·황해도의 선군(船軍) 등을 우선 차출하는 방법을 강구하였다. 또한 도첩(度牒)이 없는 승인(僧人)을 모두 불러 모아서 사역시킨 뒤 도첩을 주고, 승직을 받고자 하는 사람에게는 승직을 받게 하고, 거처하는 사사(寺社)를 지키고자 하는 사람은 그 청을 들어주는 등의 유인책을 동원하였다. 그러한 가운데서도 산릉도감은 작년에 실농(失農)하였던 강원도 선군을 4월 28일 돌려보내 보리를 수확하고 나서 도로 역사에 나오게 하는 등[116] 산릉공역으로 인한 농사의 피해를 최소화하였다.

6월 후반기에는 장마가 계속되어 역질(疫疾)이 매우 많고, 수재(水災)와 한재(旱災)가 서로 잇닿게 되어 군중(群衆)을 동원하기가 어려운 시기를 맞았다. 세종은 장마가 계속되므로 광내(壙內)를 견실(堅實)하고 치밀하게 하여 장사를 치르고, 광 밖의 여러 일은 뒤에 하는 방안과 예정일인 7월 19일에 마치기보다 7월 1일 장사하는 것까지도 고려하였다. 세종은 소헌왕후의 장례를 5개월장으로 지내면서도 농사의 피해를 줄이자는 의도였다.[117] 세종의 의견은 대신들이 "신자(臣子)가 군부(君父)의 일에 어찌 이와 같이 할 수가 있겠습니까."라고 반대하여 실현되지는 않았다.

그러나 세종은 한꺼번에 12,000명을 사역시켜 사상자가 속출하는 상황에 대해 마음이 불안하다며 동원된 역부들을 하루빨리 돌려보내는 방안을 강구하였다. 특히, 석난간(石欄干)과 정자각은 후일에 건조(建造)해도 되니 석실을 건축하는 군사 외의 인원을 모두 돌려보내고자 하였다. 이 문제를 의론에 부쳤으나 하연과 김종서 등은 난색을 표하였고, 황보인과 이순몽은 세종의 의견에 동조하였다. 산릉도감 제조들의 의견까지 확인한 세종은 석실공역에 필요한 8천 명 외에는 모두 돌려보내고, 개석(蓋石)을 안치한 후에 또 4천 명을 돌려보내게 하였다.[118]

이렇게 많은 인원이 동원된 것은 세종이 고안한 석실이 종전에 비해 2배 이상 커졌던 데 기인하는 것이었다. 자신이 주장한 방식으로 인해 백성들이 더욱 힘들어지자 세종은 마음이 불편하였던 것이다. 아무튼 소헌왕후의 재궁은 7월 16일 축시(丑時)에 발인하였다. 왕세자가 대군 및 제군(諸君)과 각 관사(官司)의 관원 1명을 거느리고 시위(侍衛)하였다. 살곶이천[箭串川]에 이르니 빗물이 창일(漲溢)하여, 몇 척의 배를 묶은 유주(維舟)에 재궁을 태워 건넜다. 삼전도(三田渡) 들에서 주정(晝停)하였는데, 때마침 비바람이 크게 일어나서 한강을 건널 수 없으므로, 재궁을 돌려 낙천정(樂天亭)에 머물게 하였다. 군사와 백관들이 창졸한 지경에 이르러 저녁때에 이르러 밥을 먹지 못한 사람이 많았으므로 세종은 쌀과 술을 보내어 접대하고, 왕후의 전물을 보냈으며, 진무(鎭撫) 2인으로 하여금 군사를 거느리고 살곶이와 삼전도에 가서 건너는 일을 감독하게 하였다.[119)]

다음날 비가 개고 바람이 그쳤으나 강물은 그대로 창일한데다가 배를 타고 물을 건너는 것이 마땅하지 못하다는 역가(曆家)의 말이 있어 망설이다가 세종의 재촉을 받고 삼전도를 건너서 능소(陵所)에 이르렀다.[120)] 능소에서 하루를 머문 재궁은 예정대로 7월 19일 영릉에 장사지냈다. 왕세자가 우주(虞主)를 받들고 서울로 돌아와서 휘덕전(輝德殿)에 봉안하고 초우제(初虞祭)를 지냈다.[121)]

세종 영릉은 1469년(예종 1) 여주로 천장하면서 석실 대신 회격으로 조성하면서 동분이실(同墳二室)로 만들었다. 상설석물은 석상만 2실로 하고 망주석, 장명등, 석양, 석호, 석인은 1실에 해당하는 숫자만 새로 만들어 배설하였다.

〈그림 85〉 세종 영릉 능상 전경

〈그림 86〉 세종 영릉 후면에서 본 전경

〈그림 87〉 세종 영릉 장명등과 석상

〈그림 88〉 세종 영릉 석인과 석마

제4절
문종 현릉의 조성

1. 『세종실록오례의』의 정비

태종은 제릉의 가봉, 건원릉 조성, 북도8릉의 정비, 정안왕후와 정종의 후릉, 원경왕후 헌릉 조성 등을 주도하였다. 태종은 세종을 즉위시키고 상왕으로 물러나 있었으나 국상과 같은 중대사를 직접 처리하였기 때문에 조선초기에 조성된 대부분의 왕릉이 태종에 의해 만들어진 셈이었다. 태종은 태조의 국상 때 직접 『주자가례』를 연구하여 예조와 의례상정소를 지휘하면서 절차를 결정하였었다. 또한 자신에게 왕위를 물려준 정종의 국장과 산릉의 조성에 만전을 기하였을 것은 물론이고, 이를 통해 조선왕실의 위엄을 확립하고자 하였다. 그러한 의도는 몇 가지 점에서 확인된다.

우선 태종은 고려왕릉에서 세우지 않던 신도비를 제릉과 건원릉에 세웠다. 왕릉에 신도비를 세운 것은 조선을 창업한 국왕과 그의 왕비 신의왕후의 정통성을 과시하기 위한 것이었다. 이때 신도비의 형태와 규모는 명나라 비갈(碑碣)제도를 받아들인 것이어서 주목된다. 명나라는 1372년(홍무 5)에 비갈의 건립 규정을 개정하였는데, 공신이 죽은 뒤 왕에 봉해진 경우에 세우는 비석의 규모를 제한한 것이다.

명나라가 제시한 규모는 이수 높이 3척 2촌, 비신 높이 9척(너비는 3

척 6촌), 귀부 높이 3척 8촌으로서 비석의 총 높이는 16척이 상한이었다.[122] 건원릉 신도비의 경우 비신 높이 227cm, 이수높이 116cm, 귀부 높이 105cm로서 총 448cm의 규모이고, 제릉신도비의 경우 비신 높이 218cm, 총 높이는 368cm로 계측되었다.[123] 태조 때 사용되던 영조척[124]이 32.21cm이므로 16척은 515.36cm가 된다. 따라서 건원릉과 제릉의 신도비 규모는 여기에 미치지 못하지만 형태적으로 상당히 유사한 비석이 세워진 것이다.

다음으로 석실 벽면에 1개의 돌을 사용한 것은 석실을 더욱 견고하게 만들기 위한 것이기는 하지만 공역에 동원되는 역부들의 수고가 더욱 커졌다. 태종은 원경왕후의 헌릉을 조성하면서 석실 덮개돌을 1개의 돌로 하면 백성의 힘도 더 들고 일이 커지니 두 조각을 내어 쓰고, 석실 벽면도 2~3개의 돌을 쌓아서 만들라고 하였다.[125] 또한 태종은 석실 밑바닥에는 돌을 쓰지 말고 석회(石灰)와 세사(細沙)를 쓰게 하였다. 태종은 건원릉과 후릉을 조성하는 과정에서 석실 조성의 어려움을 경험한 이후 공역에 들어가는 물력을 경감(輕減)하기 위한 의도를 가졌던 것으로 보인다.

이와 함께 태종은 조선의 능묘제도도 정비하려는 계획이 있었다. 태종은 정안왕후의 국장을 치르면서 격식에 문제가 있다는 생각을 가진 듯한데, 1412년 8월 예조와 의례상정소가 논의한 결과 재내대군(在內大君)·정1품·1등 공신을 상등(上等), 재내제군·종1품·2등 공신을 중등으로 삼되 정1품을 거친 경우는 관품(官品)을 쓰며, 원윤(元尹)·정윤(正尹)·실직 정2품과 검교정승(檢校政丞)을 지낸 자 및 3등 공신을 하등으로 삼되 정·종 1품을 거친 자는 관품을 쓰게 하였다.[126] 대신과 종실·공신의 격례가 그때마다 달라서 준용(遵用)하기 어려웠기 때문이다.

조선초기는 유교를 국시(國是)로 삼았으나 아직 불교 의식을 완전히 배제하지는 못하였던 관계로 정종의 국장과정에서 불교 의식을 함께 사용하자는 의견도 있었다. 세종이 산릉에 나아가는 의식에 불교 의식을 겸용하는 문제를 논의에 붙이자 변계량은 좋다고 하였으나, 허조가 홀로 옳지 못하다고 하였다.[127] 이 문제는 더 논의되었던 듯한데, 변계량이 대행상왕을 산릉에 모실 때 불교의식을 겸하여 사용하자는 주청을 다시 올리자 허락하지 않았던 것이다.[128] 그러한 결정의 이면에는 원경왕후의 국장과정에서도 유학의 예법을 준행하고 불사(佛事)를 하지 아니한 태종의 강경한 입장이 반영되어 있었다.

더 나아가서 태종의 국장을 치르면서 조선왕실의 국장의례에서 불교의식은 제외되고 조포사[원찰]까지 세우지 않음으로써 유교의식만 남게 되었다. 세종 즉위 초년에 태종에 의해 주도된 정종과 원경왕후의 국장은 세종에게 큰 경험이 되었을 것이고, 이를 바탕으로 태종의 국장을 치룬 뒤에는 왕릉제도에 대한 정리작업을 시도하였다. 국장이 발생할 때마다 전례에 따라 왕릉제도를 정하는 것은 임시방편에 불과하였으므로 제도적 정비가 필요하였던 것이다.

그래서 세종은 소헌왕후의 국장과 소헌왕후 영릉을 조성하면서 여러 가지 새로운 방식까지 포함하면서 왕릉제도를 마련하였다. 『세종실록오례의』「치장」조는 고려후기에서 조선초에 이르는 왕릉조성방식을 종합하는 한편 세종에 의해 고안된 새로운 방식까지 제시하였다는 점에서 중요한 의미가 있는 것이다. 몇 가지로 나누어 살펴보면 다음과 같다.

우선 세종이 고안한 동분이실은 2개의 석실을 붙여 만들었으므로 석실구조물을 완벽하게 고정하기 위해 여러 장치들이 고안되었다. 이전까지는 돌 자체에 홈을 파서 서로 맞물리게 결구하던 방식이었는데, 우석(隅石)과 방석(傍石)이 닿는 곳에 무쇠못[水鐵錠]을 사용하여 고정하게 하였다. 병풍석 부재인 정지대석 · 우석 · 면석 · 만석의 경우도 연접(連接)한 곳에는 모두 무쇠를 사용하여 더욱 단단하게 고정하였다. 또한 동실과 서실 사이에 격석(隔石)을 설치한 후 창혈(牕穴)을 뚫었는데, 공민왕이 멀리 떨어져 있는 정릉(正陵)을 향해 현릉(玄陵) 동벽에 창혈을 낸 것과 같은 의미로서 격벽의 두께가 2척이었으므로 관통시켰을 것으로 추정된다.

둘째, 세종은 석실에 새로운 시설을 추가하였다. 뱀이나 땅강아지와 같은 미물(微物)이 석실로 침입하는 것을 방지하기 위해 구리로 만든 그물망[銅網]을 석실 바닥에 설치한 것이다.[129] 또한, 관이 놓이는 자리에 석체(石砌)라는 시설물을 사용하였다. 석체는 물기운이 스며드는 것을 방지하는 것은 물론 재궁과 지기(地氣)가 통하게 하기 위한 시설로 액자틀과 같이 가운데를 파낸 섬돌이다. 석실 바닥에 석체를 시설하고 석체와 벽면 사이에 남북으로 1개, 동서로 각각 2개씩 협석(挾石)을 끼워 고정하고, 가운데 빈 곳에는 세사와 황토를 사용하여 튼튼하게 쌓았으며, 협석 사이에는 굵은 모래로 채운 뒤 재궁을 석체 위에 안치하는 방식이 등장한 것이다.

셋째, 원경왕후 헌릉 조성 때에는 석실 내부의 천정에 일·월·성신의 천문도(天文圖)를 그린 종이를 붙여 마감하였는데, 영릉 동실의 경우 천정에 먹칠을 한 후 일·월·성신과 성좌(星座)를 그리는 방식으로 바뀌었다. 또 석실의 사면에는 분칠을 한 뒤 사신도를 그렸다. 격석 창(窓) 밑에는 백호, 북우석(北隅石)에 현무, 방석에 청룡, 2조각의 문비석(門扉石)에 주작을 그리는데,[130] 백호와 청룡은 머리가 남쪽으로 향하게 하고, 현무와 주작은 머리가 서쪽으로 향하게 하였다.

넷째, 배설하는 석수 가운데 석마(石馬)가 등장하여 문석인과 무석인 뒤에 1개씩 배설하기 시작하였다는 점이다. 석마 설치 논의는 1441년 왕세자빈의 장례에서 처음으로 등장하였으나 세우지 않기로 결정하였었다.[131] 그러나 세종은 이듬해에 왕세자[문종]에게 명하여 능실에 석마와 석호를 세우는 일을 다시 의논하게 하였다.132) 이때는 헌릉 · 건원릉 · 제릉을 수리하기 위한 산릉수리도감이 설치되어 있던 시기133)로서 명나라 제도에 따라 석마를 세우는 것으로 결정된 것으로 보인다. 그리하여 영릉에서도 자연스럽게 석마가 설치될 수 있었던 것이다.

다섯째, 제향공간을 대폭 확대하거나 신설하여 크게 정비한 것이다. 우선, 이전까지 지어지던 정자각은 5칸으로서 정전 3칸, 배위청 2칸이었다. 세종은 정전 5칸, 배위청 3칸으로 늘려 총 8칸으로 확장하고 칸수의 척수를 넓혀서 보다 장엄하게 건축하였다. 태종 헌릉 때부터는 정자각 앞길[御路]에 홍문(紅門: 홍살문)을 세워 왕릉 공간의 존엄성을 보강하였고, 뜰 동쪽에 제기를 보관하는 장기고(藏器庫) 3칸을 지었다.134)

이상의 내용으로 볼 때, 세종은 『주자가례』와 명나라 능묘제도를 심층적으로 연구하여 조선왕릉에 적용하고자 하였다는 것을 알 수 있다. 왕이나 왕후가 서거할 때마다 매번 도감을 구성하여 석실을 만들던 방식에서 먼저 서거한 왕이나 왕후의 왕릉을 조성할 때 한꺼번에 석실을 조성하게 되면, 뒤에 왕이나 왕후가 서거하였을 때는 비워둔 석실을 열어 안장(安葬)하면 되었다. 실제 세종이 서거한 뒤에는 산릉도감을 설치하지 않고, 5개월 뒤 국장도감에서 세종이 마련하였던 영릉 서실(西室)에 안장함으로써 별다른 공역을 하지 않아도 되었던 것이다.

2번에 걸쳐 2개의 봉분을 조성하던 방식에서 1번에 하나의 봉분과 2개의 석실을 만들면 되었기에 전체적인 공역의 규모는 줄어들었지만, 석실 2개를 한꺼번에 만들게 됨으로써 1번에 만드는 공역의 규모는 오히려 커졌다. 그리하여 소헌왕후 영릉 조성공역에는 1만 2천 명의 사람이 동원되었고, 많은 인명피해가 발생하는 부작용도 있었다.

2. 문종 현릉의 조성

1452년 문종의 승하로 인해 현릉(顯陵)을 조성하는 과정에서 『세종실록오례의』「치장」조는 중요한 지침이 되었다. 어린 나이에 즉위한 단종은 수양대군과 안평대군 · 황보인(皇甫仁) · 김종서(金宗瑞) 등에게 국장과 산릉조성 등 중요한 역할을 담당하게 하였다.[135] 그들은 대모산 영릉(英陵)에 가서 함께 능자리를 보았으나 의견이 합쳐지지 않았던 듯한데, 수양대군이 다른 자리를 추천하였다. 수양대군은 예전에 보았던 이목동(梨木洞)의 건좌손향(乾坐巽向) 자리를 다시 살펴본 후 "영릉의 도국(圖局) 안에 있으나 산등성이[岡] 하나가 빙 둘러서 별도의 도국이 되었다며, 산 모양과 수파(水破)가 모두 좋고, 또 조종(祖宗)의 능침(陵寢) 옆이니 그대로 쓰는 것이 편하다."고 하였다.[136] 그리하여 의정부 당상과 풍수학 제조, 수양대군이 산릉에 보토(補土)한 것을 살펴보기도 하였다.[137] 수양대군이 추천한 자리로 거의 결정이 되어가는 상황에서 목효지(睦孝智)라는 자가 불가하다며 문제를 제기하는 일이 발생하였다.

풍수학관이었던 목효지는 세계(世系)가 천하고 눈이 멀어 쫓겨난 전력이 있는 자였으나 풍수전문지식이 있는 자의 말이었으므로 흘려들을 수 없는 일이었다. 이 일로 인해 수양대군은 물론 안평대군 · 황보인 · 남지(南智) · 김종서 · 정분(鄭苯) · 이양(李穰) · 허후(許詡) · 풍수학 제조 정인지(鄭麟趾) · 이사순(李師純) · 중추원 부사 박연(朴堧) 등이 조계청(朝啓廳)에 모여 논의를 거듭하였다. 또한 윤통(尹統) · 이현로(李賢老) · 김경손(金敬孫) · 노목(魯穆) · 문맹검(文孟儉) 등 10여 인이 목효지와 더불어 편간(片簡)을 들어 조목조목 질문하고 지리에 관한 여러 서적의 설을 널리 이끌어서 그 망령됨을 토론하였다.

신료들이 목효지에게 새 능보다 나은 길지(吉地)가 어디인지 추궁하자 목효지는 마전현(麻田縣) 북쪽의 계좌 정향(癸坐丁向) 자리와 장단현(長湍縣) 북쪽의 임좌 정향(壬坐丁向) 자리가 건원릉보다 낫다는 대답까지 하였다. 수양대군과 안평대군 · 황보인 · 남지 · 김종서 · 정분 등은 비록 대신의 말이라도 만일 의리에 합당하지 않으면 그대로 따르지 않는데, 하물며 목효지는 한 눈이 멀었으니 지리가(地理家)에서 꺼리는 자이고, 세종께서 이미 쫓아낸 인물이라는 점에 주목하였다. 산릉도감에 속하지 않은 목효지가 산릉자리를 가서 본 것은 국가를 위하여 좋은 자리를 잡으려는 것이 아니라 자기 주장이 받아들여지게 되면 그 공을 자랑하여 천인(賤人)을 면할 것을 바라고자 한 것이라며 국문하여 치죄할 것을 주장하였다. 결국 형조는 목효지의 죄가 장 1백 대에 해당하고, 황해도의 잔폐(殘廢)한 참로(站路)의 전운노(轉運奴)로 예속시켜야 한다고 하였으나 단종은 안성참(安城站) 아전으로 예속시켰다.

수양대군의 주장에 따라 현릉의 자리가 정해진 뒤 공역이 시작되었는데, 7월 13일 예조에서 영릉(英陵)의 천광의 예에 의하여 영조척(營造尺)으로 천광(穿壙)의 깊이가 10척 3촌이어야 길(吉)하다고 하자 그대로 따랐다.[139] 그런데 현릉의 광중(壙中)을 파서 9척쯤에 이르자 물이 솟아 나왔다. 수양대군과 안평대군, 대신들은 왕명을 기다리면서 풍수학 제조 · 산릉도감 제조 및 성원위(星原尉) 이정녕(李正寧) 등과 더불어 다른 자리로 고쳐 잡도록 청하였다. 단종은 이정녕에게 급히 공역이 진행중인 현릉에 가서 두 대군 및 정부 대신과 더불어 같이 의논하여 살펴서 정하게 하였다.[140]

산릉도감은 수양대군이 주관한 자리였기 때문에 처음 정한 자리를 그대로 쓰는 것으로 결정하였던 것으로 보이는데, 능실(陵室)이 북쪽 산에 있으므로 천광은 깊이가 10척이어야만 길(吉)하게 될 것이라는 보고를 올려 단종이 그대로 따랐기 때문이다.[141] 더 깊이 파면 괜찮을 것으로 기대한 것이었으나 물이 나는 자리가 온전할 리 없었다. 결국은 다른 자리를 알아보고 건원릉의 동남쪽 구릉으로 옮겨 정하게 된 것이다.

현릉의 새로운 자리 역시 수양대군이 주도하여 안평대군 · 황보인 · 김종서 · 정분 · 이사철 · 민신 · 정인지 · 이순지 · 강맹경 등과 함께 혈(穴)자리를 정하였다. 시일(時日)을 정하는 과정에서 통례문 부지사(副知事) 윤통(尹統)이 점을 쳐서 현궁(玄宮)을 광중으로 내리는 날짜로 인일(寅日)은 불가하다고 논박한 일이 있었다. 그 이유를 아는 자가 없었으나 수양대군이 글 뜻을 변석(辨釋)해 내자 사람들이 모두 심복하였다고 한다.[142] 이러한 일들로 볼 때 수양대군은 풍수지리는 물론 명리(命理)에도 밝았던 인물이라는 것을 알 수 있다.

석실로 조성된 문종의 현릉조성에 필요한 석재를 벌석(伐石)하는 과정에서 양주(楊州)의 민전(民田)을 많이 손상시킨 일이 있었다.[143] 또한 공조좌랑(工曹佐郞) 최공손(崔功孫)이 부석한 돌을 운반할 예석군인(曳石軍人)들을 거느리고 기한 안에 역소(役所)에 이르지 못한 일도 발생하였다.[144] 더구나 산릉자리의 변경은 공역의 부담을 가중시켰다.

현릉의 석실에 사용할 개석(蓋石)을 노원리(盧原里)에서 채취하여 한강을 건너 헌릉(獻陵)으로 수송하였다가 현릉자리를 건원릉 옆으로 변경한 뒤 다시 한강을 건너 옮겨야 했던 것이다. 역부(役夫)가 거의 8천 명에 이르렀는데, 마침 잇달아 내린 비로 강물이 불어서 건너가기가 쉽지 않아 목숨을 잃은 사람들이 많았다고 한다.[145] 이러한 사고가 생긴 이유에 대하여 실록의 사신(史臣)은 원경왕후(元敬王后)의 헌릉을 조성하면서 태종이 내린 지시를 지키지 않아서 생긴 것으로 보았다.

즉, 세종이 석실 개석을 하나의 돌로 쓰고자 하여 지신사(知申事) 원숙(元肅)을 시켜 태종에게 아뢰자 '운반하기도 어렵고, 죽은 이에게 유익할 것이 없다. 산 백성에게 해가 있으니, 쪼개서 쓰는 것만 같지 못하다.' 하고 친히 부석소인 안암동(安巖洞)에 가서 쪼개라고 명하고, 말씀하기를, '준수(遵守)의 여부(與否)는 우리 자손에게 있다. 자세히 기록하여 후세의 법으로 삼도록 전하라.'는 태종의 하교를 인용하여 비판하였다. 세종이 소헌왕후와 자신의 수릉을 조성하면서 무리하게 하나의 벽에 1개의 돌을 사용한 것이 전례가 되어 문종 현릉 조성과정에서 사고가 발생한 것으로 본 것이다.

현릉 조성과정에서 개석을 옮기다가 사망사고가 발생한 것은 수양대군에게 깊은 영향을 주었던 것으로 보인다. 그러나 사고가 발생하였더라도 석실에 사용할 돌은 새로 정한 현릉으로 운반되어야 했다. 마침 추수철이 되어 인력 조달에 문제가 있을 것으로 예상한 산릉도감은 이왕 부역 나온 자들을 돌려보내지 말고 관(官)에서 양료(糧料)를 주어 운반을 마친 뒤에 보내자는 청을 올렸던 것이다.[146)]

문종 현릉의 조성과정은 산릉도감 제조였던 정분(鄭苯)이 이듬해 2월 봉분이 무너져 내리는 변이 발생하자 올렸던 사직상서에 간략하게 잘 정리되어 있다. 정분은 산릉도감 제조로서 산릉의 온갖 일을 관장하여 힘써 직분을 다하였는데, 능소(陵所)가 일찍 정해지지 않아 7월 25일에 이르러서야 역사를 시작하게 되었다고 하였다. 그 이후 비가 그치지 않고, 날짜는 자꾸 지나가서 공역(工役)이 진척되지 못한 사정이 있었다. 그러한 가운데서도 정성을 다하여 석실 내외의 제도가 견고하고 치밀하게 되어, 진실로 유감이 없었다는 것을 대신(大臣)과 두 대군(大君)도 공역을 함께 감장(監掌)하여 알고 있었다. 능상(陵上)을 덮는 흙에 이르러서는 더욱 결함이 있을까 염려하여, 9월 초1일 현궁(玄宮)을 내린 뒤부터 24일에 이르기까지 자신이 1～2명의 제조(提調)와 더불어 공역을 감독하여 장정(壯丁)을 가려서 번(番)을 나누어 힘을 다해 축조하고, 쇠꼬챙이로 견고한지 아니한지를 시험한 연후에 차차 쌓아 올라갔다고 하였다. 낮과 밤을 가리지 않고 침식(寢食)을 폐하기도 하여, 어떤 사람은 너무 지나치다고까지 하였다는 것이다.[147]

여하튼 7월 25일부터 공역을 시작하여 9월 1일 현궁을 안장하고,[148] 24일 봉분까지 쌓아 올려 마무리하였던 것이다. 그 다음날 정분은 현릉의 극성(棘城: 소나무 숲)을 만드는 데에 3천 명이 필요한데, 황해도에 흉년이 들었다며 1천 명을 감하고자 하였다. 단종은 금년 가을에 중국과 조정의 사신이 여러 번 내왕하느라 지대(支待)하는 폐가 있었으므로 극성의 역사는 정지하고자 한다는 뜻으로 전교하여,[149] 다음 해로 넘겨진 것으로 보인다.

정분의 입장에서는 최선을 다해 현릉을 조성하였지만 대간의 탄핵을 피할 수는 없었을 것이다. 더구나 정분과 함께 일을 맡았던 김우묘(金雨畝)에게 수개하는 공역을 담당하게 하자 사헌부는 불가하다는 상소를 계속 올렸다. 그러나 단종은 다른 사람으로 대신하게 한다면, 일이 지체되고 늦어질 것이므로 부득이하게 맡게 한 것이라며 신자승의 주청을 일축하였다.[150] 사헌부에서는 계속하여 '구단(丘壇)을 무너뜨린 율[毁丘壇律]'을 쓰자고 주장하여[151] 결국 정분은 사직하였던 것이다.

문종의 현릉은 『세종실록오례의』의 국장절차에 따라 산릉이 조성되었으나 봉분의 석실은 『세종실록오례의』「치장」조에서 제시한 형태로 조성된 것은 아니었다. 문종은 왕세자 시절 3명의 세자빈을 맞았으나 첫 번째 세자빈은 일찍 죽었고, 두 번째 세자빈 봉씨는 폐출되었으며, 단종을 낳은 권씨는 세자빈 시절에 이미 서거하였다. 문종은 즉위 후에 권씨를 현덕왕후(顯德王后)로 추숭하고 경기도 안산군(安山郡)에 안장(安葬)하였던 무덤을 소릉으로 추봉하였다.[152] 문종은 즉위한 이후에도 왕비를 맞이하지 않았기 때문에 현릉을 단릉(單陵)으로 조성하였던 것으로 보인다.

〈그림 89〉 문종 현릉 봉분

〈그림 90〉 문종 현릉 배설 석물들

〈그림 91〉 문종왕비 현덕왕후 현릉 장명등과 석상

그리하여 세종이 구상하여 실행에 옮겨졌던 '동분이실'의 석실은 현존하지 않게 되었다. 유일하게 '동분이실'로 만들어졌던 영릉이 여주로 천장되면서 석실 대신 회격으로 바뀌면서 똑같은 형태가 불가능해졌기 때문이다. 문종의 현릉과 관련된 자료 가운데에는 제기, 악기, 인수용(人

獸俑), 무기(武器), 생활용기, 복완(服玩) 등 부장한 명기가 〈표 6〉과 같이 자세히 기록되어 있는데, 앞서 조성된 왕릉에도 그대로 부장하였을 가능성이 대단히 높다.

〈표 6〉 문종 현릉에 부장(副葬)한 명기(明器)

구분	물품
제기(祭器)류	3되[升]들이 소(筲: 대나무로 만든 그릇) 8개,[153] 3되[升]들이 와옹(瓦甕 옹기) 3개,[154] 3되[升]들이 와무(瓦甒; 술단지) 2개,[155] 와조(瓦龜) 2개, 와부(瓦釜) 2개, 와증(瓦甑) 1개, 와정(瓦鼎) 12개, 와준(瓦尊) 4개, 와병(瓦瓶) 1개, 포작(匏勺) 3개, 와작(瓦爵) 1개, 와잔(瓦盞) 3개, 변(籩) 12개, 두(豆) 12개, 와보(瓦簠) 2개, 와궤(瓦簋) 2개
악기(樂器)류	와특종(瓦特鍾) 1개, 와종(瓦鍾) 16개, 와특경(瓦特磬) 1개, 와경(瓦磬) 16개, 와훈(瓦壎) 1개, 지(篪) 1개, 금(琴) 1개, 슬(瑟) 1개, 생(笙) 1개, 우(羽) 1개, 관(管) 1개, 축(柷) 1개, 어(敔) 1개, 절고(節鼓) 1개, 우(羽) 1개, 약(籥) 1개, 간(干) 1개, 척(戚) 1개, 와방향(瓦方響) 16개, 적(笛) 1개, 퉁소(洞簫) 1개, 필률(篳篥) 1개, 아쟁(牙箏) 1개, 대쟁(大箏) 1개, 비파(琵琶) 1개, 교방고(教坊鼓) 1개, 박(拍) 1개, 장고(杖鼓) 1개, 향(鄕)필률 1개, 대금(大笒) 1개, 향비파(鄕琵琶) 1개, 현금(玄琴) 1개, 가야금(伽倻琴) 1개
인수용(人獸俑)류	목공인(木工人) 33명, 목가인(木歌人) 8명, 목노비(木奴婢) 각 50개, 목안마(木鞍馬) 2개, 목산마(木散馬) 2개
무기(武器)류	동궁(彤弓) 1개, 동시(彤矢) 8개, 착(窄) 1개, 갑옷[甲] 1개, 투구[胄] 1개, 간(干) 1개, 과(戈) 1개
생활용기류	향로(香爐) 1개, 향합(香合) 1개, 식안(食案) 1개, 와반발(瓦飯鉢) 1개, 와시접(瓦匙楪) 1개, 와갱접(瓦羹楪) 1개, 와찬접(瓦饌楪) 9개, 와적접(瓦炙楪) 1개, 와소채포해접(瓦蔬菜脯醢楪) 12개, 식탁 1개, 숟가락[匙] 1개, 젓가락[筯] 1개, 개(蓋) 1개, 궤(几) 1개, 장(杖) 1개, 관반(盥槃) 1개, 세수대야[盥匜] 1개, 타우(唾盂) 1개, 혼병(溷瓶) 1개, 수기(溲器) 1개
복완(服玩)류	증백(贈帛),[156] 증옥(贈玉) 1단(段),[157] 면(冕),[158] 규(圭),[159] 청의(青衣),[160] 훈상(纁裳),[161] 중단(中單),[162] 폐슬(蔽膝),[163] 옥패(玉珮),[164] 수(綬),[165] 대대(大帶),[166] 적석(赤舃),[167] 홍말(紅襪),[168] 태의(苔衣) 1벌,[169] 수건 1개,[170]거울[鏡] 1개,[171] 자개빗집[螺鈿梳函] 1개,[172] 토등상(土藤箱) 1개,[173] 주칠 간자(朱柒竿子) 3개[174]

제5절
세조 광릉의 조성과 현궁제도의 변경

1. 세조 광릉의 조성과 회격의 도입

조선시대 능묘에서 회격(灰隔)의 사용에 대한 논의는 태종대부터 시작되었다. 고려조(高麗朝)의 법으로는 예장(禮葬)하는 대신(大臣)의 무덤을 석실로 만들었으나, 예전(禮典)에도 없고 폐단이 있으니 『주자가례』에 따라 회격을 쓰게 하자는 의정부의 주청이 있었던 것이다.[175] 우선 예장하는 묘소부터 회격을 사용하자는 의정부의 건의를 태종이 받아들임으로써 회격 묘가 조성되기 시작하였던 것이다. 그러나 회격에 대한 선호도가 낮아서인지 잘 지켜지지 않았던 것 같다. 그래서 태종은 태조의 조카이자 개국공신이었던 완산부원군(完山府院君) 이천우(李天祐)가 1417년 사망하자 그의 장례에 회격을 쓰도록 한데 이어서 1418년 1월 종친(宗親) 이하의 예장에 석실을 없애고 회격을 쓰라는 명을 내렸다.[176] 이로부터 예장하는 묘소는 대부분 회격으로 조성되었을 것으로 보인다.

태종은 더 나아가서 왕릉의 능실까지 회격으로 조성하는 방법을 검토하였던 것 같다.[177] 1408년 태조의 건원릉을 조성하는 과정에서 회격에 대한 논의가 활발하였던 것은 태종의 의중이 반영된 것이기 때문이다. 그러나 조선을 개국한 태조의 왕릉을 조성하는 상징성으로 인해 태종은 석실과 회격 사이에서 쉽게 결정하지 못하였고 세자(世子: 양녕대군)에게 명하여 종묘에 나아가 점[柱]을 치게 한 뒤 석실로 결정하였었다.

하지만 태종의 회격 사용 의지는 비교적 강했던 것으로 보인다. 1410년 경원에 있던 덕릉(德陵)과 안릉(安陵)을 함흥으로 개장(改葬)할 때 왕릉제도를 검토하였는데, 하윤(河崙) · 성석린(成石璘) · 조영무(趙英茂) 등은 쌍분(雙墳)으로 만들어 왕과 왕비가 지극하면서도 분별이 있는 뜻을 보이자는 의견이었고, 이숙번(李叔蕃)은 한 혈(穴)에 함께 장사하여 안에는 회격을 두고 밖에는 한 능을 만드는 것이 타당하다는 의견을 올리기도 하였다.[178] 결국 두 의견이 절충되어 능실은 회격으로 만들고, 봉분은 쌍릉으로 조성하되 서편에 덕릉을 두고 동편에 안릉을 두었다.[179] 추존왕릉이긴 하지만 회격으로 조성된 최초의 왕릉이 조성됨으로써 전례(前例)가 갖추어진 것이다.

이와 같이 태종은 회격사용에 대한 의지를 가지고는 있었으나 정작 후릉과 헌릉을 석실로 만들었다는 점에서 분명한 한계가 있었다.[180] 상왕으로 물러난 태종은 후릉과 원경왕후 헌릉의 조성과정에서 제릉과 건원릉의 전례에 따라 석실을 조성하였고, 세종은 그 과정을 지켜보면서 지금까지의 석실을 보다 발전시켜 석실로 합릉하는 새로운 왕릉제도까지 생각해 내었다. 세종은 원경왕후와 태종의 헌릉을 쌍릉의 석실로 조성한데 이어서 소헌왕후와 자신의 왕릉을 하나의 봉분에 합장한 석실구조로 만든 것이다. 이 방법은 『세종실록오례의』 「치장」에 정리됨으로써 후대에 조성되는 왕릉은 이에 따르는 것이 일반적인 방향이 될 수밖에 없었다.

즉, 왕릉에서 회격에 의한 능실의 조성방법은 채택되기 어려운 상황이 된 것이다. 왕릉이라는 상징성으로 인해 신하들의 입장에서 능실제도를 변경하자는 주청을 올리는 것은 대단히 어려운 것이 사실이다. 더구나 세종이 직접 석실조성방법까지 새로 만든 상황에서 다른 방법을 제안하는 것은 더욱 어려운 일이었기 때문이다.

그러나 태종대에 회격을 왕릉에까지 확대하여 사용하려는 논의와 시도가 있었다는 것은 후일 세조가 자신의 왕릉에 회격의 사용을 유명(遺命)으로 남긴 것과 무관하지 않은 것으로 보인다. 세조가 자신의 왕릉을 회격으로 조성하라는 유명을 한 사실을 이해하기 위해서는 몇 가지 사항을 고려해 보아야 한다.

첫째, 세조가 어린 단종을 대신하여 문종 현릉의 조성을 주도하였는데, 석실을 조성하기 위해서 큰 규모의 돌을 운반하다가 사망사고까지 일어났었다는 점을 고려하여야 한다. 세조는 문종의 현릉 조성에 주도적으로 참여하였기 때문에 왕릉을 석실로 만들게 되면 여러 폐해가 있다는 것을 잘 알고 있었다. 실제 왕릉 공역으로 인해 막대한 비용의 지출은 물론이고 많은 백성을 동원하여 돌을 운반하다가 인명피해가 발생할 수도 있으며, 민전(民田)에 피해를 입히거나 시기를 놓쳐 한해 농사를 망칠 수도 있는 경우도 있었다.

둘째, 세조는 1457년 서거한 의경세자(懿敬世子)의 묘를 조성하는 과정에서 회격사용에 대하여 신하들과 논의를 한 적이 있었다.[181] 이 자리에서 지중추원사 박강(朴薑)은 나무뿌리의 침입을 막기 위해 회격을 쓰는 것인데 이를 견고하게 쌓지 않아서 물이 새게 되면, 그 물이 유적(留積)되어 습기를 이루게 될 가능성이 있다며 조심스런 태도를 보였다. 의경세자의 묘지를 선정하기 위해 많은 후보지를 직접 점검하기까지 하였던 세조는 회격의 사용에 대해 신중한 검토를 하였으나 결국 석실로 의경세자묘를 조성하였다.[182] 이때 세조는 봉분의 사대석(莎臺石: 병풍석)과 석난간(石闌干), 삼면석(三面石: 곡장) 및 삼개체(三階砌)를 설치하지 않아 왕릉과 구분을 하였다.

셋째, 세조의 즉위과정이 유교적 명분론에서 볼 때 매우 취약하였다는 점을 생각해 보아야 한다. 『주자가례』에 따른 사회질서를 추구한 조선사회에서 '계유정난'을 일으켜 선왕의 충신들을 몰살하고, 비록 금상(今上) 단종의 선위(禪位)라는 형식을 갖췄으나 사실상 국왕을 폐위시키고 즉위한 후, 단종을 죽인 세조의 행위는 비난의 대상이었다. 유교 명분론에 충실한 사육신(死六臣)과 생육신(生六臣)으로 대표되는 반대세력이 상존하고 있었던 것이다. 그래서 세조는 독실한 불교신자가 되었으나 조선사회의 건국이념인 유교를 부정할 수는 없었다.

그러한 상태에서 세조는 즉위과정이 자신과 비슷한 태종에게서 자신의 정통성을 찾았던 것 같다. 왕릉에서 회격의 사용을 적극적으로 검토하였던 태종의 뜻을 계승한다는 의미와 함께 자신도 『주자가례』를 따르고자 한다는 점을 과시할 사업이 필요하였던 것이다. 그러나 세종의 충신을 제거한 세조이기 때문에 자기 생전에 아무리 강조해도 세조를 믿지 못하는 신하들이 있는 한 효과가 없었을 것이었다. 그래서 세조는 세종이 마련한 석실제도 대신 『주자가례』에 따라 자신의 왕릉을 회격으로 조성하면 자신의 진정성을 조금이라도 드러낼 수 있을 것으로 생각하였을 것이다. 따라서 세조는 유언의 형태로 회격을 사용하여 왕릉을 조성하게 하였던 것인데, 예종이 이를 잘 수행함으로써 왕릉에서도 회격을 도입하게 된 것이라고 할 수 있다.[183]

2. 회격의 정착과 『국조오례의』「치장」조

회격사용의 풍수적 근거는 호순신(胡舜申)의 기혈론(基穴論)으로서 "전실(磚室)을 만들면서 밑바닥에 벽돌[甃]을 쓰지 않으면 지기(地氣)가 통하게 되고, 수맥(水脈)이 새어 나가게 되며, 관(棺)을 달아서 내리면 땅을 넓게 허물지 않아서 그 기운을 아낄 수 있다."는 것이었다. 그리고 『주자가례』에서 제시된 회격설을 보면, "회(灰)는 나무뿌리를 막고 물과 개미를 방지한다. 석회는 모래를 얻으면 단단해지고, 흙을 얻으면 들러붙어서, 여러 해가 되면 굳어져서 전석(塼石)이 되어, 개미와 도적이 모두 가까이 오지 못한다."라고 하였다. 『주자가례』를 받아들인 조선에서는 모래와 석회로 격지(隔地)를 만들어서 세월이 오래가면 전석이 되고, 그대로 석실(石室)이 된다는 뜻으로 해석하였다.

회격의 주재료인 석회에 대한 『천공개물』의 설명을 보면, "석회는 불로 태워서 만들어진 것이며, 석회질(石灰質)이 형성되면 물에 넣어도 영원히 변질되어 파괴되지 않는다. 수많은 배나 많은 담벽 등의 틈은 반드시 석회로 메워 물이 스며드는 것을 막는다."고 하였다. 석회는 변질되지 않고 방수재로도 쓰이는 것으로 인식되고 있는 것이다. 석회석이 주재료인데 청색이 가장 좋고, 황백색이 그 다음으로 좋은데 표면이 풍화된 것은 쓸모가 없다고 하였다.[184]

세조의 유교(遺敎)는 지나치게 사치하고 제한(制限)을 넘어 장사(葬事)를 치루는 풍조에 대해 왕실에서부터 검소한 덕을 밝히려는 뜻으로 받아들여졌다. 이에 따라 1468년 예종은 광릉(光陵)을 회격으로 만들도록 하였으며 봉분 주위에 두르는 병풍석을 생략하였다. 같은 시기에 여주로 천장한 세종의 영릉(英陵)과 1469년 예종 서거에 따라 조성된 창릉(昌陵) 역시 광릉의 제도를 따르게 되어 조선왕릉의 능실조성 제도로 정착되었다.

그런데, 1474년(성종 5)에 반포된 『국조오례의』「치장」조는 『세종실록오례의』를 토대로 여러 해 동안 심도 깊은 논의를 거쳤음에도 『세종실록오례의』의 내용이 거의 그대로 옮겨졌다. 즉, 왕릉의 봉분을 석실에서 회격으로 변경한 상태임에도 불구하고, 석실제도를 그대로 기록하였던 것이다.[185] 그것은 회격이 왕릉에서 사용되고 있으나 아직까지 예제(禮

制)적으로 확정된 것은 아니라는 의미로도 보인다. 『국조오례의』에 능실을 석실로 규정함으로써 회격은 세조의 유명에 따라 일시적으로 사용한 것으로 치부되고, 향후 다시 석실로 회귀할 수도 있기 때문이다.

그러나 1483년 정희왕후 광릉을 조성할 때 많은 논의과정에서 세조 광릉과 같이 회격으로 조성하기로 함에 따라 조선왕릉에서 회격의 사용이 정착되게 되었다. 따라서 『국조오례의』의 석실조성에 관한 부분은 유명무실한 조항이 되었다. 그 이후 회격으로 능실을 조성하면서도 이에 대한 예제적인 정비는 18세기에 가서야 이루어졌다. 영조 때에 편찬된 것으로 보이는 『국조오례의고이』에 숙종의 특명으로 석실과 병풍석을 영구히 사용하지 않는 것으로 기록되어 있으며,[186] 1758년(영조 34) 편찬된 『국조상례보편』에서 능실을 회격으로 조성한다고 기록함으로써 예제적으로 확정되었다.

『천공개물』에서는 묘나 저수지를 만들 때, 석회 1 : 강모래와 황토 2의 비율로 섞고 여기에 찹쌀풀과 중국다래 즙을 잘 섞어서 사용하면 때려 다지지 않더라도 견고해져서 오래도록 무너지지 않는데 이런 흙을 삼화토(三和土)라고 부른다고 하였다. 중국의 온주, 대주, 복주, 광주 등 돌로 석회를 만들 수 없는 해안 지방에서는 그곳에 있는 천연의 굴 껍데기로 이를 대신할 수 있다고 하였다. 조선에서는 이를 삼물(三物)이라 부르는데, 석회 · 황토 · 세사를 3:1:1의 비율로 사용하였다.[187] 회격에 의한 능실의 조성방법은 다음과 같은 순서로 진행된다.

① 재궁을 안치할 자리가 정해지면 옹가(甕家)를 세우고 남쪽 출입구에 수도각(隧道閣)을 연이어 세운다. 곧이어 금정기(金井機)를 놓고 주변을 황토로 채워 다지며 금정기 가운데에서 여러 차례에 걸쳐 채취한 진토(眞土)를 임금에게 보내 확인한 뒤, 광중의 네 벽과 바닥을 고

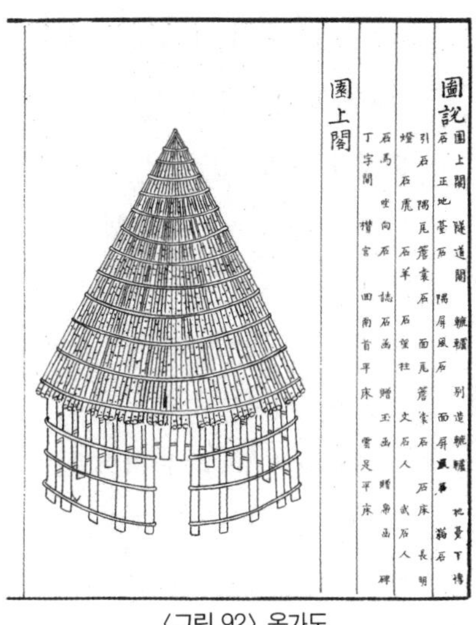

〈그림 92〉 옹가도

르게 다듬은 후 삼물로 땅을 다져 나간다.

② 외재궁이 도착하면 광중에 안치하고 북 · 서 · 동 3면에 방회(傍灰)를 다진다. 횡대판 윗면까지 한 번에 6촌(寸)을 깔아 3촌이 될 때까지 12차에 걸쳐 다져 쌓고, 천장에 해당하는 천회(天灰) 역시 6촌을 깔아 3촌이 될 때까지 5차에 걸쳐 다지기를 금정기 아래 귀퉁이까지 하였다. 삼물 다지기를 마치면 금정기를 철거하고 가마솥을 엎어놓은 형태로 삼물을 5차에 걸쳐 다져 쌓아 봉분의 모양을 갖춘다.

③ 병풍석을 놓을 자리에 하전석(下磚石)을 깔고, 그 위에 정지대석(正地臺石)과 병풍석(屛風石)을 배치한다. 이때까지는 아직 전면이 비워져 있기 때문에 무너질 염려가 있으므로 목재와 칡덩쿨로 단단히 묶어 안전장치를 한 후, 전면을 제외한 북 · 서 · 동쪽을 먼저 반월(半月)모양의 봉분을 만드는 작업을 시작한다.

④ 정지대석과 병풍석 안쪽으로 삼물에 진흙까지 섞어 바른 후 병풍석 상단까지 황토를 깔고 다진다. 이 작업이 끝난 후 병풍석 위에 만석(滿石)을 놓고 인석(引石)으로 고정한 다음 삼물과 진흙을 섞어 바른 후 그 위에 다시 5차에 걸쳐 흙으로 덮고 다지면서 반월분(半月墳)을 완성한다.

⑤ 퇴광(退壙)을 파기 위해 금정기를 설치하고 수직으로 파내려 간다. 현궁을 안치하는 연습을 하고 석상하전석 아래에 지석(誌石)을 묻는다.

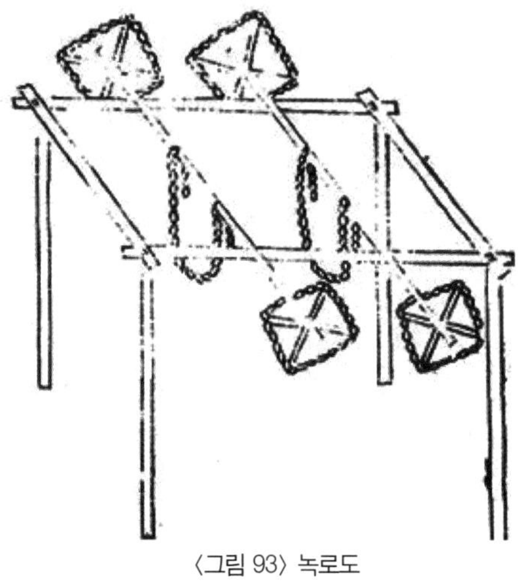

〈그림 93〉 녹로도

광중 위에 구봉기(抅捧機)를 설치하고 녹로를 준비하며, 광중에 윤여(輪輿)를 안치하여 현궁을 맞이할 준비를 한다. 잡다한 기구들을 치우고, 수도각 전면에 싸리 울타리를 엮고 반월분 와첨상석을 설치한다. 주변 정리를 마치고 대여(大輿)를 맞이하면 광중 위에 큰 널빤지 2개를 설치하고 그 위에 별녹로기(別轆轤機)를 설치한다. 정해진 시각에 찬궁(攢宮)을 열고 녹로와 별녹로를 이용하여 윤여 위에 내재궁(內梓宮)을 내린 후 별녹로와 내왕판(來往板)을 철거한다.

⑥ 정해진 시각에 내재궁을 현궁문으로 들여보내고, 외재궁 안에 설치한 기구와 윤여를 제거한다. 다음으로 증옥(贈玉)과 증백(贈帛)을 올리고 외재궁 하우판을 닫는다. 의식 절차를 진행한 후 나머지 공사를 진행한다.

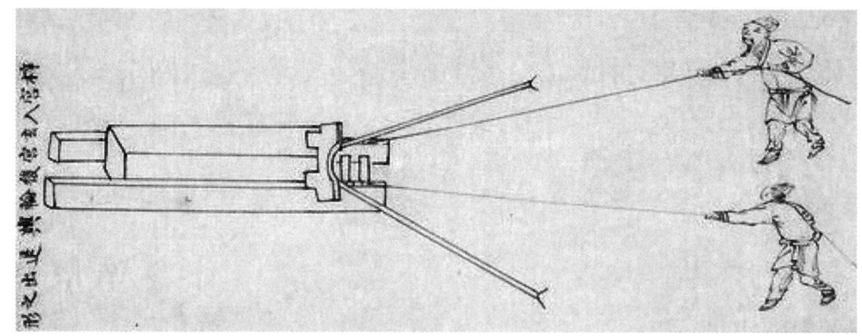

〈그림 94〉 윤여도

⑦ 전면에 격판(隔板)을 설치하고 13차에 걸쳐 원침의 나머지 부분에 대한 삼물회 다지기를 한다. 퇴광에 각종 석함(石函)을 배치한 뒤 책임자[왕 혹은 도제조]가 지켜보는 가운데 다시 삼물회 다지기를 쉬지 않고 진행한 후 구봉기와 금정기를 제거한다.

⑧ 능침 전면(前面)의 정지대석과 병풍석을 채워 넣은 뒤 삼물니회로 마감한 후 황토를 깔고 다진다. 나머지 만석과 인석을 설치하고 삼물과 황토를 다져서 봉분을 완성해 나가는 한편, 수도각을 철거하고 석양과 석호를 설치한다. 그리고 봉분 형태를 완성한 후 사초(莎草: 잔디)를 입히고, 와첨상석과 난간석을 설치한다.

왕릉의 매장공간을 석실에서 회격으로 바꾼 것은 대단히 중요한 상징적 의미가 있다. 조선 건국 초에 고려의 왕릉제도를 계승하여 능실에 석실을 설치하다가 회격을 연구하기 시작하여 세조 때부터는 석실 대신 회격을 채용함으로써 조선 왕실이 『주자가례』의 실천을 솔선수범한 실질적 사례가 되기 때문이다. 게다가 회격을 사용하던 초기에는 병풍석까지 설치하지 않아 비용과 동원인력을 절감하였다. 그래서 왕릉이 너무 초라해 보일 지경에 이르자 석양, 석호, 석마 등의 의장 석물은 왕릉에서만 설치할 수 있게 법제화하였다. 이처럼 왕실의 회격 사용은 성리학적 신분질서를 분묘에까지 확대 적용한 결과인 것이다.

제4장

조선왕릉의 석물과 시설물

제1절 | 능침구조와 봉분시설

제2절 | 능상의 석물상설

제3절 | 제향관련 시설물의 설치

제4절 | 왕릉의 부속시설

세종 영릉 석인과 석마

제1절
능침구조와 봉분시설

1. 현궁의 변화와 병풍석의 치폐

조선왕릉의 능침은 땅을 깊이 파낸 후 지하공간에 왕의 시신을 모시는 현궁(玄宮: 무덤 방)을 만든 뒤 장례일에 재궁(梓宮: 관)을 안장하게 된다. 그 위에 봉분을 조성하게 되는데 1차로 삼물(三物)을 다져 쌓은 뒤에 2차로 흙을 높이 쌓아 올려 조성한다. 봉분만 쌓아 올리게 되면 무너질 우려가 있으므로 이를 방지하기 위해 잔디를 심고, 봉분의 하단 가장자리에 설치하는 것이 병풍석(屛風石)이다.

병풍석은 호석(護石), 사대석(莎臺石)이라고도 하며, 그 기원은 통일신라시대 왕릉에서 찾을 수 있다. 적석목곽분의 전통을 가진 신라는 신문왕(재위 681~692)의 왕릉에 처음으로 외부로 노출된 호석을 갖추었고,[1] 성덕왕릉(재위 702~737)에서 한 단계 발전된 형태가 나타난다. 경덕왕(재위 742~765)이 조성한 성덕왕릉에는 난간석이 세워지고, 호석과 난간석 사이에 치맛돌[裳石]을 깔았으며, 호석에 12지 신상(神像)을 환조(丸彫)로 만들어 세웠다. 또한 외호석물로 석사자(石獅子)를 4방에 놓았으며 옹중석(翁仲石)이라 불리는 석인과 비석까지 마련하는 등 당나라의 영향을 받아들인 새로운 왕릉제도를 선보였다. 그러한 외면적 변화는 시신을 안치하는 방법의 변화도 있었다는 것을 유추할 수 있는데, 이 무렵

목곽이 석실로 바뀌었던 것이다.

그 후 경덕왕릉은 병풍석이 벌어지는 것을 방지하는 만석(滿石)이 더욱 정교하게 시설되었고, 36각의 모퉁이 돌[隅石]에 12지 신상을 새겼다. 경덕왕릉의 병풍석 구조는 이후에 조성되는 왕릉의 전형을 이루게 되는데, 원성왕릉[괘릉]에서 보다 세련된 12지 신상이 만들어졌으며, 헌덕왕릉과 흥덕왕릉에도 조각되어 호석의 장식으로 정착되었다.

〈그림 95〉 경덕왕릉 호석과 난간석

〈그림 96〉 흥덕왕릉 호석과 난간석

8세기에 정착된 통일신라의 병풍석 구조는 고려왕릉에도 계승되어 태조 현릉의 봉분은 거의 유사한 형태로 만들어졌다. 현재 가장 완벽하게 남아 있는 고려왕릉은 공민왕과 노국대장공주의 현릉과 정릉[이하 공민왕릉이라 약칭한다]이다. 공민왕릉의 봉분에는 만석 위에 인석(引石)을 추가하였는데, 인석은 만석과 만석이 만나는 지점에 벌어지는 것을 방지하기 위한 고정장치로 꽉 물려서 끼우게 되어 있다. 인석이 설치됨으로써 공민왕릉의 봉분은 구조적으로 보다 완벽한 형태를 갖추게 된 것이다. 공민왕릉은 지대석을 2중으로 깔아 봉분이 한층 높아 보이도록 하였는데, 매우 정교하게 맞물려 시설되었다. 빗물이 지하 석실로 스며드는 것을 방지하기 위한 조치였다.

공민왕릉의 병풍석 구조는 조선왕릉에도 그대로 채용되었으나 전시기에 공통적으로 시설된 것은 아니다. 조선초기 왕릉은 능침공간을 석실로 조성하다가 세조 광릉에서부터 회격(灰隔)으로 만들게 됨으로써 봉분의 형태도 변화를 하였던 것이다. 그래서 재궁을 안치하는 공간과 지표에 드러나는 봉분의 조합에 따라 4시기로 구분할 수 있다.

〈그림 97〉 연도로 옮겨진 태조 현릉 병풍석

〈그림 98〉 공민왕릉 병풍석과 난간석

제1기는 석실로 된 능침공간 위에 병풍석과 난간석을 설치한 왕릉으로서 문종 현릉(1452년)까지 해당된다. 태조에 의해 추존된 북도 8릉과 제릉(齊陵)을 비롯하여 건원릉, 정릉(貞陵), 후릉, 헌릉, 현릉(문종의 봉분)까지 거의 동일한 모습을 보이고 있다.[2] 공민왕릉 봉분의 구조와 형태를 계승하여 병풍석 면석에 화려한 구름문양을 바탕으로 문신의 복장을 하고 얼굴도 사람의 모습을 한 도인(道人)을 조각하면서 모자 부분에 12지에 해당하는 동물을 아주 간략하게 표현하였다. 우석에는 불교의례에 사용되는 영저(靈杵)와 영탁(靈鐸) 문양이 좌우로 장식되어 있다. 다만『세종실록』「오례의」의 조성방법에 따라 만들어진 현릉은 병풍석의 남쪽에 위치한 우석에만 영저와 영탁을 새기고 나머지는 구름문양만을 조각하였고, 우석 모서리에 인석을 받치는 받침석을 놓았다.

제2기는 현궁을 석실 대신 회격으로 조성한 뒤에 봉분에서 병풍석을

〈그림 99〉 건원릉 병풍석-면석

〈그림 100〉 건원릉 병풍석-우석

제거하고 난간석만 설치한 시기이다. 이러한 변화는 세조(世祖)가 왕릉 제도를 석실에서 회격으로 바꾸고 병풍석까지 쓰지 말라는 유언을 내렸고, 이를 예종이 실천함으로써 가능하게 되었다. 시신을 안치하는 공간인 석실은 단단한 화강암으로 이루어져 있어서 구조적인 안정성을 갖추고 있었다. 그러나 회격은 아무리 삼물(三物)을 잘 다져서 단단하게 만든다 하더라도 많은 양의 돌과 흙으로 이루어진 봉분의 무게를 견딜 수 있을지 자신할 수 없는 상황이 된 것이다. 따라서 회격으로 조성한 광(壙) 위에 놓이는 하중(荷重)을 대폭 줄이는 방법으로 문제를 해결하는 과정에서 병풍석을 제거하고 봉분의 높이를 낮췄던 것으로 보인다. 그리하여 1468년 세조의 광릉은 물론이고, 예종 때 여주로 옮긴 세종의 영릉(1469년), 예종의 창릉(1469년), 성종비 공혜왕후 순릉(1474년), 1483년 정희왕후를 모신 광릉까지 병풍석이 설치되지 않았고 봉분을 낮게 시설하였다.

제3기는 현궁을 회격으로 만들고 병풍석과 난간석이 함께 설치된 시기이다. 예종과 성종 초반에 회격으로 조성한 왕릉에서 20여 년이 지나도록 봉분구조 자체에 큰 변고가 발생하지 않았다. 삼물 위에 심은 사초

〈그림 101〉 세조 광릉 봉분과 난간석

〈그림 102〉 정희왕후 광릉 봉분과 난간석

(莎草: 잔디)가 뿌리를 내리지 못한 광릉에서 봉토의 흙이 빗물에 무너져 내리는 일이 간혹 발생하였을 뿐이었다. 이에 서거정은 병풍석이 있는 능에는 이러한 문제가 없으니 다음에 조성될 왕릉은 병풍석을 설치하자는 의견을 제기하였다.[3] 그 후 성종의 산릉 조성과정에서 사대석만 만들자는 윤필상과 노사신의 주청을 연산군이 받아들임으로써 회격 위에 병풍석을 만드는 방법으로 전환되게 된다. 그리하여 성종 선릉(1495년), 중종 정릉(1544년), 인종 효릉(1545년), 명종 강릉(1567년), 선조 목릉(1608년), 인조 장릉(1649년), 천장하기 전의 효종 영릉(1659년)까지 병풍석과 난간석을 함께 시설하게 된다. 이 시기에 조성된 병풍석에는 면석의 인물상이 계속 조각되었으나 우석의 문양이 구름문양으로 완전히 바뀌었다. 또한 방위를 표지하던 인물상 모자 부분의 조각이 불분명하게 표현될 수밖에 없자 12지를 한자(漢字)로 만석에 각자하는 형태도 나타난다.

그런데, 이 시기에 왕비만을 모시기 위해 조성된 왕후의 봉분에서는 왕의 능과 차이가 나타난다. 왕후의 능은 중종의 제1계비 장경왕후 희릉(1515년), 제2계비 문정왕후 태릉(1565년)이 있고, 동원이강(同原異岡)으

〈그림 103〉 명종 강릉 병풍석과 난간석

〈그림 104〉 선조 목릉 병풍석과 난간석

로 조성된 소혜왕후 경릉(1504년), 성종비 정현왕후(1530년), 선조 목릉의 의인왕후(1600년)와 인목왕후(1632년) 등이 있으며, 인종비 인성왕후(1577년)와 명종비 인순왕후(1575년)의 봉분은 각각 효릉과 강릉에 합릉(合陵)하여 쌍분으로 조성되었다. 이들 왕후릉 가운데 병풍석을 갖춘 곳은 문정왕후 태릉과 강릉 인순왕후 봉분이 있을 뿐이고, 대부분의 왕후릉에 병풍석을 설치하지 않았던 것이다. 그 이유는 두 가지로 생각해 볼 수 있다.

첫째, 왕비의 봉분에 병풍석을 설치하는 문제는 세조비 정희왕후의 산릉조성 때에 제기되었었다. 그러나 세조의 왕비이기 때문에 세조의 유명에 따라야 하는데, 세조 능에도 병풍석이 없으니 설치하면 안 된다는 주장이 우세하여 설치되지 않았다. 이때부터 왕후릉에 병풍석이 설치되지 않는 전례(前例)가 만들어진 것이라 할 수 있다.

둘째, 당시 조선은 종법(宗法)을 시행하여 가부장적 사회질서가 확립되어 가는 시기였다. 그러한 사회분위기가 반영되어 왕과 왕비의 봉분에 차이를 둔 것으로 볼 수 있다. 병풍석을 설치한 태릉의 경우는 문정왕후

〈그림 105〉 의인왕후 목릉 전경

〈그림 106〉 문정왕후 태릉 병풍석과 난간석

가 명종을 대신하여 오랜 기간 수렴청정을 함으로써 '여제(女帝)'에 비유되었기 때문에 명종에 의해 특별히 병풍석을 설치한 것이었다. 인순왕후는 선조의 왕위계승에 결정적인 역할을 하였기 때문에 선조가 인순왕후를 강릉에 합릉하면서 태릉을 모범으로 삼아 병풍석을 설치하였던 것이다. 다만 인순왕후의 봉분과 병풍석의 높이를 명종의 봉분에 비해 낮추어 사회분위기를 반영하였다. 따라서 제3기에 조성된 왕의 능은 병풍석과 난간석을 함께 갖추고 왕후의 능은 난간석만 갖추는 방식으로 조성되었던 것이다.

제4기는 1674년 효종 영릉(寧陵)을 여주로 천장하면서부터 다시 병풍석을 제거하고 난간석만 설치한 시기이다. 천장된 효종 영릉이 전례가 된 것인데, 검소한 왕릉을 만든 광릉과 영릉(英陵)을 본받아야 한다는 신하들의 의견을 현종이 받아들였던 것이다.[4] 당시 민유중(閔維重)은 "광릉과 영릉에는 병풍석을 설치하지 않았는데 제도가 매우 좋을 뿐만 아니라 비록 천만 년이 가더라도 반드시 걱정이 없을 것이 보장되고, 신릉(新陵)은 영릉과 같은 산 안에 썼으니 의물(儀物)도 영릉과 다르게 해서는 안 된

〈그림 107〉 효종 영릉 전경

〈그림 108〉 인조 장릉 봉분 전경

〈그림 109〉 현륭원(융릉) 병풍석

다."고 주장하였다. 이에 따라 조성된 효종 영릉은 이후 왕릉 조성의 모범이 되어 왕의 왕릉에서도 난간석만 설치하게 되었다.

인조 장릉(長陵)의 경우 1731년 천릉하면서 인렬왕후와 하나의 봉분에 합릉하였고, 조성 당시에 이미 병풍석이 설치되어 있었던 왕릉이기 때문에 병풍석을 다시 만들어 설치하였다.[5] 추봉(追封)된 융릉의 경우는 1789년 현륭원으로 조성할 때 병풍석을 설치한 것이기 때문에[6] 예외라 할 수 없다. 그 후 병풍석은 다시 등장하지 않다가 대한제국기에 조성된

고종의 홍릉과 일제강점기에 조성된 순종의 유릉에서 다시 시설되었다.7)

위와 같이 능침공간의 구조 변화는 병풍석의 설치와 밀접한 관련을 가지고 있으며, 각 시기별로 다른 형태를 보이고 있다. 그래서 어느 시기의 형태가 '조선왕릉의 모범' 이라고 이야기 할 수 없을 정도이다. 제1기가 공민왕릉을 계승한 시기라면, 제2기는 조선적 변모를 모색하였던 시기이다. 제3기는 왕과 왕후의 봉분에 차별을 두다가 제4기가 되어서 회격으로 조성한 왕릉에 난간석만 시설하는 왕릉조성 방식이 정착하게 된 것이라 할 수 있다.

〈그림 110〉 고종 홍릉 병풍석과 난간석

〈그림 111〉 순종 유릉 능상 전경

2. 난간석과 곡장의 설치

조선왕릉의 난간석 역시 공민왕릉 난간석을 모범으로 하여 만들어졌으나 약간의 형태적 변화를 주었다. 정릉(貞陵)과 건원릉의 난간석 돌기둥[석주] 상단을 원수(圓首)형으로 바꾸고, 지대석과의 조립 방식도 지대석 사이에 끼우지 않고 치맛돌에 구멍을 뚫어 시설함으로써 더욱 견고해졌다. 이후 건원릉의 난간석 형태가 조선왕릉의 전형이 되었다.

난간석은 봉분이 하나만 있는 경우 12개의 석주와 12개의 동자석주, 24개(후기에는 12개)의 죽석(竹石)으로 구성되어 12개 면이 만들어진다. 봉분 2개가 함께 있는 경우는 난간석을 이어 붙이는데 대개 2개 면을 합치게 된다. 병풍석을 설치하지 않은 제2기 왕릉의 경우 병풍석에 표시하던 12지 신상을 난간석 돌기둥에 조각하기도 하였고, 제4기 왕릉에서는 12지 방위를 한자로 난간석에 표기하였다. 병풍석을 시설하지 않은 왕릉에서 봉분을 장엄하는 구조물은 난간석이 유일하게 된 것이다.

그럼에도 불구하고 추존된 왕과 왕후, 복위된 왕과 왕후의 능에는 난간석을 배설하지 않았다. 그 이유는 서거 당시의 신분이 왕(혹은 왕비)이 아니었던 상황이 가장 큰 이유였을 것이다. 추존과 복위된 경우 무덤이 있었던 자리에 가봉(加封)하는 경우가 대부분인데, 병풍석이나 난간석을 시설하게 되면 봉분을 파헤쳐서 지반을 다져야 하는 문제가 있었기 때문이다. 1634년(인조 12) 인조는 장릉(章陵)을 가봉하면서 "만약 난간석을 추가로 배설한다면 현궁(玄宮)에서 아주 가까운 곳에 땅을 다져 쌓아야만 하니, 온당치 않을 듯하다."며 배설하지 말라고 명하였다.[8] 왕과 왕비로 추존된 이상 함부로 무덤 주변에 손상을 주는 공역을 하지 않는 것이

〈그림 112〉 원종 장릉 봉분

〈그림 113〉 단종 장릉 봉분

보다 합리적인 결정이었을 것이다.

왕릉의 봉분은 곡장(曲墻)이라 명칭하는 울타리에 의해 보호된다. 곡장이 언제부터 왕릉에 시설되었는지는 확실하지 않지만 봉분을 보호하기 위한 시설은 강화도의 고려왕릉에서도 확인된다. 조선왕릉의 모범이 된 공민왕릉은 산 중턱 경사지에 조성되었기 때문에 3면에 석축을 쌓아 봉분을 보호하였다. 즉, 왕릉을 경사진 곳에 마련하였기 때문에 토사가 흘러내려 봉분을 덮치는 불상사를 예방하기 위해 설치한 석축이 곡장의 원형이라 할 수 있다.

조선왕릉도 처음에는 공민왕릉의 석축과 같이 3면에 '冂'형으로 담장을 조성하였던 것으로 보인다. 조선 건국 이후 왕릉으로 추봉된 북도 8릉의 곡장은 공민왕릉과 같이 3면에 담장을 쌓은 형태를 보이고 있기 때문이다.[9] 세종은 소헌왕후의 산릉을 조성하면서 능실의 제도를 보완하였는데, 동·서·북 3면에 원장(垣墻)을 두르게 하였다. 담장의 규모는 높이 1척의 지대석(地臺石) 위에 3척 4촌의 원장을 설치하였다. 북쪽 담장[北面]에 두 개의 섬돌을 설치하였는데, 초계(初階)는 높이 4척, 넓이 3척, 길

〈그림 114〉 공민왕릉 석축시설

이 50척이며, 상계(上階)는 높이 2척, 넓이 2척, 길이 56척이었다. 또한 동쪽과 서쪽 모퉁이 곡장은 길이가 각기 42척으로서 곡장 섬돌의 높이와 넓이는 북쪽 섬돌과 같게 한다고 하였다.[10)]

그 후 곡장은 북쪽 1면이 너무 길어 쉽게 무너지는 약점을 보완하기 위해 후면과 좌측, 우측면이 만나는 모서리 부분을 귀접이하여 5면으로 변형한 것으로 생각된다. 경사지에 조성된 왕릉의 경우 토압(土壓)으로 인해 쉽게 무너질 수 있기 때문이다. 실제 1659년 장릉(長陵)의 곡장이 큰비에 무너져 수개하였으며,[11)] 1662년에는 현릉(顯陵)과 목릉(穆陵)의 곡장이 상당히 넓게 무너진 일이 발생하자 즉시 개수한 일이 있었다.[12)] 또한 1769년 헌릉(獻陵)의 곡장이 무너져서 수개(修改)하였으며,[13)] 1784년에는 건원릉 북쪽 곡장도 무너졌던 일이 있었다.[14)]

그 결과 곡장 주변에 작은 도랑을 내어 물길을 돌리는 시설을 갖추면서 현재와 같은 곡장의 형태가 된 것으로 보인다. 곡장은 기초를 다진 지

〈그림 115〉 태조 건원릉 곡장시설

〈그림 116〉 문정왕후 태릉 곡장(후면)

면(地面)에 장대석을 놓고 그 위에 전돌[벽돌]을 쌓아 담장을 이룬 후 상단에 기와를 얹어 마감하는데 건물의 담장보다는 낮게 시설하였다.

제2절
능상의 석물상설

1. 석망주와 외호석수의 설치

(1) 석망주

중국 황제릉의 입구에 세운 기둥을 화표주(華表柱)라 하고, 인신의 묘에는 석주(石柱: 돌기둥)를 세우는데 그 기능은 멀리서도 무덤의 위치를 쉽게 확인할 수 있도록 표지(標識)하는 것이었다. 우리나라 왕릉에서 화표주가 처음 설치된 왕릉은 경주 원성왕(?~798)의 능으로 알려진 괘릉(掛陵)[15]이다. 괘릉은 당나라 황제의 능제를 모방하여 봉분과 배설 석물이 멀찌감치 떨어져 있다. 당나라 황제릉 제도의 영향을 받은 괘릉은 그 규모를 축소하면서 형식을 받아들여 조영되었다. 화표주의 크기도 대폭 축소하면서 조각도 단순하게 8각 기둥을 세우고 정상(頂上)부 중심에는 기둥 단면보다 작은 반구(半球)형태를 만들었을 뿐이며, 흥덕왕릉에도 같은 형태의 화표주가 있다.

고려왕릉에서도 석주가 세워지긴 하였으나 대부분 단순한 돌기둥 형태인 반면, 공민왕릉의 석망주는 우수한 조각솜씨를 보이고 있으므로 조선왕릉 석망주의 모범이 되었다. 석망주는 8각으로 이루어진 기둥본체[柱臺]와 받침돌[臺石]로 구성된다. 기둥본체는 상단부와 주신(柱身)으로 구성된다. 상단부는 제일 위에 원수(圓首)를 만들고 그 아래에 앙련(仰

〈그림 117〉 공민왕릉 석망주

〈그림 118〉 공민왕릉 석망주 보삽

蓮)과 구름무늬를 새긴 다음 기둥과 이어지는 부분에 염우(廉隅)를 만든다. 기둥은 8각으로 만들고 하단부를 둥글게 깎아 대석에 꽂는다.

공민왕릉 석망주 주신에는 왕을 상징하는 도끼모양의 의장물인 보삽(黼翣)을 조각하였다. 조선왕릉은 이를 받아들여 발전시켜 나갔는데 보삽이 점차 제모습을 잃고 뭉툭하게 변하다가 후기에는 다람쥐 모양의 세호(細虎)를 조각하게 된다. 세호는 벽사(辟邪)적 의미를 갖는 전설상의 동물로 다람쥐의 형상을 하고 있으며 한쪽은 올라가고 다른 한쪽은 내려가는 모양으로 조각되었다.

대석 역시 8각형으로 상단부를 상층(上層)과 하층(下層)으로 나누고 그 중간에 허리 부분을 만든다. 상층의 하변(下邊)에는 앙련, 하층의 상변(上邊)에는 복련(覆蓮)을 새기고, 하층에는 받침을 상징하는 운족(雲足)을

119〉 건원릉 석망주

〈그림 120〉 세조 광릉 석망주

〈그림 121〉 명종 강릉 석망주

〈그림 122〉 인조 장릉 석망주

새겼다. 석망주는 무덤을 상징하는 석물로 인식되어 사대부 분묘에도 16세기 초반부터 설치되기 시작하였다. 17세기 들어서는 서인(庶人)들까지 망주석을 설치하자 1637년(인조 15) 서인의 분묘에는 석망주를 사용하지 말라는 금령(禁令)이 공포되기까지 하였다.[16)]

(2) 외호석수

우리나라 왕릉에서 외호석수가 등장한 것은 성덕왕릉에 배설된 석사자(石獅子)가 처음이다.[17)] 삼국시대 이래 석불, 부도, 석탑, 석등, 석비 등 호법(護法)을 위한 석수(石獸)로 배설되던 석사자는 괘릉(원성왕릉)과 흥덕왕릉에도 있는데, 성덕왕릉과 흥덕왕릉은 봉분 주변 4방에 배설되었고, 괘릉은 봉분 앞에 석인과 함께 좌우로 도열하여 배치되어 있다.[18)]

석사자는 고려전기 왕릉에서도 계승되었는데, 전기에는 4방향에 1마리씩 4개의 돌짐승이 배치되는 것이 기본이었다. 조각솜씨가 좋지 않아 생김새가 구별되지 않아서 석사자인지, 석호인지, 아니면 석구(石狗)인지 알 수 없는 경우도 많아서 대략 석수로 표현한 경우가 많다. 1종류의 석수를 2~4개 배설한 경우는 석사자를 조각하려던 의도를 가지고 간략하게 표현하였던 것으로 보아야 한다. 통일신라왕릉을 계승한 태조 현릉의 공간배치가 그러한 의도를 보여주기 때문이다. 8마리가 배치된 무덤들의 경우[19]는 공민왕릉과 같이 석호(石虎)와 석양(石羊)이 배설된 것으로 보아야 하는데, 원간섭기 이후에 나타났다.

석사자가 자취를 감추고 석호와 석양으로 대체된 것은 송나라 훈척대신의 제도를 따랐기 때문이었다.[20] 고려는 송나라와 사대관계를 맺은 상황에서도 의식적으로는 스스로를 황제국이라 여기며 자존심을 지켰으나 고려 국왕이 원나라 황실(皇室)의 부마가 됨으로써 더 이상 황제를 자칭할 수 없게 된 상황이 왕릉제도의 변화를 가져온 것으로 보인다. 원간섭기 왕릉 가운데 공민왕릉의 외호석수가 조각적으로 가장 우수하였으므로, 명나라에 대해 제후국임을 자처한 조선이 공민왕릉의 제도를 계승한 것은 당연한 것이었다.

외호석수의 배설은 중국의 능묘 문화에서 비롯된 것으로서 지봉 이수광은 능묘의 석수에 대해 "진한(秦漢) 이래 제왕의 능 앞에는 기린, 코끼리, 벽사,[21] 석마 같은 것이 있고, 인신(人臣)의 묘 앞에는 석호, 석양, 석인, 석주 같은 것이 있다."고 하였다.[22] 그런데, 공민왕릉이나 조선왕릉에서는 봉분과 곡장 사이에 석양과 석호를 배치하였다는 점에서 전통적인 석수배설 위치를 계승하고 있다는 것을 알 수 있다. 새로운 제도를 전통적인 방식과 결합시켰던 것이다.

조선초기에는 왕자를 비롯한 왕족과 공신을 비롯한 예장(禮葬)하는 고위 관료들의 분묘에도 석호와 석양을 배설하는 경우가 있었다.[23] 왕릉과 사대부 묘에서 똑같은 석수를 배설하는 것은 위계질서가 문란한 것으로 보이는 문제가 있었다. 따라서 세종은 1450년 후궁이었던 성비(誠妃)가 죽자 그 묘소에 석양과 석호를 세우는 것이 어떠할지 의정부에서 의논하게 하였는데, 의정부에서는 "석양과 석호는 능실에 세우는 물건이므로 함부로 쓰는 것은 불가하다."는 의견을 내었다.[24] 그 뒤 성종은 1474년 왕릉 이외에는 석호와 석양을 배설하지 못하도록 법제화하였고, 이미 설치되었던 것도 철거하기에 이른다.[25] 이로써 석호와 석양은 왕릉에서만 사용할 수 있는 의물(儀物)이 되었다.

중국에서 석호가 배설된 시기는 당고조 헌릉에서부터 확인되는데, 제후급 무덤에서는 당태종의 소릉에 배장된 충무공 울지경덕(蔚遲敬德)의 묘가 가장 앞선 것으로 보인다.[26] 현재 섬서역사박물관에 소장된 울지경덕 묘의 석호는 그 생김새가 공민왕릉 석호와 유사한 것으로 보인다. 조선왕릉에 배설된 석호는 곡장을 향해 앉아 있는 자세로 만들었으며, 꼬리를 말아 앞발까지 길게 늘여 표현하였다. 위엄을 강조하기 위해 입을 벌리고 이빨이 확실하게 드러난 모습으로 표현하려 하였으나 해학적인 모습을 하고 있다.

석호는 모두 4개를 설치한다. 태종대까지는 좌우에 각 2개씩 설치하다가 세종 때부터는 북쪽에 2개, 동쪽과 서쪽에 각 1개를 석양과 번갈아 설치하였다. 높이는 각각 3척 5촌, 너비는 각각 2척, 길이는 각각 5척이며 대석(臺石)은 땅 속으로 1자 2푼 들어가서 대석의 윗면과 지면이 일치하게 한다. 석호의 배치와 관련하여 『산림경제』 「잡방」편에는 능묘의 석호와 관련된 흥미 있는 이야기가 실려 있다. "구곡자가 말하기를 망상(罔象)[27]은 죽은 사람의 간(肝)과 뇌(腦)를 잘 먹는데 범과 잣나무를 무서워한다. 그러므로 무덤가에 잣나무를 심고 무덤 앞에 석호를 세워 놓는다."

〈그림 123〉 건원릉 석호

〈그림 124〉 건원릉 석양

는 것이다.[28] 석호는 외호석수로서 실질적인 효용성이 있는 것으로 생각하였던 것 같다.

한편, 석호와 함께 배설된 석양은 『설문해자』에 상(祥)이라고 해서 상서로움과 훌륭함으로 해석하였다. 이와 관련하여 한나라의 대유학자 동중서는 『춘추번로(春秋繁露)』에서 "양은 뿔이 있으면서도 멋대로 굴지 않고, 다 갖추고 있어도 쓰지 않으니 어진 이와 같다. 잡아도 소리 지르지 않고 죽여도 울지 않으니 의로운 이와 같다. 어미의 젖을 먹을 때는 반드시 무릎을 꿇고 받아먹으니 예를 아는 사람과 같다. 그래서 양이 상(祥)과 같다고 말하고, 그래서 경(卿)이 예물로 쓰는 것이다." 고 해석하였다.[29]

양의 뿔을 가진 석수(石獸)로 한나라~육조시대 황제릉 앞에 놓인 천록(天祿)과 벽사(僻邪)가 있는데, 외뿔[一角]인 것은 천록, 두 개의 뿔[雙角]인 것은 벽사라고 한다. 이때 천록과 벽사의 뿔은 선악(善惡)을 구별하는 지혜로운 신물(神物)로서 양각(羊角)을 형상한 것으로 알려졌다. 제후의 능에 천록과 벽사 대신 석양을 세운 것이 뿔의 기능과 관련이 있는 것으로 보면, 석양은 인의예지(仁義禮智)를 겸비한 것이라 하겠다.

석양은 봉분 측·후방에 석호와 함께 배치하였는데 곡장을 향해 서 있는 자세로 만들어 석호와 교차하여 4개를 배치한다. 공민왕릉의 석양은 네 다리 안을 깎아 내지 않고 난초(蘭草) 같은 화초를 새기는 방식이었는데, 조선초기에는 모두 깎아 내다가 세종대부터는 다시 공민왕릉의 형태로 변하였다. 세종은 소혜왕후 산릉의 능실제도를 정리하면서 석호의 배치 방법에 대해 "석양은 남쪽에 있고 석호는 북쪽에 있게 하되, 서로 뒤섞어 이를 배치하여 모두 밖을 향하게 한다."고 규정하였다.

석양은 태종대까지는 높이 2척 5촌이었다가 세종대에 3척으로 바뀌었고, 너비는 2척 8촌에서 2척으로 줄어들었으며 길이는 5척이었다. 『국조상례보편』에서는 높이 2척 1촌 2푼, 너비 1척 6촌, 길이 3척 7촌 8푼으로 줄어들었다. 대석(臺石)은 땅 속으로 1척 2푼 들어가서 대석의 윗면과 지면이 일치하게 한다.

육축 가운데 가장 늦게 길들이기 시작된 말은 생산활동과 전쟁 모두에서 인간과 뗄 수 없는 동물이다.[30] 『주례』「하관」'교인'에는 봄에 마조(馬祖), 여름에 선목(先牧), 가을에 마사(馬社), 겨울에 마보(馬步)에게 제사를 지낸다고 하였다. 중국의 역대 왕조는 우량한 말을 중시하여, 말을 관리하는 관청까지 두어 말이 왕권의 상징이 되기도 하였다. 진시황의 병마용은 고대로부터 내려온 말에 대한 관념을 상징적으로 보여주는 유적이라 할 수 있다.

능묘에 석마가 세워진 것은 중국 곽거병의 묘에 있는 "마답흉노상"이 처음으로 알려져 있고, 황제릉에서는 후한의 광무제 능에 처음으로 배설되었다. 이후 석마는 중국의 제후와 귀족들의 무덤에 세우는 석물이 되었다. 특히 당태종의 소릉에 배설된 소릉육준(昭陵六駿)이 유명하며, 당고종 건릉(乾陵) 신도 옆에 익마(翼馬)와 장마(杖馬), 견마석인(牽馬石人)을 배치하기도 하였다.[31] 그런데 송나라 제도를 따라 조성된 공민왕릉에는 석마가 배설되지 않았다. 이로 인해 조선초기 왕릉에서도 석마가 세워지지 않았었다.

조선왕릉에서 석마가 설치되기 시작한 것은 1441년(세종 23)부터이다. 당시 왕세자[후일의 문종] 빈(嬪)의 서거로 인해 묘소를 조성하는 과정에서 석물 설치문제가 심각하게 논의되었다. 그동안 석마를 세우지 않았던 전례를 들어 반대하는 의견이 많았는데, 하연(河演)이 "석마는 고제(古制)에 있으므로 지금부터 모든 능실에 석마 2개를 설치하는 것이 옳다."는 주장을 펼쳐 세종이 하연의 의견에 따라 왕세자에게 명하여 설치하게 된 것이다. 그 이후 소헌왕후 영릉에서도 석마를 설치하게 되어 왕릉에 설치하는 석물의 하나가 된 것이다.[32] 이때 석마가 배설될 위치가 논의되었을 것으로 보이는데, 서 있는 자세로 만들어서 문석인과 무석인의 측면 뒤쪽에 배치하였다. 그리고 이전에 조성된 조선의 왕릉에 석마를 모두 추가로 배설한 것이다.

명나라 제도를 받아들여 무석인까지 설치한 공민왕릉에서 누락시켰던 석마를 세종대에 배설한 것은 능묘제도에 대한 연구의 결과로서 조선왕릉 제도의 발전이라고 할 수 있다. 조선전기에는 다리 부분을 깎아서 표현한 환조(丸彫)로 조각하였으나 후기에는 네 다리 사이의 돌을 깎아내지 않고 잘 다듬어 부조(浮彫)적인 수법으로 난초(蘭草), 영지(靈芝) 등을 조각하였다. 석마의 규모는 각 왕릉마다 약간씩 차이가 있다.

〈그림 125〉 세종 영릉 석마

2. 제의석물과 상설의 변화

고려 공민왕릉은 각 봉분 앞에 석상(상계)과 장명등(중계)을 놓고, 하계 정중앙에 배석(拜石)[33]을 설치하였으며 정자각 뒤편에 소전대석(燒錢臺石)까지 갖추었다. 제의와 관련된 석물을 배치한 것은 봉분 앞에서 의례를 행하기 위한 것이었다. 즉, 공민왕릉은 봉분 아래의 정자각에서는 물론 봉분 앞에서도 제의를 지낼 수 있는 구조였던 것이다.

소전대석은 지전(紙錢)을 태우기 위해 마련한 석물로서 건원릉을 비롯하여 1420년 후릉과 1422년 헌릉을 조성하면서 각기 1개의 소전대석을 정자각 서북쪽에 설치하였다.[34] 공민왕릉의 소전대석을 본떠 만들었는데, 위는 사각(四角)으로 솟아나게 하고 복판은 평평하다. 중간에 허리[腰]가 있고 운채(雲彩)를 새겼다.

〈그림 126〉 공민왕릉 소전대석

소전대석은 태종 헌릉까지 배설되다가 세종 때 왕릉제도를 정비하면서 유교의례가 강화됨에 따라 소

〈그림 127〉 태종 헌릉 소전대석

전대가 필요하지 않게 되어 배설되지 않게 되었다. 소전대는 불교에 심취한 중종계비 문정왕후의 수렴청정 기간에 조성된 인종의 효릉(孝陵)에서 확인되기도 하였으나[35] 일시적인 현상이었다.

조선건국 이후 불교가 쇠퇴하고 유교가 흥성하기 시작하였으나 조선전기에는 왕실 구성원의 상당수가 불교신자일 정도로 불교적 전통이 강하였다. 그러한 가운데 1424년 세종이 36개의 사찰만을 남기고 나머지 절들을 모두 혁파하는 조치를 단행함으로써 불교계가 결정적으로 위축되었다.[36] 그런 여파로 왕릉에서 지내는 제의는 점차 사라지고 정자각에서 지내는 유교식 제의만 남게 되었다.

따라서 조선초기 왕릉에는 배석과 소전대석을 설치하다가 세조대 회격 사용 이후 생략하였다. 절하는 자리라는 뜻의 배석은 능상에 올라가 예를 표하는 자리였다. 후릉과 헌릉의 배석은 길이 6척 1촌, 너비 3척 2촌 규모의 돌을 지표면과 같은 높이로 매설하였다. 이왕직에서 편찬한 『헌릉지』에는 외안석(外案石)이라는 용어를 사용하였는데,[37] 의미

〈그림 128〉 공민왕릉 배석

〈그림 129〉 태종 헌릉 배석

가 확실하지 않다.

불교의례에 사용되던 기물을 제거하는 것은 조선사회의 당연한 귀결이었으나 불교적 성격을 가진 석상과 장명등은 조선왕릉에서 계속 상설하였다. 그 이유는 왕실의 권위를 드러낼 수 있는 상징성이 있기 때문으로 보인다.

석상의 용도는 제의(祭儀)를 올릴 때 제물(祭物)을 진설(陳設)하기 위한 것이다. 현재 통일신라시대 왕릉에 제단이 설치되어 있기는 하지만 신문왕릉 이외에는 대부분 비슷한 크기와 형식으로 되어 있어 후대에 한꺼번에 설치된 것으로 추정된다.[38] 고려왕릉의 경우는 석상이 있는 곳도 있고, 없는 곳도 있지만 고려 태조 현릉부터 상설된 것으로 판단되며, 공민왕릉의 경우 정릉과 현릉 앞에 각각 석상을 설치하였다.

조선의 능원은 정자각에 제상(祭床)과 신상(神床)을 설치하고 유교식 제향을 올리기 때문에 봉분 앞 석상의 용도에 대해 여러 의문이 있는 것이 사실이다.[39] 왕릉에서 지내던 불교식 제의가 사라졌지만 석상은 1장으로 이루어진 거대한 규모로 인해 왕실의 권위를 상징하는 것으로 인식되었다. 초기에는 석상의 지대석까지 같은 크기로 시설하여 공력이 많이

〈그림 130〉 공민왕릉 석상

〈그림 131〉 건원릉 석상

〈그림 132〉 세종 영릉 석상

〈그림 133〉 현륭원(융릉) 고석 나어두

소요되었으므로 지대석을 몇 조각으로 잘라 사용하였다. 석상의 규모는 태종대까지 길이가 11척이었다가 세종대 이후 9척 9촌으로 줄어들고, 너비는 6척 3촌에서 6척 4촌으로, 두께는 1척 4촌에서 1척 5촌으로 늘어났다. 석상의 구조는 지대석을 시설한 후 네 귀퉁이에 석상을 받칠 족석(足石 : 북처럼 생겼기 때문에 鼓石이라고도 함)을 놓고 그 위에 석상을 올려놓는다.[40] 족석에는 4면에 벽사(辟邪)의 의미를 가진 나어두(羅魚頭)를 조각하였다.

조선후기 들어 왕릉에 설치된 석상을 혼유석이라 명칭하기도 하였는데, 혼유석은 축문을 읽어 불러온 혼이 앉아서 흠향(歆饗)하는 자리로 설정하는 석물이다. 왕릉의 석상을 혼유석이라고 호칭하는 것은 선조 때 처음으로 등장하는데,[41] 이는 당시 사대부 묘제에서 혼유석 설치가 보편화되자[42] 왕릉의 석상까지 혼유석으로 이해하였던 결과이다. 왕릉의 경우 정자각에 설치된 신상에 앉아 흠향하는 것으로 설정되어 있기에 정확한 명칭은 아니다.

장명등(長明燈)은 꺼트리지 않고 언제나 불빛을 밝히는 등이라는 뜻으로 해석되는데, 불을 밝혀 진리의 광명을 선사하는 불기(佛器)인 석등(石

燈)[43]에서 유래되었다. 우리나라 왕릉에서 장명등이 처음 세워진 것은 고려 태조 현릉이다. 사찰에서 부처님의 진리가 사방으로 퍼져나가는 것을 기원하기 위해 대웅전 앞에 설치한 석등과 같이 왕의 교화가 퍼져나가기를 바라며 왕릉 봉분 앞에 설치한 것이다.

장명등은 꼭대기의 정자석(頂子石)과 개석(蓋石), 화창이 있는 격석(隔石)과 대석(臺石), 받침돌인 지대석(地臺石) 등 크게 4부분으로 구성되어 있다. 개석은 조선전기의 경우 상단부에 원수(圓首), 연주(連珠)를 만들고 그 아래를 지붕 모양으로 제작하였다. 후기에는 원수 아래에 개화하지 않은 연꽃[未開蓮花]과 피어난 연화[已開蓮花]를 조각하고 지붕 모양의 개석을 함께 사용하는 등 시기에 따라 다양하게 변화하였다.[44] 장명등의 크기는 『세종실록』, 「오례의」, 『국조오례의』, 『국조상례보편』 등에 규정을 마련해 두었으나 각 왕릉마다 조금씩 다르게 제작되었다. 장명등을 실제 사용하였던 조선초기에는 화창을 크게 만들었으나, 후대로 갈수록 화창을 작게 만들어 형식화되었다.

장명등은 개석과 격석의 형태에 따라 크게 8각과 4각 장명등으로 구분된다. 조선왕릉의 장명등은 신덕왕후 정릉을 조성할 때 공민왕릉의 장명등을 그대로 받아들여 4각 장명등이 설치되었다. 태종대에 가봉된 신의왕후 제릉에서는 여주 신륵사 보제존자부도탑 앞의 석등을 모방한 8각 장명등이 등장하여 계속 사용되다가 18세기에는 숙종에 의해 4각으로 바뀌었다가 정조에 의해 다시 8각 장명등이 세워지는 등 시간의 변화에 따라 장명등의 형태도 변화를 거듭하였다.

조선초기에는 장명등에 실제 불을 밝히고 분향(焚香)을 올렸던 것으로 보이는데, 세종은 신하들과 장명등의 존폐문제를 논의하였다. 유학자들은 장명등을 켜놓고 분향을 올리는 것은 유교의 제사절차와 맞지 않다며 쓸데없는 물건이니 설치하지 말자는 주장을 펼쳤다. 세종은 이미 설치한

〈그림 134〉 세종 영릉 장명등

〈그림 135〉 헌종 경릉 장명등

장명등을 없애지는 않았지만 장명등에 불을 밝히지 않고 분향하는 것으로 정리하였다.45) 신하들의 주장을 일부 받아들이면서 선대에 설치한 전례(前例)를 따른 것은 장명등이 왕실의 권위를 드러낼 수 있는 상징성이 있기 때문이었다. 그 이후 왕릉을 조성할 때마다 장명등을 계속 설치함으로써 장명등은 의장(儀仗) 석물로 기능하게 되었다.

3. 의장석물-석인

우리나라 왕릉에서 석인이 처음 세워진 곳은 통일신라 성덕왕릉으로 1쌍의 석인이 배설되었고, 괘릉과 흥덕왕릉에는 2쌍의 석인이 세워져 있다. 이들 능묘에 세워진 석인은 중국인과 서역인의 모습을 보이고 있어서 동·서 문화교류의 증거로 제시되기도 한다.[46] 실제 중앙아시아 일대의 옛 무덤에서는 다량의 석인이 확인되고 있다.[47] 석인의 분포지역은 몽골공화국, 남시베리아초원, 중국 내몽골 일부지역 등 중앙아시아지역은 물론 카스피해와 흑해연안 일대의 서아시아까지 존재하고 있다.

중국의 경우 진시황이 자신의 능에 구덩이를 파고 토용(土俑)으로 만든 호위 무사를 묻은 것이 영혼보호의 의미를 띄고 있다는 점에서 시원(始原)적인 형태라고 할 수 있으나 매장(埋葬)하였다는 점에서 초원지대의 석인과 곧바로 비교할 수는 없다. 다만 진시황시대의 옹중석상에 관한 이야기는 중국 황릉에 배설되는 석인과 관련하여 연관성이 있을 것으로 보인다.

진시황은 흉노와의 공방(攻防)에서 많은 공로를 세운 옹중(翁仲)의 형상을 구리로 만들어 아방궁 문 밖에 세워 둔 일이 있는데,[48] 흉노족은 옹중이 죽었다는 소식을 듣고 그 원한을 풀기 위해 진나라에 쳐들어 왔다가 옹중이 서 있는 것을 보고 도망갔다는 것이다. 그 이후 진나라 사람들은 옹중을 나라의 수호신이라 여겨 구리나 돌로 만들어 궁궐이나 관아 앞에 세우게 되었다고 한다. 이때 진시황이 만든 옹중은 묘지에 세운 석인은 아니었으나 후일 당나라 황제릉을 지키는 호위 석인으로 등장하게 된다는 점에서 중요한 의미가 있다.[49]

통일신라왕릉에 세워진 석인은 바로 당나라 고종 건릉(乾陵)의 옹중석과 같은 모습을 하고 있는 것이다. 당나라와의 교류를 통해 문물을 받아들이고 있던 통일신라의 상황을 감안하면 당연한 일이라 하겠다. 괘릉과 흥덕왕릉에 세워진 서역인 모습의 석인은 아직 그 성격에 대해 확실한 결론에 이르지는 못하였으나 신라가 당나라를 거쳐 중앙아시아는 물론 서아시아 일대까지 활발한 교류를 하였다는 사실을 통해 역사적 의미에 접근해야 할 것이다.[50]

고려왕릉에서도 태조 현릉에서부터 석인이 세워졌는데, 북한에 있는 고려왕릉을 자세하게 조사할 형편이 못되지만, 사진자료에 보이는 석인들의 모습은 강화도에 위치한 고려왕릉의 석인과 별반 차이가 없어 보이기도 한다. 고려 태조 현릉 이래로 문석인 1쌍만을 세우다가 원간섭기에 2쌍으로 늘어났으며, 공민왕릉에 이르러 명나라 제도에 따라 문석인과 무석인 2쌍씩을 나란히 세움으로써 그 면모를 일신하였다.

공민왕릉의 경우 현릉(玄陵)과 정릉(正陵)에 각각 1쌍씩 세운 것으로서 원나라에서 온 석공들이 조영한 것으로 보인다.[51] 이때 문석인의 도상은 당나라 황릉 제도를 계승한 북송(北宋) 황릉의 석인 모습을 따랐고,[52] 무석인은 명나라와 사대관계를 맺은 이후에 설치된 것으로 명나라 황릉의 무석인과 같은 도상을 하고 있다.

조선왕릉에서도 공민왕릉과 같이 문인석과 무석인을 함께 배설하였다.

〈그림 136〉 선조 목릉 석인

전기에는 봉분마다 각 1쌍씩 세우던 것을 후기에는 한곳에 합릉[합장]했을 경우 숫자를 줄여 1쌍씩만 세웠다. 문석인은 관(冠)을 쓰고 관대(官帶)를 두르며, 홀(笏)을 잡고 서 있는 형태로 만들어지는데, 이는 국상(國喪) 때 문무백관이 입는 복식을 형상화한 것이다.[53] 이때 문관이 쓴 모자는 복두(幞頭)이고 복식은 공복(公服)이기 때문에 복두공복형 문석인이라 하며, 신발은 흑피화(黑皮靴), 관대는 야자대(也字帶)로 되어 있다.

거의 모든 왕릉이 복두공복형이 조성되다가 정조의 건릉에서 금관조복형(金冠朝服型) 문석인이 처음으로 등장하였는데 사도세자 현륭원의 석물 배설제도를 따랐기 때문이다. 금관조복형은 양관(梁冠)과 적초의(赤綃衣), 폐슬(蔽膝), 품대(品帶), 패옥(佩玉), 후수(後綬), 홀, 혜(鞋) 등으로 구성되어 있다. 문석인이 세워지는 위치는 중계(中階)에 서로 마주보게 배치하였다.

〈그림 137〉 현륭원(융릉) 문석인

〈그림 138〉 현륭원(융릉) 무석인

갑주(甲冑)를 입고 손에 칼을 쥐거나 잡고 있는 무석인(武石人)이 등장한 것은 고려 공민왕릉이 처음이다. 군례를 행하는 젊은 장수와 칼끝을 지면에 놓고 양손으로 손잡이를 잡은 노장의 형태 등 2종이 세워졌다. 이 가운데 노장의 형태를 받아들인 조선왕릉의 무석인은 공민왕릉과 마찬가지로 복발형의 투구를 쓰고 모가리개가 가려져 있는 형상이다. 무석인은 하계(下階)에 세워지는데, 조선후기에 중계와 하계의 구분이 없어진 뒤에도 무석인은 문석인 다음에 세우는 것이 정식이었다. 무석인의 규모는 각 왕릉마다 차이가 있으나 허리에 칼집을 차고, 칼끝을 아래로 한 검을 양손으로 잡고 있는 양식은 모두 동일하다.

〈표 7〉 조선왕릉 석물배설 현황표

구분	후릉제도	헌릉제도	세종실록오례의	국조오례의	상례보편	춘관통고
현궁	석실	석실	석실	석실	회격	회격
병풍석	○	○	○	○	×	×
난간석	○	○	○	○	○	○
석양	○	○	○	○	○	○
석호	○	○	○	○	○	○
삼계	○	○	○	○	○	×
석상	○	○	○	○	○	○
석망주	○	○	○	○	○	○
장명등	○	○	○	○	○	○
배석	○	○	×	×	×	×
소전대석	○	○	×	×	×	×
문석인	○	○	○	○	○	○
석마	×	×	○	○	○	○
무석인	○	○	○	○	○	○
석마	×	×	○	○	○	○
산신석	×	×	×	×	○	○

제3절
제향관련 시설물의 설치

1. 제향시설

왕릉에서는 매년 정해진 기일에 제향을 올렸다. 이를 위해서는 제향을 올리기 위한 시설물은 물론 각종 준비에 필요한 시설까지 갖춰야 했다. 왕이 친제(親祭)를 올리는 경우도 있기 때문에 이에 대한 철저한 대비도 필요하였다. 따라서 왕릉에는 의전(儀典)을 위한 여러 건축 시설물들이 자리하고 있는 것이다.

왕릉에서 제사를 올리는 제전의 건축은 진시황릉에서 비롯되었다. 이수광은 「한관의(漢官儀)」를 인용하여 "옛날에는 묘(墓)에서 제사를 지내지 않았다. 진시황이 능침전을 묘 옆에 지었는데, 그 법은 한(漢)나라에서도 고치지 않았다. 기거하는 것과 의복 입는 것을 산 사람과 마찬가지로 여기고 하루에 4번 밥을 올렸다."라고 하였는데 이것이 후세에 와서 능침을 숭상하여 받드는 시초가 되었다고 보았다.[54)]

정자각은 왕릉과 원(園) 바로 앞에 짓는 평면 '정(丁)'자 형태의 제전(祭殿)이다. 정자각에서 제사를 지내는 것은 예(禮)의 본뜻을 따르는 것으로서 제례가 있을 때는 이곳에 제물을 진설하고 제사를 지냈으며 근처에 있는 재실에서 음식을 장만하였다. 사계 김장생은 사대부가에서도 묘제를 지낼 때 지붕을 만들어 비나 햇볕을 가리고자 하였는데 그 제도는

〈그림 139〉 공민왕릉 정자각

마땅히 사당 앞쪽의 처마와 서로 접해 있어야 하고, 능침(陵寢)의 정자각 역시 그러한 제도를 따른 것으로 보았다.[55)]

우리나라 왕릉에서 제향을 위한 건축물을 갖춘 것은 고려 태조 현릉부터인 것으로 보이지만[56)] 남아 있는 것이 거의 없이 터만 있는 경우가 대부분이다. 공민왕릉의 정자각도 1950년대에 복원된 것으로 알려져 있는데, 공민왕릉의 정자각은 정전 너비 8m, 길이 3m이고, 배위청 너비 4.5m, 길이 5m로 1칸 9자 정도의 평범한 건물규모이다.[57)] 정면 3칸, 측면 1칸의 정전 건물에 2칸 규모의 배위청을 붙인 형태이다.

조선은 초기에 '북도 8릉'과 제릉을 조성하면서 공민왕릉의 정자각과 비슷한 규모의 정자각을 세웠다.[58)] 이 시기는 아직 유교와 불교의 제향이 공존하여 정자각의 규모가 크지 않았으나 태종과 세종대에 불교계를 정리하면서 정자각의 규모는 확대되었다. 조선왕릉 제도를 정비한 세종

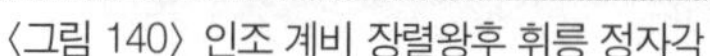

〈그림 140〉 인조 계비 장렬왕후 휘릉 정자각

〈그림 141〉 현종 숭릉 정자각

은 1446년(세종 28) 소헌왕후의 영릉[舊 英陵]을 조성하면서 3칸 정전 좌우에 익각 1칸씩을 덧붙여 5칸으로 확대하고, 배위청을 3칸으로 늘린 8칸 정자각을 지었다.[59] 정자각을 늘려 지은 것은 유교식 제의를 강화하기 위한 것이었다. 그 후 광릉(光陵), 영릉(寧陵),[60] 숭릉(崇陵), 휘릉(徽陵), 명릉(明陵), 익릉(翼陵), 의릉(懿陵) 등에 8칸 정자각이 세워진 바 있다.[61]

이렇게 5칸과 8칸 정자각이 혼재된 상황이 이어져 오자 영조는 능원 제도를 재정비하면서 왕릉에서는 8칸, 원묘에서는 5칸으로 차등을 두는 것으로 하였다가 뒤에 정자각에 "익각을 만들지 말라."는 명을 다시 내렸다. 이로 인해 홍릉(弘陵)을 조성할 때 정자각을 5칸으로 세운 뒤 『국조상례보편』 수교 뒤편에 그 사실을 기록해 두었다.[62] 영조의 조치 이후 정자각은 다시 5칸으로 세워지게 된다. 그러나 『국조상례보편』에 제시된 정자각의 규모는 정중앙 정칸이 13척 2촌이고, 좌·우칸은 11척 2촌 5푼으로서[63] 조선초기 5칸 정자각에 비해 규모가 상당히 늘어난 것이었다.

정전 안에는 신어평상(神御平床) 1좌, 제상(祭床) 2좌, 향상(香床) 1좌, 촉대상(燭臺床) 2좌, 축상(祝床) 1좌, 준소상(遵所床) 1좌 등의 기물을 갖춰 놓고 돗자리를 펴서 국왕을 비롯한 헌관들이 제향을 지낼 수 있게 하

〈그림 142〉 정조 건릉 정자각

였다. 제향을 지낼 때는 북쪽의 신문(神門)을 열어 놓아 능상이 바라보이게 하였다.[64] 정전에 이어붙인 배위청은 제향시에 직역을 맡아 참여한 관원들이 대기하는 곳이다. 기둥에는 문을 달지 않아 항상 트여 있으며, 제향을 올릴 때는 기둥에 등을 달아 불을 밝힐 수 있게 한 장치들이 남아 있는 경우도 있다. 정전과 배위청 바닥에는 전돌[벽돌]을 깔았다.

정자각 서북쪽에는 예감(瘞坎)을 설치하는데, 대부분 정자각 북쪽의 임지(壬地: 345° 방향)에 예감을 마련하였다.[65] 치석한 판석으로 사각형의 구덩이를 만들고 제향에 쓴 축문과 폐백을 묻는 시설이다. 송판으로 뚜껑을 만들고 열쇠에 자물쇠를 갖춘다. 태종은 종묘와 문소전 및 여러 곳의 축판(祝板)과 폐백을 예감에 묻었다가 다음 제사를 기다려 새 것을 드리고 묵은 것을 불태우게 하였다.[66] 정자각 서쪽에 소맷돌이 없는 계단을 설치한 것은 이 의식을 진행하는 집사가 이동하기 위한 것이었다.

조선초기 왕릉에서는 후토신에게 올리는 후토제(后土祭)가 있었지만 산신에게 올리는 제향이 정식으로 마련되어 있지 않았던 것 같다. 1452년 문종의 재궁을 안치한 이후 서운관(書雲觀) 관원이 현궁의 왼쪽을 청소하고 후토제를 지내는 것으로 정해졌을 뿐이다.[67] 산신에게 제를 올리기 위한 산신석상은『국조상례보편』에 처음 등장하는데, 정자각 동북쪽에 설치한다고 하였다.[68]『국조오례통편』「보치장」조에서는 산신석의 설치 위치를 정자각 계지(癸地)라고 하였다.[69] 이는 3년상을 치르는 동안 산릉에서도 아침저녁의 제전(祭奠)과 주다례(晝茶禮), 삭망제(朔望祭)가 올려지는데, 산신에게도 제사지내기 위한 것이었다. 산신제가 언제부터 시작되었는지는 알려지지 않았지만 17세기 이후 사대부 묘산에서 산신석 설치가 일반화되자 이를 왕릉에서도 수용한 것이다.[70]

〈그림 143〉 건원릉 예감

〈그림 144〉 영조비 정성왕후 홍릉 산신석상

2. 관련시설 - 수라간[水剌間]과 수복방

조선초기에 조성된 왕릉에는 제기고를 설치하지 않다가 태종이 서거하여 원경왕후와 합장할 때 헌릉 정자각 동쪽에 전찬배설청(奠饌排設廳) 3칸을 처음으로 신축하였다.[71] 유교식 예제를 강화하였으므로 제물의 진설도 격식을 갖춰야 하기 때문에 별도의 건물을 마련한 것으로 판단되며, 앞서 조성된 조선초기 왕릉에도 설치한 것으로 보인다. 재실에서 장만한 제물은 제향 당일에 들것[架子]에 담아 전찬배설청으로 옮겨오고 전찬배설청에서 제기(祭器)에 옮겨 담은 후 정자각 제상에 진설하는 방식이었을 것이다.

전찬배설청은 평소에 제기를 보관하는 기능이 있어서 장기고(藏器庫), 제기고라는 이름으로 불려지다가 도난 사건이 일어나 제기를 재실로 옮기고 수라간으로 변경된 것으로 추정된다. 연산군 때 금표(禁標)를 설치하면서 공릉, 순릉, 창릉의 참봉까지 모두 나가게 하였다가 능침을 지키는 사람이 없으면 제기 및 정자각의 신주(神主), 좌욕(座褥) 등의 물품을 수직할 사람이 없다는 예조판서 김감(金勘)의 말에 따라 그대로 둔 것은[72] 도난의 위험이 상존하고 있었다는 의미이다. 실제 1667년(현종 8) 도적떼 10여 명이 순릉(順陵)의 번군(番軍)을 위협하여 제기고에 보관 중이던 은수저와 유기(鍮器) 등을 모두 훔쳐간 사건이 발생하였으며[73] 1697년(숙종 23)에도 숭릉(崇陵), 장릉(章陵) 등에서 도난 사건이 있었다.[74] 아무리 관원이 지키는 왕릉이라 하더라도 재실과 멀리 떨어져 있는 정자각과 제기고를 관리하는데 문제가 발생하였던 것이다.

따라서 제기의 관리를 보다 신중하게 하기 위해서는 능관이 직접 곁에 두고 관리하는 방식으로 전환할 필요가 있었던 것 같다. 그래서 전찬배설청에서 보관하던 제기를 재실로 옮기고, 건물의 용도를 전환하여 수라간이라 한 것으로 보인다. 제향이 있을 때 제물과 제기를 함께 옮겨가서 수라간에서 제기에 담아 진설하는 방식으로 변한 것이다. 정자각 앞의 수라간에 대한 가장 이른 시기의 자료는 1601년에 작성된 의인왕후(懿仁王

〈그림 145〉 세종 영릉 수라간

〈그림 146〉 세종 영릉 수복방

后)의 『산릉도감의궤』이다. 의인왕후의 산릉조성 당시 정자각 좌변에 수복방 2칸을 두고 우변에 수라간 2칸을 설치하였는데,[75] 이때 수라간에는 온돌이 시설되었다.[76] 수라간에는 제물을 정갈하게 담을 수 있는 방이 마련되어 있었던 것이다. 수라간에는 여러 기물(器物)을 비치하고 있었기 때문에 『국조상례보편』에는 고방(庫房)이란 명칭을 사용하고 있다.[77]

수복(守僕)은 왕릉에 근무하는 사람들 가운데 능에서 근무하는 관원의 지휘를 받아 왕릉의 봉분과 정자각을 지키는 임무를 부여 받은 사람들로 이들이 사용하는 공간이 수복방이다. 수복방이 처음 세워진 시기는 알 수 없지만 임진왜란 이후 민심이 흉흉한 시기에 세워진 것으로 추정된다. 정조는 현륭원 수복으로 4명을 임명하여 제의(祭儀), 분향(焚香), 봉심(奉審)의 절차를 익히고 정자각과 비각의 청소, 봉분의 제초(除草)를 담당하게 하였다.[78] 만일 청소상태가 깨끗하지 않으면, 번을 선 수복과 산지기들은 왕릉의 관리들에게 문초를 당하였다.

4명의 수복은 수호군 가운데서 차출한 산지기 4명과 함께 조를 짜서 돌아가며 근무하였다. 수복은 항상 붉은 옷[紅衣]을 입고, 산지기와 함께 봉분을 지키면서 잠시도 자리를 뜨지 못하였다. 게다가 수호군은 2명씩 돌아가며 매일 밤 봉분과 정자각 근처를 순찰하는데 내산지기 4명이 2명씩 2번으로 나누어 1명은 수직하고 1명은 재실에서 대령하였다. 따라서 수복방은 숙직실(宿直室)과 같은 공간으로서 대개 방 1칸, 마루 1칸, 부엌 1칸으로 이루어진 3칸 건물로 조성되었다.

3. 홍살문과 어로(御路)

홍살문[紅箭門]은 왕실의 능(陵) · 원(園) · 묘(廟) · 궁(宮) · 문묘(文廟) 등 존귀(尊貴)한 시설물의 정면에 세운 문으로 붉은 칠을 한 2개의 기둥을 세우고 기둥을 연결한 보에 붉은 살[建戟]을 박은 형태로 세워 경의를 표하는 곳이라는 의미를 가진 문이다. 홍살문의 상단에는 붉은 살 뿐만 아니라 삼지창도 있는데, 가운데에 삼태극(三太極)이 붙어 있다. 모두 잡귀를 물리치는 의미를 가지고 있다.

왕릉에는 별다른 출입시설이 없으므로 홍살문은 왕릉을 출입하기 위한 정문에 해당한다고 할 수 있다. 그 기원에 대해서는 밝혀진 바 없으나 우리나라 고유의 표지물로 알려져 있다.[79] 왕릉에 설치된 홍살문에 관한 첫 번째 기록은 태종 헌릉에서 확인된다.[80] 조선후기의 산릉도감에서는 산릉 조성기간 중 사방에 홍살문을 세워두었다가 공역이 끝날 무렵 영원히 세워둘 홍살문만 남기고 철거하였다.

정자각과 홍살문 사이의 어로도 헌릉에서부터 시설하기 시작되었을 것으로 추정된다. 이 길은 『세종실록』「오례의」에 따라 신도(神道)로 불려왔으나 정확한 표현은 아니었다. 왕릉에서 제향을 지낼 때 흠향(歆饗)할 신이 다녀야 하는 길은 능침에서 정자각까지로 국한되기 때문이다. 그래서 조선후기에 작성된 산릉의궤에는 이 구간의 길을 향어로(香御路)[81]와

〈그림 147〉 중종비 단경왕후 온릉 홍살문과 어로

어로(御路)[82]라는 용어로 사용하고 있다.[83] 이와 관련하여 『명릉지』에는 홍살문에서 정자각까지 시설된 시설물의 명칭과 제향시 제관의 위치가 도면으로 기록되어 있다.(〈도면 6〉 참조) 용어가 많이 혼용되어 있으나 명릉이 18세기 왕릉의 모범이 되었다는 점에서 참고가 된다.

국왕은 왕릉에서 제향을 지내기 위해 홍살문 앞에서 정자각까지 걸어가야 한다. 30여 미터에 이르는 길에는 울퉁불퉁한 박석(薄石)을 깔아 발걸음을 조심조심 떼도록 하였다. 제향을 지내러 가는 길이기에 경건한 마음이 행동으로 드러나게 한 것이다. 서쪽이 조금 높고, 동쪽이 조금 낮게 시설되어 있는데, 조금 높은 향어로를 통해 제향에 사용할 향축을 담당 관리가 받들고 정자각으로 전하였다. 축문은 '선왕(先王)'에게 사왕(嗣王)이 고유하는 것이기 때문에 사왕은 선왕을 높이는 의미에서 조금 낮은 어로를 걷고, 향축은 조금 높은 향어로를 이용하는 것으로 설정하였으나 실제 어떤 방식으로 이용되었는지 확실하지 않다.

어로를 따라가면 정자각 앞에서 동쪽으로 90° 꺾어지고 모퉁이에서 다시 90° 북쪽으로 꺾어지면 정자각 동쪽의 계단 앞에 서게 된다. 앞에는 2개의 계단이 시설되어 있다. 남쪽은 소맷돌[대우석]을 갖추고 있으며, 북쪽은 계단만 놓여 있다. 소맷돌이 있는 남쪽 계단은 향어로의 연장이기에 향층제(香層梯)이고, 북쪽은 어로의 연장이기에 어층제(御層梯)다. 따라서 왕을 비롯한 제관(祭官)들은 오른쪽 계단을 이용하여 정자각에 오르내리고, 왼쪽 계단으로 향축을 올리는 구조로 설정되어 있는 것이다. 물론 제향이 시작되기 전에는 계단 주변에 마련된 자리[小次]에서 대기하여야 했다.

그러면 왕릉 안내서나 답사기에서 신도(神道)라고 지칭한 시설은 무엇을 지칭하는 것일까? 이수광은 『지봉유설』에서 이와 관련하여 주목되는 기록을 남겼다. 즉, "효릉의 능상에서 정자각에 이르는 사이에는 한 줄기의 길이 이루어져서 항상 밟고 다닌 길과 같았다 하니 이것은 더욱 이상한 일이다."[84]고 한 것이다. 신이(神異)한 이야기로 표현되었지만 능상과 정자각 사이를 혼령이 다닌 것으로 이해하였다는 것을 알 수 있다.

조선전기에 조성된 왕릉에는 정자각 북쪽 신문(神門)에서 다리를 건너 능상으로 이어지게 길을 만들었다. 이 길이 곧 신도로서 대략 10여 미터 정도 이어지다가 강(岡)에 이르러 땅속으로 들어가는 듯이 마감하였다. 선조 목릉(穆陵)의 경우에는 정자각에서 의인왕

〈그림 148〉 중종계비 문정왕후 태릉 정자각 동계

후(懿仁王后)와 인목왕후(仁穆王后)의 봉분까지 길게 이어진 신도가 잘 남아 있다. 정성왕후의 산릉을 조성하면서 능제를 검토한 영조는 목릉을 전례로 삼아 명릉(明陵)의 혈 아래로부터 정자각 신교(神橋)까지 신로를 배설하게 하였다.[85)]

이처럼 조선왕릉에는 신도가 확실하게 남아 있지만 조선후기로 갈수록 없어지고 그 흔적만 남게 된다. 정자각 북쪽 신문 앞에는 처마 낙수골을 따라 배수로가 설치되어 있는데 커다란 장대석을 놓아 다리처럼 건널 수 있게 하였다. 이 장대석은 신도의 연장으로서 신문교석(神門橋石)이라고 한다. 즉, 왕릉에서 제향을 지낼 때는 혼령이 능상으로 내려와 신도와 신문교석을 지나 신문을 통해 정자각에 설치된 신어평상에 와서 앉고 헌관은 그 혼령에게 절을 올리는 구도로 설정된 것이다. 따라서 홍살문에서 정자각에 이르는 길을 신도, 혹은 참도(參道)라고 하는 것은 전혀 근거를 찾을 수 없는 설명이었다.[86)]

〈그림 149〉 중종계비 문정왕후 태릉 신도

〈그림 150〉 효종 영릉 정자각 신교

왕릉은 능관(陵官)들이 교대로 근무하면서 출입을 통제하기 때문에 허가받은 사람 이외에는 함부로 출입할 수 없는 곳이었다. 왕릉의 홍살문 앞까지 올 수 있는 사람은 ㉠제향을 위해 오는 관리, ㉡왕명을 받고 왕릉을 봉심

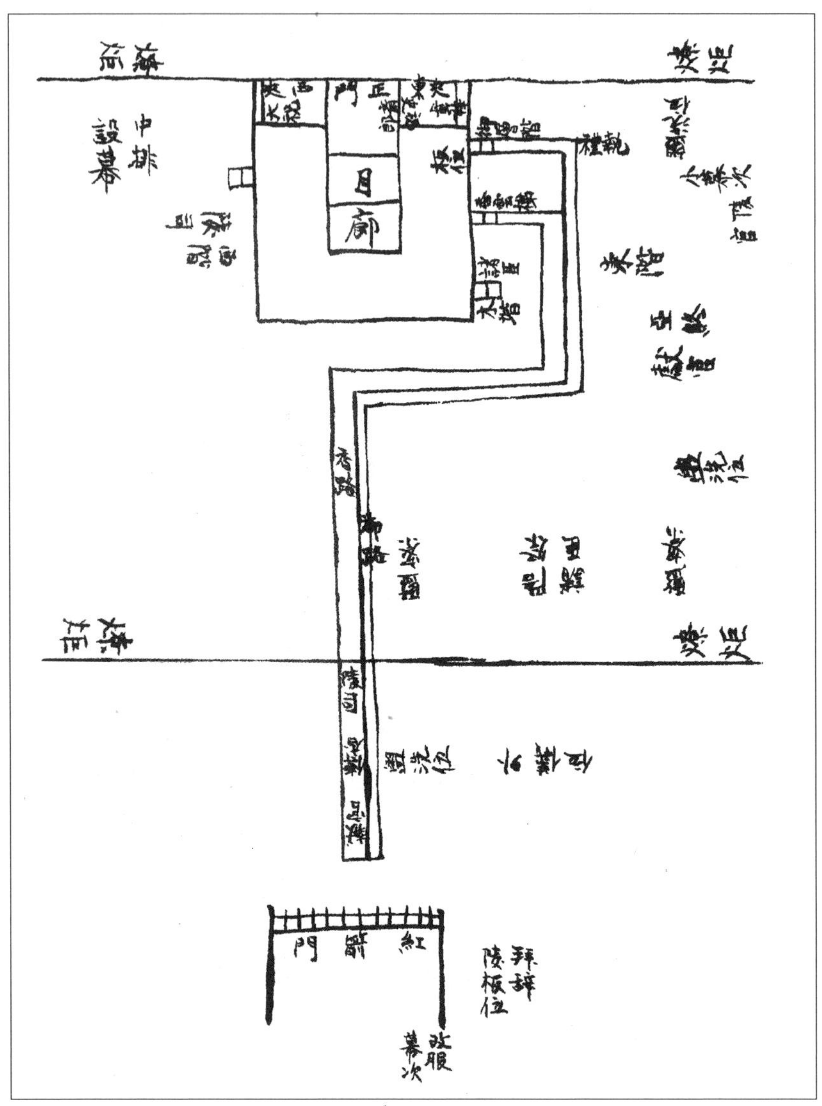

〈도면 6〉『명릉지』 침원상설지도-정자각~홍살문

하기 위해 오는 관리, ㉢왕릉 소재지의 수령, 군사지휘관, 능에 소속된 원역(員役) 등 왕릉 호위와 관리의 임무가 있는 관원들만이 홍살문 안으로 출입할 수 있었다. 제향을 위해 온 경우는 정자각에서 행사를 진행하기 때문에 문제가 없으나 ㉡, ㉢의 경우는 왕릉 홍살문에 도착하여 정중하게 숙배(肅拜)를 올려 예를 표하여야 했다.[87] 군신간의 예를 갖춰야 했던 것인데 관리들이 절을 할 수 있도록 돗자리를 깔아 자리를 만들었던 것으로 보인다.

〈그림 151〉 영조 원릉 망릉위

그런데, 대부분의 왕릉에는 홍살문 옆[동쪽]에 망릉위(望陵位)라고 하는 4각형의 단이 마련되어 있다. 이것은 영조가 능에 도착한 뒤 능을 바라볼 수 있는 자리에서 인사를 하는 절차를 마련하였고,[88] 이를 정례화하여 『국조상례보편』에 홍살문 옆에 망릉위를 설치한다고 하였다.[89] 제향을 지내러 온 왕이나 제관이 도착할 때와 떠날 때 망릉위에서 능을 바라보며, 예를 갖추는 의식이 추가된 것이다.

망릉위를 설치하기 이전 제향을 지내러 온 왕은 재실에 들렀다가 어가를 타고 홍살문 앞까지 와서 내린 후 어로를 걸어서 소차에 가서 의식의 시작을 기다렸다. 즉, 능에 도착한 직후에 어떤 의식을 행한 것은 아니었는데, 망릉위에서 배릉(拜陵)과 사릉(辭陵)의 의식절차를 행함으로써 왕릉을 대하는 국왕의 마음이 더 극진하게 표현되었고, 자연히 왕실의 권위은 더욱 높아지게 되었다.

제4절
왕릉의 부속시설

1. 비각(碑閣)

왕실 능원 정자각 동쪽에는 비석을 세우고 이를 보호하기 위해 비각이 세워져 있다. 왕릉에 건립된 비석은 신도비(神道碑)와 능표석(陵表石) 등 2종류가 있다.[90] 신도비는 왕의 업적을 정리하는 긴 서문(序文)과 위업을 찬양하는 노래[銘]로 이루어져 있는데, 세종 영릉까지 세워졌었다. 문종의 현릉을 조성하면서 "왕의 사적(事蹟)은 국사(國史)에 기록된다."는 정인지 등의 주장과 문종이 일찍 승하하여 내세울 업적이 없었던 이유가 더해져 세워지지 않게 되었다.[91] 그래서 신도비가 세워진 왕릉은 북한에 있는 환조(桓祖) 정릉(定陵)[92]과 신의왕후 제릉, 남한의 태조 건원릉, 태종 헌릉, 세종 영릉 등 5기에 지나지 않는다. 영릉 신도비의 경우는 여주로 천장하면서 옮기지 않고 땅속에 묻었던 것을 1974년 발굴하여 세종대왕기념사업회에 다시 세웠기 때문에[93] 영릉 천장 이후 신도비가 있었던 왕릉은 4곳에 불과하였다.

신도비는 거북이 모양의 받침석[龜趺] 위에 비신을 세우는데 윗부분에 용 모양[螭首]을 조각하여 화려하고 웅장하게 조성되었다. 이수 중간에는 비석의 명칭을 써 넣는 비액(碑額)을 마련하여 전서(篆書)로 기록하며, 비문은 작은 해서체 글씨로 비신 전체에 새겨 넣는다. 이러한 신도비의 형태와 규모는 명나라 비갈(碑碣)제도를 받아들인 것이었다. 명나라는 1372년(홍무 5)에 비갈의 건립 규정을 개정하였는데, 공신이 죽은 뒤에 왕에 봉해진 경우에 세우는 비석의 규모를 이수의 높이 3척 2촌, 비신의 높이 9척(너비는 3척 6촌), 귀부의 높이는 3척 8촌으로 명나라가 제시한 비석의 총 높이는 16척이 상한이었다.[94)]

능표석은 태조에 의해 추존된 4대조의 북도 8릉에 세워진 이후[95)] 1673년 효종 영릉을 천장하면서 송시열의 주청에 따라 표석을 세울 때까지 270여 년간 세워지지 않았다. 즉 그 기간 동안에 조성된 왕릉에는 누구의 능인지를 확인할 수 있는 표지물이 없었던 것이다. 현재 효종 영릉보다 앞서 조성된 왕릉에 세워진 표석은 대개 영조 때에 갖춰진 것이며, 이후로 전례가 되어 왕릉을 조성할 때마다 표석을 건립하였다. 표석은 대부분 직육면체의 받침석[方趺] 위에 비신을 올리고 그 위에 팔작지붕 모양의 덮개돌[蓋石]을 올린 형태이다. 비신 앞면에는 누가 묻힌 왕릉인지를 큰 전

〈그림 152〉 효종 영릉 비각

서체 글씨로 쓰고 뒷면에는 피장자의 생년월일과 재위기간, 왕릉의 위치, 좌향(坐向) 등 간략한 사항만을 단정한 해서체 글씨로 새기게 된다.

영조는 표석의 건립에 대해 "대 · 소상에 모두 두되, 동릉(同陵) · 동묘(同墓)의 경우에는 하나로 합하고, 각릉(各陵) · 각묘(各墓)에는 각각 하나씩 둔다."는 수교를 내린 바 있다.[96] 그래서 합장한 왕릉의 표석은 1개의 능에 1개의 표석을 세우는 것이 원칙이었으나 2~3개씩 세워진 왕릉도 간혹 있다. 그것은 대부분 고종과 순종 때의 추숭과 관련이 있다. 1889년 영조에 대한 재평가 작업이 이루어지면서 1890년 1월 5일 영종(英宗)이었던 묘호를 영조(英祖)로 추숭하였다.[97] 대한제국을 선포한 이후 1899년 8월 3일 서상조의 상소를 계기로 사도장헌세자의 추숭논의가 시작되었고,[98] 9월 1일 장종(莊宗)에 이어 12월 3일 태조(太祖)와 장종, 정종(正宗), 순종(純宗), 익종(翼宗)을 추존하도록 지시하였다. 그리하여 12월 7일 장종을 장조(莊祖), 정종을 정조(正祖), 순종을 순조(純祖), 익종을 문조(文祖)로 추존하였다.[99] 그리고 1908년 5월 6일 진종(眞宗), 헌종(憲宗), 철종(哲宗)까지 모두 황제로 추숭

〈그림 153〉 정조 건릉 표석

하도록 명하여 동월 11일에 황제의 존호를 정하였다.[100] 황제 추존이 있

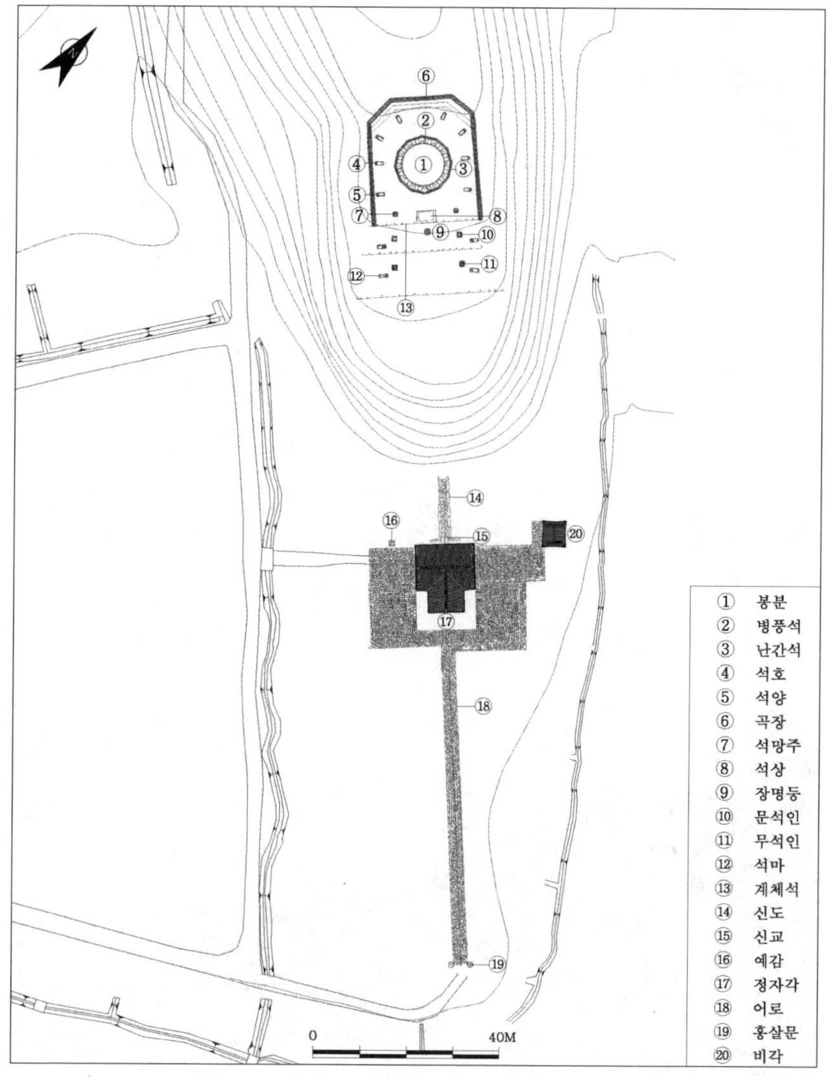

〈도면 7〉 중종 정릉 시설물 현황도

하도록 명하여 동월 11일에 황제의 존호를 정하였다.[100] 황제 추존이 있은 뒤 각 능의 사정에 맞게 왕릉의 표석을 추가로 설치한 능도 있고, 있

던 비석을 그대로 재사용하기도 하였다. 따라서 비각도 1칸 규모가 대부분이지만 경우에 따라 2~3칸 규모의 비각이 현존하고 있는 것이다.

2. 재실(齋室)

왕릉 입구에는 커다란 기와집이 세워져 있는데, 재각(齋閣) · 재소(齋所) · 재궁(齋宮)이라고도 불리는 건물이다. 재실은 헌관이 제향을 올리기에 앞서 재계하고 의관을 준비하며, 제향에 쓸 향과 제기를 보관하고 제수를 장만하는 등 제사를 준비하기 위한 부속건물이다. 또한 재실은 능관(陵官)이 수직(守直)하는 관청의 기능을 가지고 있기 때문에 잠시라도 비워 둘 수 없는 곳이었다.[101] 재실은 각 능마다 지형조건에 따라 지어졌기 때문에 그 형태와 규모는 제각각 다르지만, 같은 목적의 건물이기 때

〈그림 154〉 세종 영릉 재실

문에 각 건물의 용도는 모두 동일하였다.

재실은 조선초기에 소규모로 지어졌는데, 후기로 갈수록 커지는 경향이 있었다. 세종 초반에 후릉을 조성할 당시에는 17칸의 재실을 마련하였었는데,[102] 후대에 정리된 『후릉지』에는 향대청 6칸, 전사청 6칸, 재실 8칸, 집사청 3칸, 침가(砧家) 2칸, 공수(公須) 9칸, 제기고 3칸 등 37칸으로 늘어나 있다.[103] 헌릉 조성 당시에 건축된 재실은 원경왕후 때 17칸, 태종 때 22칸이 지어졌으나[104] 『헌릉지』에 나타난 재실은 50여 칸에 달하는 규모로 확대되어 있는 것이다.

이러한 규모의 변화는 능관들이 숙직하면서 왕릉 관리에 필요한 시설로 지어진 재실이 각종 제도적 정비가 이루어지면서 재실의 기능이 확대됨에 따라 규모도 커지게 된 것이었다. 왕릉에서 지내는 제향이 유교의 제향으로 귀일되면서 이에 따른 격식을 갖추게 되었고, 격식이 점차 많아지면서 재실의 규모도 확대된 것이다. 그리하여 조선후기 왕릉의 재실

〈그림 155〉 효종 영릉 재실

에는 행랑채를 둔 경우가 많아져서 정조 건릉의 재실은 56칸에 이르기도 하였다.

왕릉의 재실은 건물 전체를 일컫는 경우 어재실, 향대청(안향청), 전사청, 제기고 등의 독립건물과 행랑채(대문 포함), 우물 등의 시설이 유기

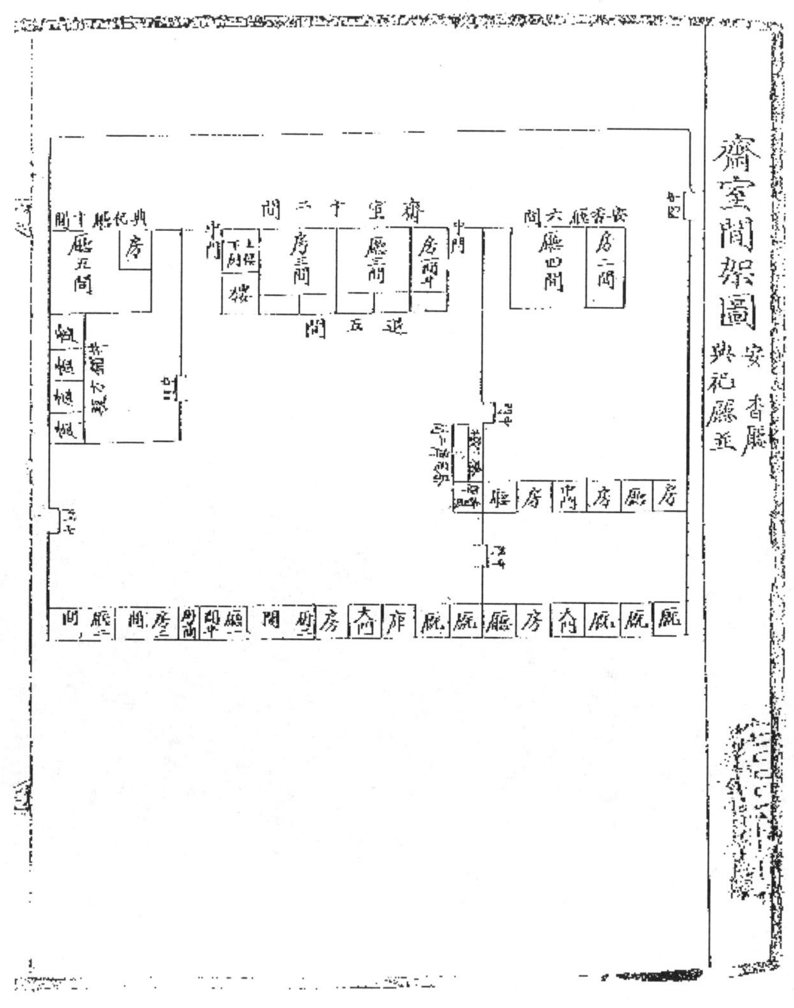

〈도면 8〉 정조 건릉 재실간가도

적으로 적정하게 배치되어 있는 공간을 의미한다. 협의의 재실은 헌관들이 제향에 앞서 재계(齋戒)하는 공간을 위미하는데, 각 능에 따라 외재실과 내재실, 혹은 어재실과 재실 등 2개의 재실이 만들어진 곳이 있는가 하면 1개의 건물만 있는 곳도 있다. 전기에는 재방(齋坊)이라고 하였다. 재실에는 등메(登每)와[105] 방석(方席), 안식(案息), 인석(茵席) 등을 배설해 두었다.[106]

왕실에서 1년 동안 제향에 쓸 향을 왕릉에 보내면 능관은 이를 받아 안향청(安香廳)이나 향대청(香大廳)이란 명칭의 건물에 보관하였다. 방안에는 향을 보관하는 장롱[香欌] 1부가 있는데, 향축을 궤짝[香櫃]에 담아 장롱에 넣는다. 또한 갑석(匣石: 상자)을 갖춘 벼루도 갖추었다. 왕릉에서 지내는 제향에서 쓸 제물(祭物)은 재실 전사청(典祀廳)에서 준비하는 것이 정례(定例)이다. 우물을 비롯한 모든 시설이 재실에 갖춰져 있기 때문이다. 전사청은 헌관을 제외한 제관(祭官)들이 제향에 필요한 제복과 물품을 준비하는 공간으로 전기에는 재주(齋廚)라고 하였다. 필요한 제복(祭服)을 넣어 두는 이층장, 국수 뽑는 틀, 두부 만드는 고조(高槽: 널빤지를 갖춤) 등의 물품을 갖추고 있다. 제향에 쓰는 음식물[祭物]은 숙수(熟手)가 마련한다.

제향에 쓸 제기를 보관하는 창고가 제기고이다. 조선전기에는 3칸의 창고 건물을 정자각 앞에 설치하고 전찬배설청, 장기고, 고방 등이라 지칭하였다.[107] 그런데 앞서 살펴보았듯이 도난 사건이 발생한 후 전찬배설청에 있었던 제기를 능관이 집무하는 재실[능소]로 옮겨 설치하게 된 것으로 추정된다. 별도의 제기고 건물이 없는 경우는 전사청에서 제기를 보관하게 된다. 전사청에는 반드시 우물이 있어야 한다. 헌관을 비롯한 제관들의 목욕재계는 물론, 음식물 준비와 설거지 등 물의 사용이 많기 때문이다. 재실에 있는 우물은 제정(祭井) 또는 어정(御井)이라고 한다.

제5장

조선왕릉의 조성과 관리

- 원릉의 사례 -

영조 원릉 능상

제1절
능지의 선정과정

1. 홍릉자리의 간심

영조[1)]는 1776년 3월 5일 묘시에 경희궁(慶熙宮) 집경당(集慶堂)에서 승하(昇遐)하였다. 대리청정 중이었던 왕세손은 『국조상례보편』에 의거하여 국상절차를 마련하라고 지시하고 좌의정 신회(申晦)를 총호사(摠護使)로 삼았다. 신회는 3월 6일 왕세손에게 "홍릉(弘陵)의 우강(右崗)은 대행조(大行朝)에서 늘 칭찬하는 말씀이 있었으니, 대개 명릉의 구례(舊例)에 따르려 하신 것"이라고 하였고, 왕세손도 이에 동의하여[2)] 영조의 능침은 홍릉 오른쪽 자리가 가장 유력한 후보지가 되었다.

왕세손은 3월 10일 오시(午時)에 경희궁 숭정문(崇政門)에서 즉위한 뒤 대행왕의 묘호(廟號)를 영종(英宗), 전호(殿號)를 효명(孝明), 능호(陵號)를 원릉이라 올렸다. 이제 산릉도감의 본격적인 활동이 시작된 것이다.[3)] 산릉도감은 3월 11일 홍릉의 오른쪽 혈처에 묻어 둔 표식을 찾아보기 위해 미리 고유제를 지내고,[4)] 3월 13일 혈처에 대한 간심(看審)을 진행하였다. 총호사 신회를 비롯하여 산릉도감 관원, 관상감제조, 예조 당상 등이 홍릉에 가서 표석을 찾아 확인해보니 을좌(乙坐)로 정해져 있어서 좌청룡은 실하지만 우백호는 부족한듯하다고 보고하였다.[5)] 이 보고는 정조가 다른 곳을 알아보는데 중요한 근거가 되었다.

〈그림 156〉 정성왕후 홍릉 후면에서 본 전경

정조는 다음날 원상(院相) 김상철과 총호사의 보고에 대해 이야기를 나누었다. 김상철은 을좌신향(乙坐辛向)으로 하면 청룡변으로 흘러내리는 우려가 있을 듯하다며 총호사와 함께 다시 봉심한 후 품정하겠다고 하였다.[6] 3월 17일 봉심을 마친 김상철은 용호와 안대(案對)가 극히 좋다고 하였고, 신회는 주봉과 도구(都口: 수구의 본류)가 더욱 기이하며 손좌건향(巽坐乾向)으로 하면 안산이 줄어들고 을좌신향으로 하면 완정(完定)하여 좋다고 하였다. 김상철과 신회는 되도록이면 홍릉을 그대로 쓰자는 의견이었다.

그러나 산릉도감과 별도로 홍국영을 시켜 전임 현감 차형도, 사인 장진익, 전임 주부 이형윤 등 상지관들과 함께 홍릉의 풍수를 조사하게 한 정조의 생각은 달랐다. 정조가 이들에게 행룡(行龍)과 득수(得水)가 어떠한지 하문하자 차형도는 "행룡은 확고한 위엄이 있고, 득수는 격에 부합된다." 고 하였고, 장진익은 "을좌신향으로 하면 해가 부상(扶桑)에서 나오는 격" 이니 자신들이 보기에 극진하다고 하였다. 정조는 혈처가 정혈인지, 청룡백호의 형국은 어떠한지를 재차 하문하였는데, 차형도 등은 "정혈이 맞는데 좌청룡은 나아가고 우백호는 물러나는 격" 이라고 하였다.[7) 총호사 신회가 "을좌신향으로 하면 완정하다." 는 견해를 정면으로 부정하였던 것이다. 이 일로 인해 신회는 3월 19일 파직되고 김상철이 총호사에 임명되었다.[8)]

정조는 홍릉의 좌청룡과 우백호의 형국이 조화롭지 않아 마음에 걸렸던 것이다. 정조는 홍릉자리가 미흡하다는 것을 그전부터 알았으나 지금 갑자기 국상을 당하여 모두 능하지는 못하더라도 주자(朱子)의 「산릉의」처럼 의심이 없어야 하는데, 논의를 보건대 중언부언한다고 걱정하였다. 이에 홍봉한이 다시 좋은 자리를 찾아보자는 의견을 올리자 영부사 김상복, 봉조하 김치인이 동의하여 원릉자리 선정은 새로운 국면을 맞았다. 홍봉한은 30여 년 동안 지관(地官) 일을 본 김태형(金泰亨), 오흥부원군 김한구 가문에서 신용을 쌓은 김기량(金基良)과 당시 이름이 널리 알려졌던 김상현(金尙鉉) 등의 지관을 추천하였다.[9)]

2. 봉표처 간심

정조는 3월 20일 도감당상 1원(員) 외에 금성위 박명원과 행사직 김한기(金漢耆)를 장릉(長陵), 순릉(順陵), 창릉(昌陵) 등의 봉표처를 간심하게 하면서 홍봉한이 추천한 지사 가운데 김기량을 동행시켰다.[10)] 이러한 정조의 산릉 재간심 조치에 대하여 반대의견도 제기되었다. 황해도사 이

현모(李顯模)가 이미 정해진 홍릉으로 모실 것을 상소하면서 풍수지리를 엄단하여 혹세무민하지 못하도록 해야 한다고 주청하였던 것이다. 이에 대해 정조는 「산릉의」를 들어 무엄하다며 이현모를 태거(汰去)시켰다.[11] 정조의 이와 같은 강경조치로 인해 신하들은 더 이상 반대의견을 개진하기 어려워졌고, 홍릉자리는 사실상 쓰지 않는 방향으로 흘러갔다.

3월 23일 산릉자리를 간심하고 돌아온 신료들을 만난 정조는 지사 김기량과 이형윤에게 간심한 곳이 어떠한지 하문하였다. 김기량은 "계좌와 축좌 모두 흠결은 없으나 연운이 불리하고, 을좌는 수세가 홍릉과 다름이 없다."고 하였다.[12] 정조는 명릉의 동쪽 언덕과 순릉의 국내(局內)에 제용(制用)하는 방법[13]이 있는지 알아보기 위해 일관(日官)에게 「만년도(萬年圖)」를 가지고 입시하게 하였다. 정조가 계좌와 축좌를 제용할 방도가 있는지 하문하자 일관 지일빈(池日賓)은 상극(相克)을 피해 제용할 수 없다고 답하였다.

정조가 다시 홍릉은 어떠한지 묻자 김기량은 별다른 흠처는 없지만 뇌(腦)가 부정한 듯하고 뒤가 벗겨졌다고 하였다. 정조는 다시 홍릉 봉안처의 혈성은 어떠한지 하문하자 김기량이 흠결이 없다고 하였다. 다시 보토처와 청룡의 낮은 곳이 어떤지 소견을 아뢰라고 하문하자 김기량은 별다른 흠결은 없으나 대체적인 국세를 보면 손국(巽局)인 것 같다고 하였다. 정조가 "쓸 수 있는지 없는지를 상세하게 아뢰라."고 하자 김기량은 "을좌를 쓰면 뒤에 주맥에 흠이 된다."고 하였다. 그러자 정조는 을좌를 쓸 수 없다며 다른 곳을 찾아보라고 하였다.[14]

그리하여 원릉의 산릉자리를 정하는 것은 당면 최대의 과제가 되어 19인의 지사(地師)가 동원되었고, 장단, 통진, 옛 장릉(長陵)자리, 공릉과 순릉의 화소 내(內) 등으로 간심할 자리가 계속 확대되었다.[15] 여러 논의 끝에 3월 27일에는 숙빈 최씨(영조의 생모)를 모신 소령원 주변을 간심하게 하였는데, 십전대지로서 소령원보다 웅위(雄偉)한 자리이며 부근에도 좋은 자리가 있다는 보고가 올라오자 정조는 도감당상 1원과 금성위 박명원에게 상지관을 데리고 가서 다시 재간심하게 하였다.[16)]

3월 29일 소령원 주변을 재간심한 박명원은 지사의 말을 인용하여 "주봉의 용호에 흠처가 없다고 하였는데 범안(凡眼)으로 보아도 극진하다."고 하였다. 정조가 지사의 의견을 묻자 김기량은 "하늘이 만들어낸 땅으로서 용호는 '회룡고조형' 인데, 청룡은 높아 임(壬) · 감(坎) · 계(癸) 세 방향을 덮고, 백호는 낮아서 지리로 논하면 가장 좋은 격" 이라고 하였다. 김전은 십전대지라고 하였고, 이형윤도 혈성이 존엄하다고 하였다.[17)] 정조는 능역이 지연되어 근심스럽긴 하나 지사 1~2명의 이야기로 결정하는 것이 불가하니 총호사에게 술업(術業)을 아는 사람을 데리고 나가서 살펴보게 하였다.

정조의 명으로 소령원 제2강에 대한 재간심을 진행한 총호사 김양택

〈그림 157〉 소령원 전경

은 “산세가 웅위하고 용호가 격에 부합하여 실로 흠이 없다.” 고 하였다. 상지관 정여경도 “혈세가 귀하고 행룡이 삼엄하여 24방위가 모두 흠이 없다.” 고 하였다. 김양택은 삼간심 뒤에 재혈을 정하자고 아뢰었다.[18] 정조는 소령원 제2강이 마음에 들었던 듯 벌목할 때 고유하는 문제를 거론하였으며,[19] 4월 6일에는 승지가 점표한 곳에 나아가 시역하는 문제와 지사의 산론을 총호사가 즉시 상세하게 회주(回奏)하라고 하교하여[20] 소령원 쪽으로 결론이 나는 듯하였다. 그런데 4월 8일의 삼간심 뒤의 재혈과정에서 국내(局內)가 너무 협소하여 합당한 곳을 찾지 못하는 돌발적인 상황이 발생하여 소령원 제2강은 쓸 수 없게 되었다.[21]

3. 원릉자리의 결정

소령원을 쓸 수 없게 된 상황에서 상지관 김기량은 즉시 건원릉 국내의 옛 영릉(寧陵)자리를 추천하며 “강(岡)의 형세가 모두 좋은데 이미 천릉한 옛 터라서 감히 아뢰지 못하였다.” 고 하였다. 이에 정조는 예전에 상신 민진원이 옛 영릉을 가히 버릴 수 없다는 뜻으로 의론한 적이 있으니 민진원의 주의(奏議)를 들여오라고 명하여 읽기를 마치자 정조는 널리 의견을 물은 뒤에 결정하겠다고 하였다.[22]

정조는 4월 9일 시 · 원임 대신, 금성위 박명원, 상지관 등을 만나서 옛 영릉자리가 어떠한지 물어보았다. 김치인은 “일찍이 영릉자리가 좋다고 들었다.” 고 하였고, 홍국영은 “갑진년 산릉 때 유의할 점이 많았다.” 고 하였다. 정조가 상지관들에게 물어보자 김기량은 “옛 영릉의 체세가 건원릉과 다름이 없다.” 고 하면서 “비록 국세(局勢)가 건원릉의 가지이지만 정간(正榦)의 정신은 이곳에 모두 있다.” 고 하여 건원릉에 비해 오히

〈그림 158〉 영조 원릉 전경

려 더 나은 자리라는 의견을 내었다. 유동형은 "불암산 정간의 면목이 모두 이곳을 향하니 진실로 모두가 합해지는 땅"이라 하였다. 정조가 연운(年運)을 물어보자 김기량 등이 모두 이롭다고 하여 건원릉의 제2강을 봉심(奉審)하게 하였다.[23] 급하게 봉심하고 온 신하들은 모두가 십전지지(十全之地)라며 칭찬하였고, 정조가 산론(山論)을 읽게 하자 모두 이의가 없었다.

이처럼 한 달여 만에 원릉의 자리가 정해지는 일련의 과정을 보면 정조는 애당초 동구릉 영릉자리를 염두에 두고 있었던 것으로 보인다. 영조가 훙서한 지 한 달이 지나도록 이런저런 이유로 결정을 못하다가 영릉 산릉조성 당시에 제출되었던 민진원의 상소를 찾아 읽게 한 후 대신과 상지관에게 간심할 것을 명하고, 상지관들의 산론이 나오자 즉시 건원릉 제2강을 벌목하여 표석을 세우고 고유하게 하였기 때문이다.

정조가 그렇게 결정한 데에는 두 가지 이유가 있었던 것으로 보인다.

첫째는 홍릉의 풍수가 마음에 차지 않았기 때문이다. 당시 25살의 정조는 아직 원자(元子)를 낳지 못한 상태였기 때문에 종사(宗社)를 위해 주자가 말한대로 혈식구원(血食久遠)의 방도를 염두에 두었던 것으로 보인다.[24] 원릉을 조성한 다음해인 1777년 2월 12일 영릉(永陵)과 홍릉(弘陵)을 찾았던 정조는 홍국영에게 "영릉은 비록 범상한 안목으로 보아도 좌청룡 우백호와 형국이 매우 좋았다. 그런데 홍릉은 혈처(穴處)가 너무 높아서 좌청룡과 우백호가 감싸 안지 못하여 온당하지 못한 것 같다."고 하여 풍수적 흠결을 지적하였다. 정조는 "신리(神理)와 인정(人情)은 본래 서로 다른 것이 아니니, 지리가 어떠하냐를 막론하고 홍릉을 원릉으로 옮겨 봉안하는 것은 사리로 보아 당연한 일이지만 수년 내로는 연운이 맞지 않는다고 하니 안타깝다."고 하여 적당한 때가 되면 홍릉을 원릉으로 옮겨 합릉할 계획이었던 것이다.[25]

둘째는 사도세자를 모신 영우원(永祐園)을 염두에 두었기 때문으로 생각된다. 현재의 고양시 서오릉에 위치한 홍릉에 영조를 그대로 모셨다면 장차 영우원 방문 기회가 줄어들 수밖에 없다. 영우원은 동대문 밖 배봉산 기슭(현재의 서울 삼육병원)에 있었기 때문에 영조의 원릉을 건원릉 주변에 조성하게 되면 원릉을 다녀오는 길에 영우원까지 들릴 수 있는 노선이 되었다. 실제 정조는 원릉행차시에 영우원 동구를 주정소(晝停所)로 삼아 자연스럽게 영우원을 관리할 수 있게 조치하였다. 이에 대해 김종수는 출궁과 환궁 때 모두 영우원을 주정소로 삼는 것이 비록 민폐를 없애려는 성의(聖意)에서 나온 것이지만 민폐가 있으니 소로(小路)로 길을 옮겨 정하자고 하였고, 김상철은 원릉의 행차에 영우원의 전배를 겸하는 것은 불편한 점이 많다며, 영우원 행차를 별도로 진행하자는 의견까지 내었으나 정조는 그대로 두었던 것이다.[26]

제2절
왕릉의 조성과정

1. 준비과정

3월 12일 정순왕후는 화완옹주와 함께 마련한 은자 3,250냥을 도감에 내려 주어 필요한 곳에 쓰게 하였다.[27] 3월 14일에는 각 재정기관에서 필요한 비용을 조달하였다. 진휼청(쌀 1,600석, 돈 1,000냥), 금위영과 어영청(각 쌀 1,500석, 무명 20동, 돈 1,000냥), 훈련도감(무명 10동, 돈 1,000냥), 사복시(돈 1,000냥), 황해감영(무명 10동), 황해병영(무명 12동), 충청병영(무명 5동), 평안감영(무명 30동), 평안병영(무명 25동), 전라감영(무명 13동), 전라병영(무명 10동), 전라좌수영(무명 5동), 전라우수영(무명 4동), 경상감영(무명 20동), 경상좌병영(무명 4동), 경상우병영(무명 5동), 경상좌수영(무명 4동), 통영(무명 15동), 함경감영(정포 10동), 함경남병영(정포 4동) 등에서 쌀 3,100석, 무명 192동, 돈 5,000냥, 정포 14동을 마련하기로 하였다.[28]

산릉은 『국조오례의』에 따라 5개월 안에 재궁(梓宮)을 옮겨 모셔야 하는데, 원릉의 경우 자리 선정에만 한 달 이상이 소요되었다. 산릉을 조성하는데 필요한 기간은 그만큼 줄어들었기 때문에 일정을 서둘러 마련하여야 했다. 4월 10일 정조는 건원릉 제2강의 봉표부지에 대한 벌목을 하기 전 4월 13일 사시(巳時)에 고유제를 지내게 하였다.[29] 산릉자리가 정해졌으나 재궁이 놓일 자리를 정확하게 정하기 위해서는 벌목을 한 후 재혈(裁穴)을 하여야 한다. 원릉자리는 한번 썼던 자리이기 때문에 자연스럽게 여러 논의가 뒤따랐다.

4월 11일 김양택은 산릉의 재혈이 대단히 어려운데 한번 열었던 땅은 반드시 황토로 보충하니 나중에 재혈하는 것이 옳을 것이라고 하였다. 정조가 옛 능의 재혈을 쓰면 어떤지 하문하자 김양택은 조금 위에 있는 금정(金井)이 좋겠다고 하였다. 정조가 벌목하기 전에 보토하면 고유제를 뒤로 물려 정해야 되는지를 하문하자 김양택은 먼저 고유하는 것이 미안하다고 하여 정조 역시 동의하였다.[30)]

영릉터를 봉심한 박명원이 4월 13일 지관들과 함께 복명하였다. 김기량 등은 산 밑과 산의 근원을 살펴보았고 내려온 정맥과 수구 등 여러 곳을 보면 진짜 십전대지라고 보고하였다. 정조가 보토한 곳은 어떠한지 하문하자 김기량 등은 “형체가 낮은 것이 아니지만 예전에 광을 파낸 자리는 사방이 모두 높고 가운데는 낮기 때문에 하늘에서 비가 내리면 아래로 내려갈 수밖에 없으니 습기가 있을까 두렵다.”며 다시 새로운 흙으로 메우고 평평하게 한 뒤에 재혈을 한 후 금정을 여는 것이 마땅하다고 하였다.[31)] 정조는 그렇다면 무방하다며 지관의 노고에 대해 상전을 베풀어 돈과 쌀을 후하게 주었다.

산릉자리를 벌목한 뒤에 4월 15일 세 번째 간심이 있었다. 김양택은 벌목한 뒤에 보니 더욱 좋다고 하였고, 김상철은 처음 보았지만 범안으로 보기에도 정간인 것 같다고 하였다. 이에 정조가 언제 금정을 열게 되냐고 하문하자 김양택이 다음 달이라고 하였다. 재궁을 안치할 금정은 예전에 효종의 재궁을 묻었던 자리보다 조금 위로 정해졌다.[32)]

4월 16일 시일(時日)이 정해졌는데, 산운과 영조의 본명운, 연운을 참작하였다. 원릉자리는 “오른쪽으로 돌고 왼쪽으로 떨어지는 신태(辛兌)

의 용맥이 해좌로 입수(入首)하니 해좌사향(亥坐巳向)"으로 좌향이 정해졌다. 물은 "간방(艮方)과 태방(兌方)에서 흘러나와 손방(巽方)으로 흘러나가니 [정해(丁亥)와 정사(丁巳)]로 분금(分金)한다. 정해 방향에서 산을 뚫고 신해(辛亥)방향에서 땅을 투과하니 「홍운」에 따르면 기축은 불이라 물을 꺼린다."[33]고 산운을 정리하였다.

영조의 본명운은 "연월일시가 올해는 천관의 부절을 만났더라도 납음(納音) 및 육백(六白)으로 제어하여 쓰면 길하게 된다. 「정운(正運)」에 임진(壬辰)은 수이고, 운이 귀인궁(貴人宮)에 머문다. 대행대왕은 갑술(甲戌, 1694년)생이니 수일(水日)을 꺼린다."[34]고 하여 영조의 명운과 물을 꺼리는 산운이 맞아 떨어지는 것을 알 수 있다.

마지막으로 연운은 땅에 묻히는 일시로 "세 가지 명이 합쳐져서 형국을 만드는데, 해[年]는 병신년(1776) 화(火)이니 식신(食神)과 인수(印綬)를 얻을 것이고, 달[月]은 병신(7월) 화(火)이니 복록이 모이고 부귀가 모인다. 날[日]은 임오(13일) 수(水)이니 세월을 따라 덕이 모일 것이요, 때는 인시(寅時)로 임인(壬寅) 금(金)이니 천간과 지지가 섞이지 않을 것이다. 육백[금성]이 와서 앉을 것이다."[35]고 하여 매우 길한 것으로 나왔다. 이에 따라 정해진 시일은 다음과 같다.

시역(始役) : 4월 19일 경신일 사시. 북방으로부터 땅을 끊기 시작한다.

파토(破土) : 4월 24일 을축일 사시. 북방부터 땅을 파내기 시작한다.

선릉에 대한 후토고유제 : 4월 24일 첫 새벽

옹가 짓기 : 5월 16일 병술일 사시.

금정 열기 : 5월 27일 정유일 오시. 혈자리의 깊이는 8척 4촌이다(영조척을 쓴다).

외재궁 배진 : 6월 2일 신축일 사시.

외재궁 내리고 천광을 끝낸 뒤 때에 따라 찬궁에 아뢰기 : 7월 8일 정축일 사시. 먼저 동쪽에 아뢴다. 계해생, 정미생은 잠시 자리를 피한다.

발인(發靷) : 7월 12일 신사일 축시. 행상의 흉방은 경방이고 집의 허공을 돌아 나온다.

성빈례 : 산릉에 도착한 시간에 따른다. 손방을 기피한다.

산릉에서 찬궁에 아뢰기 : 7월 13일 임오일 자시. 먼저 동쪽에 아뢰고 진발한다. 같은 달 찬궁에 아뢴 뒤 때에 따른다.

하현궁 : 7월 13일 임오일 인시.

하현궁 때 적호(잠시 자리 피하기) : 임인생, 정충은 임자생, 동충은 병자생.

상주가 엎드리지 않는 방향 : 해자축지(亥子丑地).

취토의 길방 : 병임(丙壬).

위와 같이 날짜가 정해졌지만 뒤에 택일을 다시 하여 날짜를 뒤로 물리게 되는데, 즉, 5월 27일로 예정되었던 금정열기가 6월 2일에 진행된 이후, 6월 7일 다시 택일하여 찬궁에 아뢰기를 7월 25일 묘시, 발인은 같은 달 26일 인시, 하현궁은 같은 달 27일 유시로 변경하였던 것이다.[36] 3개월이 채 못되는 기간에 산릉 공역을 끝내기에는 시간이 부족하였기 때문으로 보인다. 효종의 영릉으로 조성되었을 때의 좌향은 건좌손향(乾坐巽向)이었으나 원릉은 해좌사향이면서 금정을 조금 위로 옮겨 정했기 때문에 사실상 같은 구덩이[壙]를 쓴 것은 아니었다.[37]

2. 조성과정

원릉의 산릉공역은 1720년 숙종의 명릉 조성 당시의 『명릉산릉도감의궤』, 『국조상례보편』, 1757년 홍릉 조성 당시의 『홍릉산릉도감의궤』를 참고해서 진행되었다.[38] 산릉도감은 삼물소, 조성소, 노야소, 대부석소, 보토소, 소부석소, 수석소 등 7개소와 별공작, 분장홍고, 번와소를 설치하여 공역을 진행하였다. 원릉이 들어설 곳에는 주변에 건원릉, 혜릉, 목릉, 휘릉 등이 이미 자리하고 있었기 때문에 각 능역의 경계가 서로 겹치는 경우가 많았다. 원릉 화소(火巢)의 경계를 보면 좌측은 휘릉(徽陵)과 접하고, 우측 밑으로는 혜릉(惠陵)이 자리하고 있다. 원릉재실이 들어설 자리는 혜릉재실 북변으로 정해졌고, 휘릉재실을 건원릉 재실 동변으로 이건하는 등 다른 능에도 영향을 끼치게 되었다.[39]

각 소(所)에서 담당한 공역을 간략하게 살펴보면 다음과 같다.[40] 삼물소는 능침의 광중과 석물이 들어갈 자리를 정확하게 파내고, 재궁이 들어갈 자리를 단단하게 다지는 공역을 담당한다. 재궁이 놓일 자리를 중심으로 지름 45척의 옹가와 수도각 2칸 반을 짓고 방형(方形)의 금정기(金井機)를 놓는다. 금정기 안을 파내려 가는데, 2척, 5척, 8척 4촌 깊이에 도달할 때마다 흙을 채취하여 궁궐로 보내 확인받는 감색토(監色土) 과정을 거친다. 원릉의 경우 금정의 토색은 대단히 좋았으나 파내려가는 사이에 옛 영릉에서 썼던 2척 가량의 회반(灰般)이 여러 덩어리 나왔다. 정조는 약간 염려스러워 했으나 박명원이 거리낄 것 없다고 하자 크게 문제 삼지 않았다.[41]

회격을 조성하기 위해서는 광중을 3등분하여 1차로 2/3 정도의 공간에 외재궁이 들어갈 자리를 먼저 시공하고, 내재궁을 넣기 위해 나머지 공간을 2차로 조성하는 방식으로 진행된다. 필요한 석회(石灰)는 518석[42] 10두였고, 황토(黃土)는 망우리에서 채취하였다. 세사(細沙)는 노량에서 채취하여 미음포(渼陰浦)까지 배로 옮겨온 후 수레로 실어 날랐다. 바닥이 되는 지회(地灰)를 다지는데 삼물 6촌을 깔고 3촌이 되도록 다지기를 반복하였다. 이때 들어가는 삼물은 석회, 황토, 세사를 잘 혼합한 후 느릅나무 삶은 물을 섞어서 반죽을 만들어 사용한다. 6월 15일 녹로를 이용하여 외재궁을 내린 후 북 · 서 · 동 삼면의 방회를 13차에 걸쳐 다져 쌓고, 외재궁의 상면에 천회(天灰)를 14차례에 걸쳐서 다져 쌓기를 하였다. 6월 20일부터 난간석이 놓일 자리를 공이질하여 다진 후 6월 23일 엄석(掩石)을 채우고, 24일 하전석(下磚石)을 깐 후 난간석을 배치하기 시작하였다.

구봉기와 금정기를 철거하고 그 위에 복부(覆釜: 半球形) 형태로 삼물을 7차례 다져서 봉분의 모양을 갖추는데 가운데가 2척 두께가 되었다. 이때까지는 아직 봉분의 앞면이 비워져 있는 상태이기 때문에 무너질 염려가 있으므로 목재로 방벽(防壁) 구조물을 만들어 칡덩쿨로 주변을 감싸서 안전장치를 하였다. 반월분은 편결(編結)이라는 방법으로 만드는데 길이 19척, 너비 12척의 뉴파자(杻杷子: 감탕나무와 비자나무로 엮은 자재) 12부가 사용되었다. 봉분 위에 입힐 사초는 모화관에서 1,500명을 동원하여 마련하였다.

퇴광(退壙)자리에 금정기를 설치하여 내재궁을 내릴 자리를 판 후 7월 3일 퇴광을 회다짐하여 만들고 금정 안에 백목(白木)으로 휘장을 설치한 후 난간석을 전면(前面: 남쪽 면)만 남겨둔 채 배설하였다. 7월 4일 대부석소에서 곡장을 설치하기 시작하여 13일 끝냈고, 16일에 석양과 석호를 세웠다. 7월 19일에 곡장 내에 사초를 입히고, 22일에는 무석인과 문석인, 석마, 석망주를 세웠다.

7월 23일 내재궁을 내릴 준비를 하는데 외재궁안의 격목(隔木)과 솔목(乺木)을 향온(香醞)과 소합수(蘇合水)로 닦아내고, 윤여(輪輿)를 설치하였으며, 퇴금정기 좌우와 전면에 무늬 없는 돗자리를 깔고 녹로에 필요한 기구와 줄을 달았다. 26일 신시(申時)에 대여(大輿)가 산릉에 도착하여 정자각에 봉안한 후 성빈전(成殯奠)을 거행하였다.

7월 27일 진시(辰時)에 예행연습을 거행한 후 재궁을 내려 윤여에 올려놓은 뒤 유시(酉時)에 현궁으로 밀어 넣었다. 이제 불필요한 여러 기물과 윤여를 제거하고 영의정이 현궁문 오른쪽에 옥책을 올리고, 그 남쪽에 옥백(玉帛)을 올린 후 외재궁 하우판을 닫았다. 우의정이 퇴광에 내려가서 전면과 좌우에 삼물회 3삽씩을 떠 넣는 의식을 진행한 후, 의식을 지낸 공간에서 2단계 삼물회 다지기 공역을 13차에 걸쳐 진행하여 지표면까지 쌓아 올렸다. 28일 묘지석과 혼유하전석을 배설한 뒤 수도각을 철거하였고, 29일 구봉기와 금정기를 철거하고 반월분에 설치하였던 방벽시설을 떼어 낸 후 봉분의 나머지 부분을 쌓아 올려 완전한 복부 형태를

〈그림 159〉 원릉 영조 봉분 전경

〈그림 160〉 원릉에 배설된 석물들

〈그림 161〉 영조 원릉 장명등

갖추었다.

7월 30일에는 나머지 사초를 입히고 옹가를 철거하였다. 대부석소에서 혼유석과 장명등을 배설하였으며, 능상의 기둥자리를 메꾸는 등의 소소한 공역을 마쳤다. 8월 1일 사초 입히기가 미진한 곳을 살펴서 사초를 입히고, 대부석소에서 전면(前面)의 난간석을 연결하는 일을 총호사가 살펴보았다. 8월 2일 이계(二階) 이상의 사초를 다시 한 번 살펴보고 깨끗이 청소를 하여 모든 공역을 끝내고 총호사가 서울로 돌아갔다. 8월 3일 능상을 다시 청소하고, 정자각 주변의 사초를 살핀 후 제복(祭服)을 입고 정자각에서 안릉전(安

〈표 8〉 원릉 석물 배설표

종류	수량	길이	넓이	높이	둘레	비고
난간석 장주	12	8척				每柱鐫十二方位
난간석 단주	12	3척 3촌				
횡강석(竹石)	12	11척 4촌				
혼유석	1기	13척	8척 7촌	2척 5푼		
지대석	2片					長廣 同
고석	4坐			2척2촌		
장명등	1기	12척 5촌			11척 3촌	巳方
문석	1쌍	10척			9척	左辰右午
무석	1쌍	10척 5촌			9척	左辰右午
망주석	1쌍	10척			4척 7촌	左辰右午
망주석 대석	1쌍			3척	14척 7촌	
마석	2쌍	7척		4척 3촌		在文武石後向內
양석	2쌍	5척		3척 5촌		丑卯未酉方向外
호석	2쌍	6척		4척 7촌		子寅戌申方向外
곡장				8척	46보	

陵奠)을 올린 후 복명(復命)함으로써 산릉도감의 업무는 종료되었다.

원릉의 봉분 규모를 보면 지름이 27척, 둘레 81척, 전면 높이 10척 2촌 5푼, 후면 높이 8척 7촌 5푼, 좌우 높이 각 9촌 5푼이다. 봉분 앞에 상설하는 각종 석물은 대부석소에서 조성하며 〈표 8〉과 같이 배설하였다.[43)]

조성소에서는 원릉의 산릉공역시에 사용할 임시건물과 공역이 끝난 뒤에 해마다 지내게 될 제향(祭享) 및 왕릉관리에 필요한 각종 건축물을 조성하기 때문에 가장 많은 인원이 동원된다. 하현궁 이전에 대부분의 공역을 마치게 되는데, 필요한 목재는 여러 관청에서 저장해둔 것을 실어 온다. 석재는 대부석소와 소부석소에서 만들어서 수석소가 옮겨오며, 철물은 노야소, 기와는 번와소에서 만들어 오면 조성소에 소속된 장인(匠

〈표 9〉 원릉의 주요 건물

건축물 명칭	칸수	규 모	위 치
침각[정자각] 정전	6칸	전면 3칸, 측면 2칸	陵上前距四十六步
침각[정자각] 월랑	2칸		
침각[정자각] 월대		길이 7보 반, 넓이 9보 반, 높이 4척 7촌	
비각	2칸		寢閣左距十八步
예축감(瘞祝坎)		4방 6척, 깊이 1척 7촌	陵上前距二十九步
수랏간	3칸		寢閣右距二十步
어정(御井)		4방 5척, 깊이 6척	水剌間後距十五步
상직방	3칸		碑閣左距三十步
홍살문		높이 26척, 넓이 26척	寢閣月臺前距五十四步
금천교		길이 13척, 넓이 18척	紅箭門前距三十一步
안향청 안향청 제관방 마구 대문	6칸 7칸 5칸 1칸	방2칸, 마루4칸 방4칸, 마루3칸	紅箭門外右距一百六步
전사청	9칸	숙설칸4칸, 방1칸, 마루1칸, 방앗간3칸	安香廳之右
재실	23.5칸	상방2칸, 대청4칸, 월방1칸, 부엌1.5칸, 제기고2칸, 탄고1칸, 공수방3칸, 마루2칸, 공칸2칸, 창고1칸, 마랑3칸, 대문1칸	典祀廳之右

人)들이 건물을 짓는 방식이다. 임시건물을 제외하고 조성소에서 만든 건물은 〈표 9〉와 같다.

위의 표에서 주목되는 것은 비각으로 후일 정성왕후를 모신 홍릉을 천릉(遷陵)하여 함께 모실 경우를 대비하여 2칸으로 만든 것으로 보인다. 표석은 길이 8척 4촌, 넓이 3척 2촌, 두께 1척 6촌이고, 하전석은 2조각으로 이루어져 있다. 농대석(비좌)의 앞면 넓이 6척 4촌, 옆면 넓이 4척 3촌, 높이 3척 9촌이고, 가첨석의 앞면 넓이 5척 8촌, 옆면 넓이 4척 3촌, 높이 2척 8촌이다. 전면의 전자(篆字)는 "조선국 영종대왕원릉(朝鮮國 英宗大王元陵)"이라 하였고, 비문은 정조가 직접 썼다.[44] 이밖에 산릉도감에서는 산릉공역이 끝난 뒤 분장흥고와 별공작으로 하여금 정자각과 재실에서 사용할 각종 제기와 비품을 제작 · 공급하여 관리에 차질이 없도록 하였다.

3. 정순왕후 합릉(合陵)

1805년 1월 12일 영조의 계비(繼妃) 정순왕후가 서거하여 1월 20일 산릉자리의 선정절차에 들어갔다. 원릉으로 합릉하는 것을 염두에 두고 원릉부터 간심하여 여러 봉표처를 두루 살펴보았는데, 연운이 과연 맞을 것인지가 가장 큰 관심사였다. 당시 관상감제조였던 조진관은 원릉의 좌 · 우강 모두가 연운에 부합하는 것으로 보고하였다.[45] 1월 22일의 장계에서는 여러 지사들이 원릉 능상의 좌변 혈성이 존엄하고 안대가 균정하여 십전대길의 땅이고 우변원혈(영조의 자리)의 진선진미함과 더불어 조금도 차이가 없다고 하였다.[46] 정조가 선정했던 원릉자리 바로 옆이 연운이 부합되는 길지(吉地)라는 지사들과 대신들의 보고가 잇따르자 순조는 1월 25일 산릉자리를 확정하였다.[47]

1월 27일 묘시에 고유제를 지낸 후 산릉공역의 방향에 대한 논의가 진행되었다. 영조의 능침자리를 그대로 둔 상태에서 합릉하는 것이기 때문에 상설석물이나 각종 건물은 함께 사용하면 되었으나 곡장과 난간석은 구조 변경이 불가피하였고, 공간을 확보하기 위한 보축공역이 필요하다는 의견이 모아졌다.[48] 모든 제도는 원릉의 전례를 따른다는 원칙에 따라 묘지석도 자기(磁器)로 만들었다.

조성에 필요한 자금은 내하은자와 진휼청, 호조, 병조, 훈련도감, 금위영, 어영청, 사복시, 공충병영, 전라감영, 전라병영, 전라좌수영, 전라우수영, 경상감영, 경상우병영, 경상좌병영, 경상좌수영, 통영, 함경감영, 함경남병영 등에서 쌀 2,940석, 무명 116동 40필, 돈 16,934냥 4전, 정포 8동을 마련하였다.[49] 2월 13일에는 해좌사향(亥坐巳向)의 좌향과, 을축생인 정순왕후의 사주에 따라 주요 일정이 결정되었다.

시역(始役) : 2월 18일 임신일 진시(辰時) 먼저 남쪽 방향의 풀을 베고 땅을 판다.

선릉사후토제(先陵祠后土祭) : 2월 30일 갑신일 진시 남쪽 방향부터 선릉의 사후토제를 올린다. 미리 옹가를 짓는다.

금정열기 : 4월 11일 갑자인 묘시 금정을 연다. 4월 20일 계유일 오시. 혈의 깊이는 8척 4촌(조예기척을 쓴다.)

외재궁배진(外梓宮陪進) : 4월 29일 임오일 묘시.

하외재궁(下外梓宮) : 5월 2일 을유일 오시.

계찬궁(啓欑宮) : 6월 17일 기사일 미시 먼저 북방에 알리고 집의 허공을 돈다.

발인(發靷) : 6월 19일 신미일 인시에 행상하는데 병방과 임방을 꺼린다. 성빈은 산릉에 도착한 뒤에 일시에 따른다. 정상은 간방과 손방을 꺼린다.

산릉계찬궁(啓欑宮) : 6월 20일 미시에 먼저 북방에 아뢰고 진발한다. 같은 날 찬궁에 아뢴 후 때에 맞춰 현궁을 내린다.

하현궁(下玄宮) : 6월 20일 해시.

〈그림 162〉 쌍릉이 된 원릉

2월 16일 원릉의 장명등을 양 능침의 중간으로 옮겨 세우기로 하였다.[50] 3월 1일 당초 2칸으로 지어졌던 비각의 빈자리에 정순왕후의 표석을 새로 갖추어 들이기 위해 담벽을 잠시 헐었다가 다시 개축하기로 하였고, 난간석은 숭릉(崇陵)의 제도에 따라 합쳐서 하나의 위요(圍繞)로 만들기로 하였다.[51]

4월 14일 개금정과 외재궁을 내리는 날짜의 간격이 너무 길다는 산릉도감의 의견에 따라 일정을 조정하여 5월 2일 금정을 열기 시작하고 11일에 외재궁을 내리기로 하였으나 이 역시 간격이 길기 때문에 지기(地氣)가 새어나갈 염려가 있으니 착광은 외재궁을 내리기 3~4일 전에 하기로 하였다.[52] 5월 9일 금정을 8척 4촌 깊이로 팠는데, 토색이 지극히 아름다워 오채가 화려하였다고 하며, 예정대로 11일 유시(酉時)에 외재궁을 내렸다. 6월 20일 현궁을 내리고 입주전(立主奠)을 올렸다. 26일 안릉

〈그림 163〉 영종대왕 묘표

〈그림 164〉 정순왕후 묘표

〈그림 165〉 영조대왕 묘표

제(安陵祭)를 지내고 29일 상전을 베풀면서 산릉공역을 끝마치게 된다.

정순왕후의 봉분은 전면 높이 8척 6촌, 후면 높이 7척 8촌, 좌우 높이 8척이고, 전후의 지름이 27척, 좌우의 지름이 26척 5촌으로 둘레는 80척으로 조성되었고, 영조의 봉분과는 2척 간격으로 떨어졌다.[53] 정순왕후의 표석은 전면에 "조선국 정순왕후 부좌(朝鮮國 貞純王后祔左)"라고 이시수(李時秀)가 전서로 썼고, 후면은 김조순(金祖淳)이 비문을 짓고, 서용보(徐龍輔)가 글씨를 썼다.

4. 묘호의 추상과 표석증설

1890년 영종의 묘호를 추숭하기 위해 묘호도감(廟號都監)이 설치되고 영종을 영조로 추상(追上)하게 되었다. 1728년 발생한 '이인좌의 난'을 평정한 공(功)을 종묘사직을 지킨 것으로 재평가하여 '조(祖)' 자 묘호를 올렸던 것이다. 이에 따라 원릉에 설치된 표석도 고쳐 세워야 하는 문제가 발생하였다. 1857년 순종(純宗)을 순조(純祖)로 추상하여 올릴 때 인릉(仁陵)의 표석을 갈아서 재사용하였던 전례가 있었으나 원릉의 경우는 표석 글씨를 정조(正祖)가 직접 쓴 어필이라는 점 때문에 새로운 비석을 마련하기로 결정하였다.[54)]

1890년 1월 3일 종묘에 묘호 개정사실을 고하고 제주(題主)를 고친 후,[55)] 다음날 원릉의 표석과 비각을 덧붙여 짓는 시일(時日)과 고유제의 날짜를 잡도록 하였다.[56)] 표석의 건립은 묘호도감에서 진행하게 하였으며,[57)] 새로운 표석의 전면과 음기의 글씨는 고종이 직접 쓰기로 하였다.[58)] 윤2월 2일 표석 전면의 도안을 써서 입계하였고,[59)] 윤2월 24일에는 후면 음기의 도안을 써서 입계하였다.[60)] 3월 14일 도감에서 원릉 표

〈그림 166〉 원릉 비각

석 전면과 후면을 각각 4건씩 탁본하여 족자를 만들어 봉진하였는데, 각 1건을 세자궁에 보냈다.[61] 3월 16일 원릉에 새로운 표석을 추가하여 세웠다. 도제조였던 우의정 조병세는 날씨가 계속 좋아서 정해진 시각에 표석을 세울 수 있었다고 보고하였다. 이에 고종이 표석의 규모를 하문하자 새로 세운 표석이 정조가 세운 표석보다 5푼이 더 길게 되었으나 큰 차이는 없다고 하였다.[62] 이리하여 원릉에는 3개의 표석이 나란히 서게 되었다. 표석 전면에 "조선국 영조대왕원릉(朝鮮國 英祖大王元陵)"이라고 썼다.

제3절
왕릉의 관리와 제향

1. 관리

왕릉에는 능령(종5품) 1원과 참봉(종9품) 1원이 능관으로 임명되어 왕릉의 관리책임을 지고 있었다. 여러 개의 능원이 모여 있는 경우 서열이 높은 왕릉에만 종5품직을 두고 나머지는 낮추는 것이 관례이기 때문에 건원릉과 함께 있는 원릉의 경우 별검 1원(종8품)과 참봉 1원(종9품)이 임명되어 교대로 근무하였다. 능관은 능침의 봉심, 제향의 준비, 원릉 수호군의 관리감독을 하였다. 원릉에 소속된 수호군은 원군(元軍)이 70명이고, 보인(保人)이 140명이다. 원군 가운데 13명을 원역으로 차정하는데, 능서원(陵書員) 1명, 경서원(京書員) 1명, 수복(守僕) 4명, 고직(庫直) 1명, 산직(山直) 1명, 장번(長番) 3명, 후배(後陪) 2명이다. 수복에게는 근무할 때 착용할 홍의(紅衣)가 지급되었다.[63] 능관과 원역은 수호군과 함께 5일 간격으로 봉심을 하며 다음과 같은 일상적인 일을 수행하였다.

- ○ 능상과 정자각, 비각은 매일 상직수복으로 하여금 일일이 수소(修掃)하게 한다.
- ○ 삭망분향시에 수복은 장번군을 거느리고 능상과 정자각 내외를 수소하고, 계단과 마당 등도 일일이 소제(掃除)한다.

○ 매 대제향전 3일전에 수호군은 합번하여 수소한다.

○ 능상의 잡초와 안향청, 전사청, 재실 및 홍살문 밖 도로의 잡초는 합번하여 제거하는데 수호군으로 하여금 나누어서 담당하게 한다. 2월부터 8월까지는 매달에 1번 제초한다.(6월은 2번 제초) 겨울철 눈치우기 또한 합번하여 소제하는데, 비나 눈의 다소(多少)에 따라 근처 군정을 모으거나 멀리 사는 군졸을 합쳐 편한대로 소제한다.

○ 정자각 좌우의 전석을 깐 곳 밖은 잡초를 제거하지 않고 뿌리가 엉기게 하여 우수(雨水)에 부딪혀 깨지는 것을 방지한다.[64]

능관은 큰 바람이 불거나 비 또는 대설(大雪)이 오면 수시로 봉심하여 손상된 곳을 즉시 예조에 보고해야 하였다. 수호군들은 능침 주변뿐만 아니라 화소 경계안의 능역도 금양(禁養)해야 하였으며, 다음과 같은 규정이 마련되어 있었다.

○ 금양을 위해 매년 봄과 가을에 벌초를 한다. 화소는 들불을 방지하나 혹시 실화(失火)의 근심이 있으면 즉시 예조에 보고한다. 해자를 굴착한 곳이 혹시 메워지고 막힌 폐단이 있으면 또한 매번 예조에 보고하고, 예조낭관과 양주목사가 살펴본 후 다시 굴착한다.

○ 화소 안의 수목은 날마다 산지기를 보내 순찰하고, 능관 또한 수시로 적간한다. 땔나무 채취를 금지하고 외산의 일곱 개 언덕은 산 밑에 사는 백성을 정해서 '가전인(家前人)' 으로 삼아 엄하게 수호하도록 하되 만약 범작(犯斫)하다 현장에서 발견되는 일이 있으면 산지기와 가전인의 죄를 다스리고, 범작한 사람은 중한 경우 예조에 보고하거나 양주목사가 엄히 다스린다. 가벼운 경우는 재소(齋所)에서 죄를 다스린다.

○ 화소 안에는 일절 마을 사람들의 방목을 금지하여 수목이 빽빽하게 하는데, 마른 가지와 낙엽의 채취도 허락하지 않는다. 만약 금지사항을 범한 사람이 붙잡히면 경중에 따라 그 죄를 다스린다.[65]

정조는 1779년(정조 3) 2월 25일 범작한 사람에 대한 처벌 규정을 나무의 크기와 용도, 벌목한 숫자, 신분에 따라 세밀하게 제정하였다. 가령 능관이 공포로 쓸 수 있는 큰 나무[拱抱大木(可合作板者)]를 1그루를 베면 3년의 도배(徒配)에 처하고, 2그루 이상이면 대명률(大明律)에 따라 가중처벌하여 유삼천리(流三千里)에까지 처해지게 된다.[66]

여기에 덧붙여 1782년(정조 6) 6월에는 양주목사 홍명호가 원릉의 외안산(外案山)이 되는 양주 독음면(禿音面) 소미산(蘇渼山) 「외안산 금양절목」을 제정하였다. 소미산은 원릉에서 10리 정도 떨어져서 서로 마주보이는 곳인데, 수풀이 벗겨져 있어 보기에 좋지 않았다. 원릉의 사초를 수개할 때 대신과 예조당상이 소미산을 바라보며 금양하자는 논의를 내었으나 능침과 직결된 산이 아니었기 때문에 양주목사와 원릉 재소에서 편하게 금호하기 위해 제정한 것이었다. 홍명호는 금양처로 사람을 보내 상세하게 간심하여 경계를 정하였는데, "산 정상 북변은 30보, 서변은 1백보, 남변은 50보이고, 동변은 산배(山背)로 보이지 않는 곳이므로 거론하지 않는다."고[67] 하였다. 금양을 하여 외안산에 수풀이 우거지기를 기대하였던 것이다.

그런데 1805년 8월 서울의 미곡 상인 홍신항이 1801년 자신의 아버지 무덤을 원릉의 소미산 정상에서 6~7보 떨어진 곳에 옮겨 묻었는데 당시 이 사실을 발견하고도 금단하지 않은 능관과 서원들을 문책하는 일이 있었다.[68] 당시 참봉이었던 심긍지(沈兢之)는 그 무덤이 금표 밖에 위치하였기 때문에 금하지 않았다고 하였으나 정상에서 10여 보 정도는

보호해야 마땅하다는 의금부의 판단에 따라 장 80대를 맞고 유배형에 처해졌다.[69]

2. 제향

원릉의 정기적인 제향은 기신제와 설날, 한식, 단오, 추석, 동지 등의 오절일제(五節日祭)가 있다. 영조기신일과 정순왕후 기신일이 되면 하루 전에 승지를 보내 봉심하는 것이 관례이다. 부정기 제향으로는 국왕의 행행(幸行)에 따른 친제(親祭)와 능역 수개에 따른 고유제와 환안제가 있다. 각 제향마다 진설(陳設)하는 제품(祭品)은 〈표 10〉과 같이 차이가 있다.

〈표 10〉에서 보면 기신제에 사용되는 제품 종류가 12가지로 다른 제향보다 가짓수는 적지만 중박계와 산자, 다식을 진설하고, 실과와 떡의 양에 차이가 있다는 것을 알 수 있다. 또한 국왕의 친제도 기신제의 제품과 동일하게 차리는 것으로 보아 기신제향의 제품이 가장 격식 높은 상차림이라는 것을 알 수 있다. 오절일제와 고유·환안제에 사용되는 제품은 동일한데 실과와 떡의 양을 줄인 차이가 있다.

제관의 구성은 헌관(獻官), 대축(大祝: 절향 때에는 전사관을 겸행한다), 전사관(典祀官), 찬자(贊者), 알자(謁者), 재랑(齋郎: 참봉), 축사(祝史 별검), 감찰(監察)로 구성되어 있다.[70] 능관들은 제향에 참여하는 동시에 제향에 필요한 여러 준비를 하여야 했다. 국왕 친행의 경우에는 준비하여야 되는 일을 일일이 명시하였는데, 다음과 같다.[71]

○ 본릉(本陵)에 행행할 때 필요한 여러 도구가 만일 깨지거나 색이

〈표 10〉 원릉의 각 제향별 제품

구분	기신제	오절일제	고유 · 환안제
향(香)	○	○	○
축(祝)	○	○	○
제주(祭酒)	○	○	○
중박계(中朴桂)	4坐	×	×
약과(藥果)	×	4좌	4좌
산자(散子)	5坐(홍2, 백3)	×	×
다식(茶食)	5坐	×	×
실과(實果)	6色	4색	2색
채(菜)	×	3기	3기
병(餠)	9坐	3좌	2좌
탕(湯)	2器	2기	2기
면(麵)	1기	1기	1기
자(炙)	×	1기	1기
반(飯)	×	1기	1기
갱(羹)	×	1기	1기
근접(筋楪)	○	×	×
시접(匙楪)	×	○	○
오량촉(五兩燭)	3隻	×	×
소밀촉(小密燭)	×	3척	3척
제품 종류	12가지	14가지	14가지

바랜 것이 있으면 미리 예조에 보고하고 때에 맞춰 수개한다.

○ 친제시에 쓸 물건은 일체 서울에서 가져오니 수복이 알아둘 일들을 일일이 기록하여 미리 관사에 알리고, 해당 관사에서 명하여 진배한다.

○ 동구(洞口) 안의 교량과 도로는 칠릉[72]의 원군과 보인이 합번하여 힘을 함께하여 수리한다.

○ 대가가 재실에 이르면 능관과 제관은 흑단령차림으로 본 재실 대문 밖에서 맞이한다.

○ 원릉 관원으로 이조에서 차정한 능사(陵司) 및 능관은 천담복에 백화(白靴)를 신고 미리 정자각에 나아가 제물을 진설한다. 봉상시에서 가져온 제주로 작을 씻고 산뢰는 수건으로 닦아 보자기를 씌워 엎어둔다. 능사가 신문과 정문 동서협문의 개폐 및 등촉을 자르는 등의 일을 담당한다. 진설이 끝나면 양 능관과 전사관은 함께 제물을 진설할 장막 안에서 기다린다.[장막은 서쪽 계단 아래 북쪽에 설치하고, 상탁을 설치한다.]

○ 대가가 홍살문에 이르면, 향축이 먼저 홍살문 내 향당막으로 나아가고 능사는 무릎 꿇고 전향소에서 기다린다.[향당막은 각관이 미리 홍살문 안 서쪽에 설치한다. 전향상은 향로 가운데에 설치한다. 경(京)수복이 한결같이 인도한다.] 예방승지는 먼저 전향소에 나아가 무릎 꿇고 능사에게 전한다. 능사는 향을 받들어 본릉의 수복에게 전한다.[혹은 직접 받들고 간다] 이어서 향축을 받들어 전내에 들어가서 향상에 향합을 두고 향합 서쪽에 향로를 둔다. 축문은 축상에 펼쳐둔다. 나와서 자리에 돌아와 기다린다.

○ 대가가 도착하면 향로서변에서 맞이한다. 주상께서 홍살문 안에 이르러 전배할 때 능사와 능관은 전배하는 곳의 뒤에서 부복하여 주상께서 4배를 끝낼 때가지 기다린다. 만약 이어서 직접 봉심을 행하시면 능사가 앞에서 인도하고 능관은 배종한다.

○ 주상께서 봉심하실 때 혹 둘러보며 물어보는 일이 있으면 일반적인 일은 미리 강론하여 결정하고 차록하여 소매에 넣어 갔다가 편한대로 대답하여 아뢴다.

○ 주상께서 초헌례를 행하신 뒤 능사는 전내에 들어가서 향상을 옮기

〈그림 167〉 원릉 정자각

고 용문석과 어욕(御褥)을 거두어 나오고 아헌례 배석만 남겨둔다.

○ 친제를 파한 뒤 주상께서 돌아와서 소차에 이르면 능사는 신문과 정문, 양 협문을 열고 이어서 내려와 자리에 돌아온다.

○ 주상께서 돌아와서 홍살문에 이르러 사릉례(辭陵禮)를 행하고, 대막차에 이르면 능사와 능관은 이엄(二嚴)을 기다려 흑단령차림으로 먼저 동구 밖에 나가 지송한다.

○ 능행이 파한 뒤 재실에 입처하는 일은 예조에 품보하여 조치를 받은 뒤에 전례에 따라 한다.

제4절
왕릉의 위전과 향탄산

1. 위전(位田)

조선왕조는 왕릉에서 해마다 치러지는 제향의 제수비용과 능원의 관리를 담당하는 원역의 인건비를 마련하기 위해 왕릉마다 위전과 향탄산(香炭山)을 지급하였다. 조선왕조의 존속 기간이 늘어갈수록 능원은 계속 증가하였고, 그로 인해 후대(後代)로 갈수록 위전과 향탄산의 지급이 더 먼 지방에까지 배정되었다. 정조대에 이르면 서울인근에서 적당한 곳을 찾기 어려운 지경에 이르렀다.

원릉의 위전은 처음에 칠원현(漆原縣: 현재의 경상도 함안군) 저도(猪島) 등의 땅으로 정하였었다. 예조에서 이 땅이 놀고 있는 땅인지를 경상도 감사에게 확인시켰더니 칠원 현감이 "개간하여 농사 질만한 곳이 있는데, 대략 5, 60결(結) 가량은 된다."고 보고하여 원릉에 소속시키고, 책자를 만들어 올려 보내라고 하였다.[73] 이 책자에 대한 조사를 마치자 처음의 보고와는 달리 경작할 만한 땅이 아니었다.

칠원현의 위전 선정지에 대한 통제사 이창운(李昌運)의 보고에 의하면, "칠원현(漆原縣) 구산진(龜山鎭)의 시궁산과 저도 등지의 솔밭을 능감(陵監)이 내려와서 개간여부를 지방관의 입회하에 적간해 보니, 셀 수 없이 많은 소나무가 10년도 안되어 배를 만들 재목이 될 만하였다."는 것이었다. 그리고 "토지가 척박해서 백성들이 경작을 원하지 않고 설령 비옥하다고 해도 5, 60결(結)의 토지를 만들려고 7, 80리나 되는 울창한 소나무 산을 없애 버리는 것은 이익과 손해 차이가 매우 현격하다."며 위전을 다른 곳으로 옮겨 정할 것을 요청하였던 것이다.[74)]

정조는 예조판서 홍낙성(洪樂性)에게 원릉의 위전 장소 및 결수(結數)를 써오게 한 후, 원릉 위전이 여태 일정한 곳이 없는 것은 양안에 등록되지 않은 가경전(加耕田)과 솔밭[松田]을 차지하려는 모리배들이 능관을 부추겨서 많이 차지할 욕심을 낸 탓이라며, 호조의 원결 중에 50결을 정하여 주게 하였다. 또한 각 능원의 위전마다 많고 적음이 현격하게 다르니 건원릉(健元陵)에 의거하여 고르게 마련하는 것이 좋겠다며 예조판서와 호조판서가 상의하여 방안을 마련하도록 하였다.[75)] 예조에서는 정조의 지시에 따라 각 능원 위전의 실태조사에 나서는 한편 원릉 위전으로 쓸 새로운 장소를 물색하였다.

6월 17일 홍낙순은 원릉 위전을 호서(湖西)의 면세지 가운데에서 구획하여 정하였다고 하였다. 충청도 서원현에서 25결, 목천현에서 25결을 절수하여 50결을 맞춘 것이었다.[76)] 이에 대해 정조는 왕실의 각 능·원·묘 가운데 50결이 되지 않는 위전은 그대로 두고 수량이 많은 곳은 원릉의 예를 참작하여 개정하되, 원과 묘는 능에 비해 차등을 두게 하여[77)] 위전 정비의 방향을 제시하였다. 이에 따라 예조에서는 각 능·원·묘의 위전은 건원릉의 예에 따라 80결로 기준으로 삼아 광릉 7결 97부(負), 명릉 20결, 소령원 57결, 의소묘 266결 77부 7속(束)을 각각 줄일 계획이라고 하자 정조는 광릉과 명릉의 줄여야 할 결수는 차이가 심하게 나지 않으니 그대로 두고 원과 묘만 바로잡게 하였다.[78)]

그런데 호서지방에 정해졌던 원릉의 위전은 큰 문제가 있었다. 1785년 5월 6일 원릉을 봉심한 승지 이문원은 원릉의 수호군 70명 가운데 능소

근처에 거주하는 자는 20명에 지나지 않고 50명은 멀리 떨어진 곳에 거주하고 있어 눈이 내리면 쌓인 눈을 제때 치우지 못하는 폐단이 있다는 보고를 올렸던 것이다.[79] 위전이 너무 멀리 있기 때문에 생긴 일이기 때문에 원릉에서 멀리 사는 능군의 역을 다른 곳으로 옮기고 양주 부근에 사는 사람들로 바꾸는 것이 필요하였다. 정조는 예조와 경기도, 토지를 담당하는 영문(營門)과 아문(衙門) 등 관계 부서가 모여서 처리방안을 마련하게 하였다.[80]

수호군의 역을 옮기기 위해서는 수호군 1인당 17~18두락의 경작지를 주어야 하는데 양주지역 주변에서 마땅한 토지를 찾기 어려웠던 것이다.[81] 해결방안을 궁리하던 차에 능군들이 양주와 경계를 마주한 광주와 포천에는 각 관청과 군문에서 소관하는 토지가 있을 것이니 이를 경작지로 얻기 바란다고 하여 해결의 실마리를 찾게 되었다.[82]

이에 따라 예조에서는 광주와 포천에 소재한 각 영문(營門) 인근의 전답을 조사하였는데 광주에서 논 19결을 확인하여 균등하게 분배해 주는 것으로 검토하였다.[83] 이에 대해서도 쉽게 조정이 이루어지지 않자 특교를 내려 양주와 여주에 소재한 둔전번 35결 80여 복(卜)으로 바꾸어 획급하고, 1787년(정조 11) 2월 29일에 모두 면세지로 결정하였다.[84]

위전이 처음에 호서에 정해졌다가 경기도 양주와 여주 등지로 옮긴 후에 수호군이 거둬들이는 세금이 전보다 크게 나아졌다. 그러나 원릉 근처에 거주하며 생활하는 자는 당초부터 극히 적었기 때문에 사역하거나 눈을 치우는 일 등이 모두 다른 능보다 늦어지고 있는 문제가 개선되지는 않았다. 1796년 기신제 헌관으로 원릉에 다녀온 우의정 윤시동(尹蓍東)은 이 문제를 해결하기 위해서 화소 밖 근처에 충훈부 및 군문의 둔전 가운데 서로 바꿀 수 있는 것이 있으면 예조당상이 본 능관에게 문의하여 편한대로 환급해주어 수호군들의 생활을 안정시켜 사역(使役)에 전념

할 수 있게 하자는 의견을 제시하였다.[85] 예조판서 민종현은 "화소 밖의 역(驛)에 속한 위전이 있고 결수도 많으므로 이 가운데서 13결을 취해서 능군에게 환급하여 줄 수 있다."는 방안을 제안하자 정조는 이에 따랐다.[86]

그러나 땅을 관리하고 있는 병조에서는 능군들이 좋은 땅만 골라 밭을 논으로 바꾼 것이 27일경(日耕)이고 더해진 면적이 1결이 되어 역졸배들이 억울해하고 있으니 부근의 면에서 다시 획급해 줄 것을 요청하였다.[87] 구지면 소재의 역졸 위토가 130여 결이고 그 가운데 능군 위토로 바꾼 것이 12결이어서 여유는 있었지만, 능군들이 거리를 고려하지 않고 땅이 기름진 것만 택하여 동쪽에서 1묘(畝)를 취하고 10여 리나 20리 떨어진 서쪽에서도 1경(頃)을 취함으로써 능군 거주지 근처에 토지를 획급하는 뜻이 유명무실해졌다는 것이다. 병조는 역졸들도 불만이 있으니 해당 담당자와 능관이 함께 직접 가서 가장 가까운 곳으로 바꾸어주고 허부(虛負)를 뽑아내서 총괄한 뒤 평균으로 나누어 줄 것을 청하였다.[88] 정조가 이를 윤허함으로써 수호군의 경작토지 문제가 일단락되었다.

2. 향탄산

향탄산은 제향에 사용할 참나무 숯을 마련하기 위해 왕릉 부근에 지정하는 산이다. 조선왕릉이 계속 늘어나자 적당한 곳을 골라 지정하였는데, 원릉의 향탄산은 경상도 고성현 서쪽 20리 지점의 서면 서리 영포(㳥浦)에 있었다. 『원릉지』에는 "실결(實結) 80결로 680냥을 수세하는데, 삼수량(三手糧) 80냥, 태가(駄價) 66냥을 제하고, 실제 530냥을 상납한다. 매년 10월 안에 고성현에서 담당 색리(色吏)를 정해서 원릉에 수납하고 봉상(捧上)을 등록책(謄錄册)에 기재한다."고 기록되어 있다.[89] 원릉 향탄산의 4방 경계는 다음과 같다.

동 : 답하포 해변까지	서 : 삼봉포 태고정까지
남 : 주교 해변까지	북 : 엄포 병풍산까지

동서 10리, 남북 3리로 직자(直字) 32부터 익자(益字) 71까지 둘레가 20리 정도였다. 향탄은 40석을 거두는데 1년 동안의 삭망 분향탄으로 24석, 6번의 대제 분향탄 12석(매1향마다 2석씩)을 쓰고 탄 4석을 남겨두었다가 윤달이나 별향(別享)이 있을 때 사용하였다. 만약 국왕의 능행이 있어 친제를 올리게 되면 양주목사가 향탄을 준비하여야 했다.[90)]

원릉의 향탄산 선정과정도 순탄하지 않았다. 원릉공역이 끝난 지 1년이 넘도록 향탄산이 정해지지 않아 참으로 민망하다며 정조가 탄식하자 영의정 김상철은 "아랫것들이 송전(松田)을 얻으려는 것은 오로지 나무를 베어 팔려는 생각이므로 후보지를 정할 즈음에 뇌물을 바치기까지 한다."고 하였다.[91)] 원릉의 향탄산을 처음에는 남원(南原)과 광양(光陽)에 정하려 할 때 이득휘(李得輝)라는 자가 차인(差人)을 차지하려고 서춘군(西春君) 이엽(李爗)과 그 매부 안인택에게 뇌물을 썼던 사실이 발각되어 결국 두 지역에 정하지 못하였던 것이다.[92)] 정조는 예조판서와 상의하여 후보지를 다시 정한 뒤에 보고하게 하였다.

정조의 하명에 따라 후보지를 다시 마련하게 된 예조판서 채제공(蔡濟恭)은 3개월 뒤인 11월 10일 의소묘의 위전이었던 곳에 정하자는 의견을 제시하였다. 채제공은 의소묘의 위전 300여 결 가운데 9월 15일 하교에 따라 80결만 의소묘에 속하게 하고, 그 나머지 200여 결은 모두 세금을 내도록 하였는데, 세금을 내는 것 가운데에 명릉의 향탄 숫자와 같은 기준으로 80결을 뽑아내자는 것이었다. 채제공의 방안에 영의정 김상철과 좌의정 정존겸이 동의하자 정조도 여러 능 · 원 · 묘 가운데 의소묘의 향탄이 가장 많은데, 전에 줄인 것 가운데서 옮겨 지급하면 좋겠다며 명릉의 향탄 결수에 따라 거행하도록 하였다.[93] 정조는 원릉 향탄에 관한 일이 결정되자 이 뒤로는 그 능에 소속된 자들이 시끄럽게 다투는 폐단이 없을 것으로 기대하였다.[94]

제5절
왕릉의 개수

1. 사초의 관리

능원의 공역이 끝난 뒤 관리상 가장 큰 문제가 되는 것은 능침에 심은 사초(莎草: 잔디)가 뿌리를 잘 내리는지를 살피는 것이었다. 사초가 잘 자라지 않으면 지기(地氣)가 좋지 않은 것으로 인식하였기 때문이다. 또한 원형봉토분의 특성상 비바람에 흙이 씻겨나가는 것을 방지하기 위해서 강(岡)과 봉분에 사초를 입히는 것이기 때문에 몇 년 사이에 사초가 말라 죽게 되면 생각하지 못한 큰 공역이 발생할 수도 있었다.

원릉의 경우 1년만인 1777년(정조 1) 사초가 말라죽는다는 보고가 올라왔다. 정조는 곧바로 승지를 보내 살펴보게 한 후 수개(修改)하기로 결정하였다.[95] 정조의 명으로 다시 봉심한 좌의정 김상철은 사초가 살아날 가망이 있으므로 말라 죽은 곳만 개보(改補)하면 된다고 하여[96] 신속하게 조치가 이루어졌다. 그로부터 2년이 지난 1779년 5월 13일 큰비가 내려 능상의 사초가 무너져 내렸다는 원릉별검의 보고가 있었다.[97] 영의정 김상철 등이 곧장 가서 봉심한 뒤, "무너진 곳은 길이 4척, 폭 8척, 틈이 갈라진 곳은 폭이 7촌이어서 즉시 수개하여야 한다."고 보고하였다.[98] 규모로 볼 때 그리 크지는 않았지만 3년 만에 두 번째 수개가 이루어진 것이다.

원릉 능상은 이듬해에도 문제가 되었는데, 1780년 6월 1일 원릉별검이 능상의 사초가 무너지는 우환이 있다고 보고하였다.[99] 지난해에 무너졌던 곳이 다시 무너진 것이다. 동년 7월 26일 정조는 "지난밤에 큰비가 내려 지난달에 수보한 곳이 다시 무너지는 우환이 없는지 좌승지가 봉심하라." 고 한 것으로 보아 곧바로 수개가 이루어진 것으로 보인다.[100]

1년 뒤인 1781년 윤5월에 큰비가 내려 능상이 유방(酉方)부터 해방(亥方)까지 폭 7척, 길이 3척, 깊이 1척 정도가 다시 무너져 내렸다.[101] 영의정 서명선 등이 즉시 봉심하러 가서 목척(木尺)으로 측량해보니 길이 5척 5촌, 폭 16척, 깊이 8촌이 떨어져 나갔다. 정조는 원릉의 사초가 연이어 탈이 나자 그 원인을 모르겠다며 답답해하였다. 서명선은 능상이 높은 지형이 아니지만 갑자기 높고 험준하게 되어 사초가 뿌리를 내리기 쉽지 않은데 한번 큰비가 내리면 갑자기 무너지게 된다고 하였다.[102] 윤5월 23일 원릉수개에 대한 고유제를 목릉과 함께 지내고 25일 수개에 들어가 이틀 만에 끝낸 후 27일 위안제를 지냈다.[103]

해마다 수해(水害)를 입었던 원릉은 1782년에는 한재(旱災)를 입었던 듯 능상의 사초가 축방(丑方)에서 묘방(卯方)까지 길이 17척, 폭 16척 정도의 사초 뿌리가 흙에 고착되지 않고 잎이 푸른빛을 잃어 회생할 가망이 없어 보인다는 참봉의 보고가 예조에 올라왔다.[104] 원릉을 봉심하고 돌아온 좌승지 조시위는 능관의 보고대로 수개공역을 늦출 수 없다고 하였다. 해마다 탈이 생기는 원인을 찾지 못하자 정조의 고민이 깊어갔다.[105] 봉심하고 온 김상철은 1776년 원릉의 인산이 7월 27일이고 8월 2일에 봉축을 완료하였는데 당시 장마가 져서 물이 넘치고 날씨가 더워서 사초의 뿌리가 제대로 고착되지 않았던 것이라 판단하였다. 또한 봉분을 너무 높이 쌓아 매년 문제가 생기는 것이라며 봉분을 다시 쌓아야 하는데, 이미 갑자년(1744년)에 명릉에서 행했던 전례가 있다고 보고하였다.[106]

정조는 김상철의 의견에 동의하며 지금은 개축(改築)과 개사(改莎)를 하고자 해도 시기가 아닌 것 같다며 『승정원일기』와 『예조등록』을 가져오게 하여 살펴보았다.[107] 당시에 명릉참봉으로 있었던 윤동섬은 봉축이 견고해서 사초가 뿌리를 내리기 어려웠기 때문에 2년에 한 번, 혹은 연년으로 탈이 생겨서 갑자년에 봉축을 다시 하는 일이 있었고 6월에 피해를 입어 수개할 때가 아니라고 여겨 8월에 물려서 거행하였다고 하였다.[108] 이때 원릉을 봉심하고 돌아온 김상철은 사초가 말라 죽은 곳에 간간이 싹이 튼 것이 있으나 모두 붙어 있는 흙이 아니고 작년에 수개할 때 새 흙으로 북돋지 않아서 지금의 탈이 있게 된 것이고, 또 말라죽은 곳 외에 간혹 잎이 푸른 것들은 손이 닿으면 갑자기 무너지니 그 뿌리가 잘 붙지 않은 것을 알 수 있다며 이번에 새롭게 보수하는 것이 좋겠다고 하였다.[109]

원릉봉분을 크게 수개하려던 차에 봉심한 승지가 급한대로 우선 개보(改補)하여야 한다고 하자 정조는 계속 가물 것으로 예상한 듯 보충하기로 하였다.[110] 그래서 5월 7일 사초를 다시 입히기로 하고,[111] 군문(軍門)에서 보유하고 있는 수차(水車) 가운데 가장 완전한 것을 원릉으로 보내 물을 대게 하였다.[112] 수차를 이용하여 사초를 입히는 작업을 한 장교는 물을 주면서 작업을 하였기 때문인지 예전의 사초와 새로 입힌 사초가 구분되지 않을 정도라고 하였다.[113] 그러나 이때의 조치는 임시적인 것이었고, 이듬해 원릉의 봉분을 다시 쌓는 공역을 통해 근본적인 문제 해결을 시도하였다.

2. 개수도감의 설치

(1) 1차 개수도감 설치

1783년 7월 10일 원릉별검은 큰비가 내려 능상의 해방(亥方)부터 축방

(丑方)까지 준축(蹲縮)되었다는 보고를 올렸다. 7월 14일 봉심하고 돌아온 정홍순은 능상을 다시 봉축하여야 한다는 보고를 올렸다.[114] 그리하여 원릉개수도감이 설치되고,[115] 정홍순이 도제조, 서유린과 이재협이 제조, 한대유(韓大裕)가 낭청으로 임명되었고, 8월 25일 공역을 시작하기로 택일되었다.[116] 정조는 정홍순과 수개 공역 전반에 대하여 의견을 나누었다. 정홍순은 봉분의 옛 흙으로 다시 봉분을 쌓고 그 위에 새로운 흙으로 덮은 후 사초를 입힌 뒤에는 칡덩쿨로 봉분을 고정시켜 두기로 하였다. 새로 들어가는 흙은 3~4백 짐 정도로 추산되었고, 역군의 고가(雇價)는 전2분, 미 2승인데 전으로 3분을 지급하기로 하였다. 능상에는 옹가를 짓지 않고 유차일(油遮日)을 배설하고, 봉분의 형태도 명릉의 전례에 따르기로 하는 등 공역의 전반적인 규모가 정해졌다.[117]

숭릉 능상의 봉분 높이는 8척 2촌인 데 비해, 원릉 능상의 봉축 높이는 10척으로 너무 높아 사초가 마치 벽에 붙어 있는 것처럼 되어 있었기 때문에 해마다 탈이 발생한 것으로 판단하고 봉분의 높이를 낮추기로 하였다.[118] 정홍순은 봉분의 형태를 위는 뾰족하고 아래는 풍만하게 하는 것이 안전하다면서 하면(下面)은 그대로 두고, 상면(上面)의 풍후(豊厚)한 곳을 점점 깍아내서 뾰족하게 하는 것이 좋겠다고 하였다. 원릉 사초 수개를 위해 수차를 새로 만들어 수시로 물을 주어 말라죽는 일이 없도록 조치하였다. 8월 25일 직접 원릉에 나아가 봉축과 사초 수개공역을 지켜본 정조는 매10일마다 사초의 상태를 예조에 보고하게 하였다.[119] 9월 30일 원릉을 봉심한 서유린이 사초는 탈이 없고 뿌리가 거의 고착된 것 같다는 보고를 올리자 정조는 다른 염려가 없을 것이라 여겼다.[120]

이때의 수개공역으로 몇 년간 별다른 피해가 없었으나 4년 뒤인 1787년 5월 18일 큰비가 내려서 능상의 사초가 깊이 7촌, 좌우로 벌어진 길이가 6척 정도로 터지는 사고가 발생하였다. 정조는 즉시 대신에게 나가서

살펴보고 도형을 그려 복명하게 하였으며,[121] 장마철이 지난 7월에 보수 공역이 이루어졌다.[122]

(2) 2차 개수도감 설치

1810년(순조 10) 6월 20일 빗물로 인해 인방(寅方)부터 사방(巳方)까지 떨어졌는데 그 규모가 주척(周尺)으로 너비 25척, 높이 10척에 달하였다. 봉심하고 돌아온 좌의정 김재찬(金載瓚)의 보고를 들은 순조는 가을에 도감을 설치하여 수개하기로 결정하였다.[123] 예조에서는 수개하는 길일을 8월 20일 진시로 추택하였고,[124] 수개고유제는 8월 15일 추석 제향 때 겸행하기로 하였다.[125]

개수할 기일이 다가오자 8월 17일 순조는 원릉개수도감의 도제조 김재찬과 제조 심상규, 박윤수(朴崙壽)를 불러 공역에 대하여 논의하였다. 이 자리에서 김재찬은 공역이 하루면 될 것 같지만 상황을 보아가며 완전하게 수개할 뜻을 밝히고, 도감이 파한 뒤에 뒷일을 능관들이 담당하는 일의 방향을 제시하였다. 유둔(油芚)을 쓰고 나면 뒤집어서 말려야 하는 번거로움이 있어 백목(白木 : 흰 무명) 차일을 쓰는 것이 나을 것이며, 다시 입힌 사초에 물을 주는 방식을 수차를 이용해서 너무 많이 주는 것보다는 소나무 가지를 이용하여 골고루 뿌리는 것이 나으니 수차는 필요하지 않다고 하였다.[126]

원릉의 수개공역은 예정대로 8월 20일 진시에 시작하여 다음날 오시(午時)에 끝났다. 보수를 할 곳이 당초보다 넓어졌고, 있던 흙과 새로운 흙이 서로 합쳐지기 어려워서 진흙을 짓이겨서 견고하게 쌓아 올렸으므로 다시 무너질 염려는 없다고 보고하였다.[127] 순조는 다음날 상전을 베풀고 노고를 치하하였다.[128] 그러나 이후로도 원릉 영조의 봉분은 부분적으로 사초가 마르거나 일부가 무너져 내리는 일이 간혹 일어나서 그때마다 수개하는 일이 반복되었다.

이처럼 조선왕릉 봉분의 사초는 왕릉에서 가장 관리하기 어려운 부분이었는데, 원형봉토분의 구조적 특성에서 비롯된 것이었다. 즉, 반구형(半球形)으로 생긴 봉분은 햇빛을 충분히 받지 못하는 자리가 생기게 되고, 그 자리의 사초는 뿌리가 약하기 때문에 많은 비가 내리면 문제가 발생하게 되는 것이다. 사초를 보강하는 것은 원릉만의 문제가 아니었던 것이다.

제6장

결론

정조 건릉 능상

조선초기 국장절차는 고려의 제도를 기본으로 삼았고, 왕릉은 공민왕릉을 모범으로 삼아 조성되었다. 따라서 고려왕릉에서 조선왕릉으로 계승되는 과정을 고찰하기 위해서는 고려왕릉 연구가 선행되어야 하지만 현재의 연구환경으로 말미암아 고려왕릉에 대한 연구성과가 많지 않은 상태에 머물러 있다. 그래서 필자는 일제강점기에 이루어진 조사부터 최근까지 남·북한에서 나온 자료를 토대로 고려왕릉에 대한 연구를 진행하였다. 그리하여 고려왕릉의 공간구획과 석물구성이 고려초~무신정권기와 원간섭기로 나뉘어진다는 사실을 확인하였다.

통일신라왕릉을 발전적으로 계승한 태조 현릉은 전륜성왕 사상을 상징하는 봉분구조와 석물체계를 갖춘 것으로서 3개의 공간으로 구분하여 봉분주위에 석사자를 배치하고 석상과 장명등을 시설하였으며, 석주(석망주)와 석인을 세웠다. 봉분 하단에 제당까지 갖춘 태조 현릉은 단순한 매장시설이 아니라 제의(祭儀)까지 베풀어지는 성소(聖所)가 된 것이다. 그 후 고려 무인집권기까지 태조 현릉의 제도를 벗어난 왕릉이 확인되지 않은 것으로 보아 현릉이 고려왕릉의 기준이 되었던 것이라 할 수 있다.

원간섭기에 들어서 원나라의 부마국이 된 고려는 바뀐 환경에 맞는 새로운 왕릉형태를 만들어 나갔다. 이때 원나라에는 능묘제도가 없었기 때문에 송나라 제도를 도입하여 석사자 대신 석호와 석양을 배치하고, 석인을 증설하였으며, 공간구획까지 1단 더 늘렸던 것이다. 외형상 규모가 더 확대된 것이지만 큰 변화라기보다는 기존의 제도와 가장 흡사한 제도를 받아들인 것이기 때문에 형태적으로 큰 차이가 없는 것처럼 보이기도 한다. 하지만 그러한 변화는 황제국을 자처하던 고려가 원나라의 부마국이 된 환경의 변화를 반영한 것이었다.

그 가운데 조선왕릉의 모범이 된 공민왕릉은 변화된 고려왕릉제도에 따라 조성된 왕릉으로서 대단히 우수한 조영술(造營術)을 보여주고 있다. 뛰어난 미적감각의 소유자였던 공민왕이 자신의 왕비인 노국대장공주의 정릉(正陵)조성을 직접 지휘하면서 원나라에서 공장(工匠)을 데려와 조성하였기 때문이다. 그런데 1368년 중국에서 원·명교체가 이루어지자 공민왕은 친명(親明)정책으로 선회하였고, 자신의 수릉(壽陵)을 정릉 옆에 마련하면서 명나라 제도를 받아들여 무인석을 설치함으로써 새로운 석물구성을 선보이게 되었다.

공민왕비 정릉과 공민왕 현릉의 조성 이후 고려에서는 더 이상 왕릉이 조성되지 않았기 때문에 조선에서 공민왕릉을 모범으로 왕릉을 조성한 것은 자연스러운 결정이었다. 1392년 조선을 건국한 태조는 자신의 4대조와 첫 번째 부인[향처]의 추존과 함께 기존의 묘소를 왕릉으로 가봉하는 조치가 있어야 했으나 한양도성의 축성과 경복궁 건축 등으로 인해 크게 주목하지는 못하였던 것 같다. 특히 신의왕후 제릉의 경우는 거의 방치되다시피 하였던 것으로 보인다.

따라서 조선건국 이후 조성된 최초의 왕릉은 1396년 서거한 신덕왕후의 왕릉인 정릉(貞陵)이라 할 수 있다. 태조는 공민왕릉을 모범으로 삼아 정릉 조성에 힘을 기울였으며, 자신의 수릉(壽陵)까지 함께 조성하였다. 그러나 정릉은 1408년 태종에 의해 천장되면서 묘로 강등되어 규모가 대폭 축소되었고, 종묘에서도 신덕왕후를 배제하였기 때문에 이후에 조성된 왕릉의 모범이 되지 못하였다. 다만 청계천 광통교 석축에 사용된 정릉의 난간석 석주가 원두(圓頭)형으로 되어 있어 공민왕릉과 약간의 차이가 있었다는 것을 확인할 수 있을 뿐이다.

1404년(태종 4) 제릉에 신도비를 건립한 태종은 1406년 예조의 건의에 따라 산릉의 능실 보수(步數)를 사방 각각 161보(步)로 정하였다. 381보인 한나라 광무제 원릉(原陵)의 규모를 반으로 줄인 것인데, 산릉공역 때 조성되는 봉분과 정자각 등의 시설물이 이 규모 안에서 해결되어야 했다. 그 후 태종은 그 규정을 적용하여 1407~1408년 사이에 제릉을 왕릉의 규모로 확장하였다. 개성에 위치한 제릉은 공민왕릉을 모범으로 삼아 4개의 공간구획을 하였고, 석물제도 역시 공민왕릉을 모범으로 삼았다. 다만 장명등을 4각에서 8각으로 변형시켜 변화를 주었다.

그 후 태종에 의해 조성된 왕릉은 대개 제릉을 모범으로 삼아 조성되었다. 1408년 조성된 건원릉 역시 제릉의 방식대로 조성하였으나 난간석 석주를 정릉과 같은 원두형으로 하였다. 그리하여 새로운 석물조합이 만들어졌고, 건원릉이 조선왕릉 석물 양식의 기준으로 등장하게 되었다. 태종은 북도 8릉을 추존왕릉의 격에 걸맞게 정비하면서 작은 묘표를 세워 능주(陵主)를 밝히기도 하였다.

태종은 1412년 정안왕후와 1419년 정종의 서거에 따라 후릉을 조성하였는데, 조선에서 처음으로 합장왕릉이 만들어졌다. 후릉은 2개의 봉분을 이어붙인 형태의 쌍릉으로서 별개의 석실을 가지고 있는 공민왕릉과 가장 유사한 형태의 왕릉이라 할 수 있다. 공민왕릉이 현릉과 정릉으로 능호를 구분한 것에 비해 후릉은 왕과 왕비의 능을 동일한 능호로 사용한 첫 번째 왕릉이 되었다.

태종은 태조와 정종의 경우와 달리 왕후가 아직 생존해 있는 상황에서 자신의 수릉을 미리 정해두었기 때문에 1420년 원경왕후가 서거하자 산릉이 곧바로 정해졌다. 하지만 세종의 지나친 효심으로 인해 5개월로 예정된 장례기간을 3개월로 단축하기도 하였다. 태종은 후릉을 모범으로 헌릉을 조성하였고, 세종이 태종을 원경왕후와 합장하자 헌릉과 후릉은 거의 같은 형태가 되었다.

태종에 의해 거의 완성되어 가는 듯했던 왕릉제도는 세종이 헌릉에 홍살문을 처음으로 세우고, 전찬배설청[후일의 제기고]까지 세움으로써 왕릉에서의 유교 제례의식이 전보다 강화되는 방향으로 변화하였다. 더 나아가서 세종은 『주자가례』에서 제시된 부부합장묘를 왕릉에도 적용하기 위해 소헌왕후 영릉을 조성할 때 2개의 석실을 한꺼번에 조성하면서 석실구조에 큰 변화를 시도하였다. 이로써 왕과 왕비를 합장할 경우 각각의 봉분을 난간석으로 연결하는 방식의 쌍릉이 1개의 봉분만 조성하는 것으로 바뀌게 되었다.

또한 명나라 제도를 수용한 공민왕릉에서부터 배설위치 문제로 설치하지 않았던 석마를 문·무석인 뒤에 배설함으로써 조선왕릉의 석물상설제도가 완비되었다. 태종대의 왕릉조성과 소헌왕후의 영릉조성 과정에서 나타난 세종의 조치들은 『세종실록 오례의』「치장」조에 기록되었고, 『국조오례의』에 계승됨으로써 조선왕릉의 예제(禮制)적인 정비가 일단락되었다. 그러한 과정을 거쳐 정비된 조선왕릉 제도는 전조(前朝)부터 내려온 왕릉조성의 전통과 중국 능묘제도가 결합된 것으로서 석실로 조성되던 능실을 회격으로 바꾸면서 봉분구조에 변화가 있었을 뿐 큰 변화 없이 지켜졌다.

조선초기에 조성된 왕릉은 지하에 석실을 만들고 그 위에 원형봉토분을 가봉(加封)하는 구조로서 봉분구조만 놓고 보면, 통일신라~고려로 이어지는 전통적인 구조를 계승한 것이라 할 수 있다. 호석에 12지 신상을 조각한 통일신라왕릉을 계승한 고려 태조 현릉에서 12면의 병풍석 구조가 만들어진 이후 고려왕릉의 기준이 되었다. 화려하고 구조적으로 완벽한 형태를 구현한 공민왕릉은 12지 신상을 변형시켜 구름 속에 떠 있는 도인(道人)의 모습을 기본으로 하고 머리 위에 12지를 조그맣게 표현하였으며, 우석에 영저와 영탁을 조각하여 불교색채를 더한 병풍석이 만들어졌다.

공민왕릉의 봉분구조를 거의 그대로 받아들여 석실로 조성되던 조선초기 왕릉은 세조의 유명(遺命)에 따라 『주자가례』에서 제시한 회격을 수용함으로써 봉분의 치장과 직결된 병풍석을 시설하는데 문제가 발생하였다. 거대한 병풍석 구조물과 높은 봉토의 무게를 회격이 과연 감당할 수 있을지가 과제였던 것이다. 그리하여 봉분에 시설하는 병풍석과 봉분의 높이를 낮추는 변화가 발생하였고, 석실에 병풍석을 갖춘 경우와 회격에 병풍석이 있기도 하고 없기도 한 경우 등 다양한 형태가 4시기로 구분되어 나타나게 된 것이다.

난간석은 통일신라의 경우 통일된 면(面)을 갖추지 않았으나 태조 현릉에서 병풍석 면과 같은 12면을 기본 형태로 완성하였고, 공민왕릉에서 장식성을 더하여 형태적으로 우수한 난간석이 만들어졌다. 조선왕릉의 난간석은 이를 계승한 것인데, 정릉(貞陵)을 조성할 때부터 석주의 상부를 원두형으로 바꾸었다. 난간석은 현궁 공간을 회격으로 조성한 이후에 병풍석을 제거한 왕릉이 늘어남으로써 왕릉의 봉분에서 유일한 장엄시설물이 되었다.

난간석을 포함한 봉분은 곡장에 의해 보호되는데, 고려왕릉의 경우 능선에 자리잡은 봉분을 보호하기 위해 봉분 후면에 '冂'자형 석축을 조성하였다. 이전까지와는 다른 새로운 양식을 도입한 것이었는데, 조선초기 왕릉의 곡장도 같은 형태로 만들어지다가 조선후기에 모서리를 말각(抹角)하여 5면 곡장으로 변형된 것으로 추정된다.

공민왕릉은 봉분 앞에 석망주를 세우고, 기둥에 왕의 상징인 도끼모양의 보삽을 조각하였다. 그것은 석망주가 왕릉에 세워지는 상징물이었음을 의미한다. 조선에 들어와서 보삽의 형태가 차츰 뭉툭해지다가 점점 변형되었으며, 후기왕릉에서는 세호가 조각되었다.

고려초기~무신집권기에 조성된 왕릉의 외호석물은 통일신라왕릉의 석사자를 계승한 것이었으나 원간섭기 이후 송나라 3품 이상 훈척대신묘의 제도를 도입하여 석호와 석양으로 교체하여 시설하였다. 공민왕은 명나라와 사대관계를 맺은 이후 명나라 황릉의 무석인을 본받은 무석인까지 세웠다. 공민왕릉에는 유교식 제향을 위한 침전으로 설치된 정자각 외에도 봉분 앞에서 제의를 지낼 수 있도록 석상과 장명등, 배석, 소전대와 같은 석물을 배설하였다. 즉, 유교와 불교가 공존하고 있었던 시대적 상황을 공민왕릉의 석물체계에서 확인할 수 있다.

조선초기에는 태종과 세종을 거치면서 점차 유교이념에 맞는 사회체제를 갖춰나갔다. 세종대에는 국상 때마다 논의를 거치던 산릉조성 방식을 예제(禮制)화시켜 『세종실록오례의』「치장」조로 정리되었고, 1474년 『국조오례의(國朝五禮儀)』의 반포를 통해 왕릉의 조성과정과 석물의 상설은 제도화되었다. 이에 따라 조선초기 왕릉에 배설되던 배석과 소전대를 제거하였고, 왕릉에서의 불교식 제의를 금지하였다. 이때 석상과 장명등도 없애야 했으나 선대에서 설치한 전례와 크기가 주는 상징성으로 인해 계속 시설되었다.

또한 고려의 제당[정자각]은 규모가 크지 않았으나, 조선은 유교를 국시로 하면서 조상에 대한 제례를 중시하였다. 왕릉에서도 여러 차례의 제향을 올려야 했으므로 정자각은 건물 자체도 제법 큰 규모를 갖추게 되었고, 수라간[제기고], 수복방 등의 부속시설까지 마련하였다. 그리고 정자각 앞으로 어로를 놓고 홍살문을 세워 엄숙한 공간으로 구성하였다. 왕릉에서 지내는 제향은 재실이라는 시설물에서 준비하게 되는데, 평상시의 재실은 능관(陵官)들이 숙직하며 왕릉의 제반 사무를 처리하는 관청[능소]의 기능을 가지고 있었다.

세종 때에 정비된 조선왕릉제도는 세조 때 석실을 회격으로 대체한 것과 영조가 산신석상을 설치한 것 외에는 형태적으로 볼 때 큰 변화 없이 이어졌다. 조선왕조가 장수하면서도 왕릉제도에 큰 변화가 없었던 이유는 전례를 중시하는 문화풍토에서 기인하는 것이라 할 수 있다. 다만 17세기에 왕릉 제기고의 도난 사건이 발생하여 제기고를 재실로 옮긴다든지, 정자각 정전의 형태가 3칸 맞배지붕에서 5칸 팔작지붕을 시험해보는 등의 부분적인 변화가 있을 뿐이다. 그러한 변화들이 예제적으로 반영된 것은 1758년(영조 34) 『국조상례보편』을 통해서였다.

조선왕릉은 당대 최고의 정성을 기울여 최상의 자리를 선정하고, 5개월 이내의 기간 동안에 정해진 절차에 따라 조성되었다. 성종대 이후에 조성된 왕릉들은 대부분 『국조오례의』, 가까운 시기에 조성된 왕릉의 전례(前例), 새로운 왕릉이 위치하게 될 장소 가까이에 있는 왕릉제도를 참조하여 조성되었다. 영조의 원릉(元陵)은 『국조상례보편』은 물론 명릉(明陵)과 홍릉(弘陵)의 전례를 기준으로 삼아 조성되었다. 원릉의 사례를 통해 왕릉조성의 전체 과정과 관리체계를 이해할 수 있을 것이다.

영조는 홍릉 옆자리에 수릉을 정하여 두었으나 산릉자리는 정조의 의중이 더 크게 작용하였다. 정조는 주자 「산릉의」를 내세우면서 산운, 연운, 본명운이 합치되는 가장 합당한 자리에 모신다는 풍수이론을 적용하여 효종의 옛 영릉(寧陵)자리를 영조의 왕릉자리로 정하였다. 정조는 비각을 2칸으로 지어 홍릉에 모신 정성왕후를 천장하여 합릉할 계획까지 수립하였다. 그러나 정조 재위시에는 합당한 연운을 만나지 못하여 비워두었는데 1805년 영조의 계비 정순왕후가 서거하자 원릉에 합릉하게 되었다. 이러한 일련의 과정은 정조가 도입한 새로운 풍수이론을 적용한 왕릉조성 방식으로 생각되지만 아직 구체적인 연구는 없는 상태이다.

각 능 · 원 · 묘는 2인의 관원과 다수의 수호군들이 소속되어 사산(四山)경내와 금양지를 관리하며 제향을 준비하였다. 이 비용을 충당하기 위해서 위전과 향탄산이 지급된다. 정조가 즉위할 당시에 조선왕조는 이미 380여 년을 지속하면서 많은 곳에 왕실 능 · 원 · 묘를 조성한 상태였기 때문에 한양에서 가까운 곳은 여유가 없었다. 이로 인해 삼남지방에까지 위전과 향탄산을 배정하여야 하는 상황이었다. 정조는 능관리에 문제가 발생하자 여러 방안을 마련하는 한편, 각 능 · 원 · 묘의 위전과 향탄산을 정비하면서 원릉의 위전과 향탄산 문제를 해결할 수 있었다.

원릉선정을 주도한 정조는 해마다 사초가 떨어져 나가거나 마르는 일이 반복되는데도 근본적인 원인을 찾지 못해 답답해 하였다. 능상의 사초가 피해를 입는 것은 원릉뿐만 아니라 다른 능들도 언제나 일어날 수 있는 일이기 때문에 자리의 길흉(吉凶)을 논할 수 없는 문제였으나 자칫 지기(地氣)가 나빠 그렇다는 말이 나오기라도 한다면 큰 문제가 아닐 수 없었다. 큰비가 온 후 원릉에서 사초에 대한 보고가 올라오면 정조는 답답한 심경을 토로하며 그 원인을 찾기에 부심하였다.

결국 봉분을 다른 능에 비해 너무 높이 쌓았던 것이 문제로 대두되자 1783년 개수도감을 설치하여 능상의 흙을 다시 쌓으면서 봉분의 기울기를 낮춰줌으로써 문제해결을 시도하였다. 그리하여 정조 재위기간에는 큰 문제가 발생하지 않았으나 1810년 다시 수해를 입어 사초가 벗겨지자 재차 개수도감이 설치되어 봉분을 다시 쌓는 일이 일어났다. 조선왕릉의 봉분 형태에서 기인한 구조적인 문제 때문에 2차례의 개수도감이 설치되었던 것이다. 이와 같이 조선왕조는 왕릉의 조성과 관리에 최선의 노력을 다하였다.

결론적으로 보면, 통일신라왕릉은 고구려 석실과 당나라 제도를 수용하여 새로운 왕릉제도를 만들었고, 이를 받아들인 고려는 태조 현릉에서 보다 완성된 봉분 형태와 왕즉불사상을 구현한 석물의 상징체계를 선보였다. 고려는 원간섭기 이후 송나라와 명나라의 능묘제도를 받아들였으며, 공민왕릉에서 절정의 조영술을 보여주었다. 조선왕릉은 공민왕릉을 기반으로 하면서도 『주자가례』에서 제시한 회격을 도입하여 유교이념에 충실한 왕릉제도를 만들어 나가면서 다른 나라에서는 찾아볼 수 없는 공간구성과 석물상설제도를 보여주고 있다. 불교적인 전륜성왕을 대신하여 문무(文武)를 겸비하고 오상(五常)을 두루 갖춘 '성군(聖君)'을 모신 공간으로 변모한 것이다. 또한 왕릉에서 각종 제의를 거행함으로써 성소(聖所)의 의미를 더욱 부각시켰다. 그리하여 조선왕릉은 고유의 왕릉제도를 기반으로 하면서도 중국에서 전래된 불교와 유교사상, 능묘제도 등 여러 문화요소들이 융합되어 있는 문화유산으로서 조선의 문화역량을 드러내고 있는 것이다.

부표

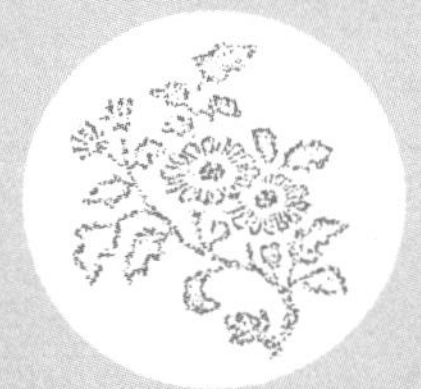

〈부표 1〉 남한 소재 조선왕릉 일람표

능호	피장자	졸년	봉릉년도	소재지	비고
건원릉(健元陵)	태조(太祖)	1408	1408	경기도 구리시	봉분1
정릉(貞陵)	신덕왕후	1396	1396	서울시 성북구	1409 천장 1669 중건 봉분1
헌릉(獻陵)	태종(太宗) 원경왕후	1422 1420	1420	서울시 서초구	봉분2
영릉(英陵)	세종(世宗) 소헌왕후	1450 1446	1446	경기도 여주군	1469 천장 봉분1
현릉(顯陵)	문종(文宗) 현덕왕후	1452 1441	1452 1450 昭陵[1]	경기도 구리시	1452 합장 봉분2
장릉(莊陵)	단종(端宗)	1457	1580 封墓 1698 追崇	강원도 영월군	봉분1
사릉(思陵)	정순왕후	1521	1698	경기도 남양주시	봉분1
광릉(光陵)	세조(世祖) 정희왕후	1468 1483	1468	경기도 남양주시	봉분2
경릉(景陵)	덕종(德宗) 소혜왕후	1457 封墓 1504	1471 追崇	경기도 고양시	봉분2
창릉(昌陵)	예종(睿宗) 안순왕후	1469 1498	1469	경기도 고양시	봉분2
공릉(恭陵)	장순왕후	1461	1470 追崇	경기도 파주시	봉분1
선릉(宣陵)	성종(成宗) 정현왕후	1494 1530	1494	서울시 강남구	봉분2
순릉(順陵)	공혜왕후	1474	1474	경기도 파주시	봉분1
정릉(靖陵)	중종(中宗)	1544	1544	서울시 강남구	1562 천장 봉분1
온릉(溫陵)	단경왕후	1557	1739	경기도 양주시	봉분1
희릉(禧陵)	장경왕후	1515	1515	경기도 고양시	1537 천장 봉분1
태릉(泰陵)	문정왕후	1565	1565	서울시 노원구	봉분1

효릉(孝陵)	인종(仁宗) 인성왕후	1545 1577	1545	경기도 고양시	봉분2
강릉(康陵)	명종(明宗) 인순왕후	1567 1575	1567	서울시 노원구	봉분2
목릉(穆陵)	선조(宣祖) 의인왕후 인목왕후	1608 1600 裕陵[2)] 1632 惠陵[3)]	1608	경기도 구리시	봉분3
장릉(章陵)	원종(元宗) 인헌왕후	1619 封墓 1626 封墓	1632 追崇	경기도 김포시	봉분2
장릉(長陵)	인조(仁祖) 인열왕후	1649 1635	1635	경기도 파주시	1731 천장 봉분1
영릉(寧陵)	효종(孝宗) 인선왕후	1659 1674	1659	경기도 여주군	1673 천장 봉분2
숭릉(崇陵)	현종(顯宗) 명성왕후	1674 1683	1674	경기도 구리시	봉분2
명릉(明陵)	숙종(肅宗) 인현왕후 인원왕후	1720 1700 1757	1700	경기도 고양시	봉분3
익릉(翼陵)	인경왕후	1680	1680	경기도 고양시	봉분1
의릉(懿陵)	경종(景宗) 선의왕후	1724 1730	1720	서울시 석관동	봉분2
혜릉(惠陵)	단의왕후	1718	1720	경기도 구리시	봉분1
원릉(元陵)	영조(英祖) 정순왕후	1776 1805	1776	경기도 구리시	봉분2
홍릉(弘陵)	정성왕후	1757	1757	경기도 고양시	봉분1
영릉(永陵)	진종(眞宗) 효순왕후	1728 封墓 1751	1776 追崇	경기도 파주시	봉분2
융릉(隆陵)	장조(莊祖) 헌경왕후	1762 封墓 1815	1776 封園 1899 追崇	경기도 화성시	봉분1
건릉(健陵)	정조(正祖) 효의왕후	1800 1821	1800	경기도 화성시	1821 천장 봉분1
인릉(仁陵)	순조(純祖) 순원왕후	1834 1857 文陵[4)]	1834	서울시 서초구	1856 천장 봉분1

수릉(綏陵)	문조(文祖) 신정왕후	1830 封墓 1890	1834 追崇	경기도 구리시	봉분1
경릉(景陵)	헌종(憲宗) 효현왕후 효정왕후	1849 肅陵[5] 1843 景陵 1903 正陵[6]	1843	경기도 구리시	봉분3
예릉(睿陵)	철종(哲宗) 철인왕후	1863 1878	1863	경기도 고양시	봉분2
홍릉(洪陵)	고종(高宗) 명성왕후	1919 1895	1897	경기도 남양주시	봉분1 1919 천장
유릉(裕陵)	순종(純宗) 순명황후 순정황후	1926 1904 裕康園 1966	1907	경기도 남양주시	봉분1 1926 합장

〈부표 2〉 북한 개성 소재 조선왕릉

능호	피장자	졸년	봉릉년도	현 소재지	비 고
제릉(齊陵)	신의왕후(神懿王后)	1391	1392 1407 수개	개성시 판문군	1404년 신도비 건립
후릉(厚陵)	정종(定宗) 정안왕후(定安王后)	1419 1412	1412	개성시 판문군	봉분 2

〈부표 3〉 북한 함경도 소재 조선왕릉

능호	피장자	태조와의 관계	봉릉년도	현 소재지	비 고
덕릉(德陵) 안릉(安陵)	목조(穆祖) 효공왕후(孝恭王后) 이씨(李氏)	고조부 고조모	1392	함경남도 신흥군	쌍릉. 1410년 천장.
지릉(智陵)	익조(翼祖)	증조부	1392	함경남도 안변군	
숙릉(淑陵)	정숙왕후(貞淑王后) 최씨(崔氏)	증조모	1392	함경남도 문천군	
의릉(義陵)	도조(度祖)	조부	1392	함경남도 홍남시	
순릉(純陵)	경순왕후(敬順王后) 박씨(朴氏)	조모	1392	함경남도 홍남시	
정릉(定陵) 화릉(和陵)	환조(桓祖) 의혜왕후(懿惠王后) 최씨(崔氏)	부 모	1392	함경남도 함흥시	쌍릉

〈부표 4〉 조선왕릉 및 원묘 관리 현황

명칭[7]	왕릉	원	묘
동구릉지구	건원릉(健元陵) 현릉(顯陵) 목릉(穆陵) 휘릉(徽陵) 숭릉(崇陵) 혜릉(惠陵) 원릉(元陵) 경릉(景陵) 수릉(綏陵)		명빈묘(明嬪墓)
서오릉지구	경릉(敬陵) 창릉(昌陵) 명릉(明陵) 익릉(翼陵) 홍릉(弘陵)	순창원(順昌園) 수경원(綏慶園)	대빈묘(大嬪墓)
서삼릉지구	희릉(禧陵) 효릉(孝陵) 예릉(睿陵)	의령원(懿寧園) 효창원(孝昌園) 소경원(昭慶園) 소령원(昭寧園)	회묘(懷墓) 태실(胎室)과 후궁(後宮) 묘역[8]
온릉	온릉(溫陵)	영회원(永懷園)	
파주삼릉	공릉(恭陵) 순릉(順陵) 영릉(永陵)		
장릉	장릉(長陵)		
태강릉지구	태릉(泰陵) 강릉(康陵)		연산군묘(燕山君墓)
헌인릉지구	헌릉(獻陵) 인릉(仁陵)		
선정릉지구	선릉(宣陵) 정릉(靖陵)		
세종대왕유적	영릉(英陵) 영릉(寧陵)		
화성지구	융릉(隆陵) 건릉(健陵)		
금곡지구	홍릉(洪陵) 유릉(裕陵)	홍원(興園) 영원(英園) 회인원(懷仁園)	덕혜옹주묘(德惠翁主墓)
서울지구	정릉(貞陵)		
광릉지구	광릉(光陵)	휘경원(徽慶園) 순강원(順康園)	영빈묘(映嬪墓)
의릉지구	의릉(懿陵)	영휘원(永徽園) 숭인원(崇仁園)	
영월군	장릉(莊陵)		
사릉지구	사릉(思陵)		성묘(成墓) 광해군묘(光海君墓) 임해군묘(臨海君墓) 안빈묘(安嬪墓)
장릉지구	장릉(章陵)		

주석

제1장 서론

1) 왕릉 제도와 관련된 연구는 몇 편에 불과한데,

전나나, 2012「조선왕릉 봉분의 구조적 특성에 대한 일고」『文化財』Vol.45, No.1, 국립문화재연구소.

鄭鍾秀, 1994「朝鮮初期 喪葬儀禮 硏究」중앙대학교 박사학위논문.

등이 있고, 이 외에 석인과 비석에 대한 연구가 몇 편 있을 뿐이다. 사실상 왕릉제도만을 집중적으로 조명한 논문은 없는 상태이다.

2) 이근직, 2012『신라왕릉연구』, 학연문화사, 479쪽.

3) 강우방, 1990「신라 십이지상의 분석과 해석」『원융과 조화』, 열화당, 352~353쪽.

4) 장경희, 2010『아름다운 우리문화재 ③-고려왕릉』, 예맥.

5) 고려왕릉에 상설된 석물을 조사하거나 언급한 자료는 다음과 같다.

今西龍, 1917「高麗諸陵墓調査報告書」『大正五年度古蹟調査報告』, 조선총독부, 261~291쪽.

關野貞, 1932『朝鮮美術史』, 東洋文化史(2003년 심우성 역, 동문선).

고유섭, 1946『송도의 고적』(2007년, 열화당 재간행본).

김원룡, 1973『한국미술사』, 범우사, 249~251쪽.

왕성수, 1990「개성일대 고려왕릉에 대하여」『조선고고연구』, 32~33쪽.

리창언, 2002『고려 유적연구』, 사회과학출판사(2003년 백산자료원 재간행본).

국립문화재연구소, 2003『江華碩陵』, 발굴조사보고서.

국립문화재연구소, 2007『江華 高麗王陵-嘉陵·坤陵·陵內里石室墳-』, 발굴조사보고서.

진인진 편, 2009『조선고고학전서47 고려의 무덤』, 진인진.

6)『국조상례보편』은 1752년(규장각 소장. 규1339, 4책) 펴낸 이후 1758년(규

1153, 6책)에 증보하여 펴냈다.

제2장 고려의 왕릉제도

1) 현릉의 망주석은 조선후기 양식으로 되어 있는데, 1792년 병풍석 수리 공역이 있었던 것으로 보아 그 무렵에 배설한 것으로 보인다.(『정조실록』 권35, 정조 16년 9월 7일 계묘.)

2) 국립문화재연구소 홈페이지 '북한문화재자료관'에 소개된 칠릉떼의 제3릉에 대한 설명은 다음과 같다. "제3릉의 무덤 구역은 3개의 층단을 쌓아 만들었는데, 1단에 무덤의 봉분이 있고, 그 주위에 돌난간을 돌리고 돌로 만든 동물상을 배치하였으며, 그 앞에 망주석, 상돌 등을 두었다. 봉분의 크기는 높이 2.4m, 직경 7.6m이다. 봉분에 돌린 병풍돌에는 12지신상과 운문 등을 섬세하게 돋을새김하였다. **2단에는 한 쌍의 문인상이 있고, 3단에도 문인상 한 쌍이 배치되어 있으며,** 무덤 아래에는 정자각 터가 있다. 이러한 무덤구역 설정 및 시설물 배치는 고려시대의 특징적인 무덤 형식으로, 조선시대에도 그대로 이어진다. 이 무덤은 규모가 작을 뿐 건축 및 장식기법에 있어서 공민왕릉과 거의 유사하다. 서로 연관된 무덤들이 일정한 지역 안에 밀집되어 축조된 방식도 앞선 시대 무덤축조 방식과 유관한 것으로 보인다. 또한 3릉구역의 조각에서 무인상이 없고 문인상 두 쌍만 둔 점은 무덤 주인공의 성격과 관련된 특징일 수도 있고, 무덤구역 설정에 있어 어떤 새로운 변화를 시도한 것일 수도 있겠으나 아직까지 정확한 것은 알 수 없다." 병풍석 주변의 석수가 어떤 도상인지를 밝히지 않아 아쉬움이 있지만 석호와 석양일 가능성은 이미 세키노가 지적한 바 있다. 제3단의 석인을 문인석으로 파악하였다.

3) 董新林, 2005『中國古代陵墓考古研究』, 福建人民出版社, 226~227쪽.

4) 고유섭, 1946「고려왕릉과 그 형식」『송도의 고적』(우현 고유섭전집7, 열화당), 278~282쪽.

5) 김원룡 · 안휘준, 2003『한국미술의 역사』, 시공사, 441~442쪽. 중국 황제릉과 고려왕릉을 직접 비교한 결과 그러한 결론을 내린 것이다.

6) 秦弘燮, 1995『韓國의 石造美術』, 文藝出版社, 524쪽.

7) 위의 책, 529쪽. 1970년대 이후 간헐적인 조사가 이루어지고 있으며, 2000년 이후 남북관계 개선에 따라 보다 다양한 자료가 축적되고 있다.

8) 위의 책, 481쪽.

9) 장호수, 2000「개성지역 고려왕릉」『韓國史의 構造와 展開』, 혜안.

10) 林玲愛, 2001「開城 恭愍王陵 石人像 硏究」『강좌미술사』, 한국불교미술사학회.

11) 장경희, 2008『아름다운 우리문화재③-고려왕릉-』, 예맥, 16쪽.

12) 국립문화재연구소, 2003『江華碩陵』, 38쪽.

13) 국립문화재연구소, 2003『江華碩陵』, 135~138쪽.

14) 국립문화재연구소, 2007『江華高麗王陵-嘉陵 · 坤陵 · 能內里石室墳-』, 59쪽. 조사단은 제1단에 설치된 봉분보호시설을 계체석으로 보아 3단으로 구분하였다.

15) 위 보고서, 62~63쪽. 정비 · 복원이 끝난 뒤 현장방문 결과 석수는 북서, 북동 모서리로 옮겨 자리 잡았다. 눈 · 코 · 입만 표현한 이 석수를 조사단은 호랑이로 판단하였으나 근거가 명확하지는 않다.

16) 위 보고서, 69쪽. 조사단은 동편 석인이 허리에 있는 자연적인 결석을 칼로 보고 무인석으로 오판하였다. 문인석 하단에 시멘트 기초가 되어 있어서 1970년대에 한차례 정비가 있었다는 것을 확인하였다.

17) 위 보고서, 141쪽.

18) 위 보고서, 141~155쪽.

19) 위 보고서, 343~358쪽.

20) 위 보고서, 461쪽.

21) 2009년 필자가 현장을 직접 답사하여 조사하였다.

22) 리창언, 2002 『고려 유적연구』(백산자료원 203년 영인본), 204~205쪽.

23) 사자나 호랑이로 기록한 것이나, 석수로 기록한 것을 일단 석수로 표기하였다. ( )안의 숫자는 현존하는 석수의 숫자이고 '失'은 없어진 것을 의미한다.

24) 장경희는 4단에 정자각지가 있는 것으로 설명하였으나 34쪽에 제시된 도면에는 2단과 3단의 구분이 불확실하여 정자각지가 3단이었을 것으로 보았다.

25) 장경희는 3기 가운데 2기를 나중에 가져다 놓은 것이라 하였다.

26) 고려전기 왕릉 가운데 4단의 형식을 보이고 있는데, 동시대의 문인석과 다른 모습을 보이고 있어서 원간섭기에 개수된 것으로 추정된다.

27) 고려 숙종 7년(1102) 12월 주조하여 유통시킨 해동통보(海東通寶) 2점과 고려중기의 유물이 출토되었다.

28) 발굴조사 결과 머리부분 3개가 출토되어 2쌍 4기의 문석인이 있었던 것으로 추정된다.

29) 2구획과 3구획에 걸쳐 조성된 것으로 발굴 조사되었다.

30) 장경희는 1963년 북한의 조사에서 명릉떼 2릉과 3릉의 석수가 4개씩 있었는데, 현재는 없어졌다고 하였다.

31) 원간섭기. 1276년 주조된 지원통보(至元通寶) 출토되었다.

32) 명 태조 지정(至正) 21년(1361)에 발행된 대중통보(大中通寶)가 출토되었고, 제당시설을 갖추지 않은 것으로 보아 창왕(昌王)이나 우왕(禑王)의 릉으로 추정된다.

33) 송나라 인종 천성(天聖) 년간(1023~1031)의 천성원보(天聖元寶)와 보원(寶元) 년간(1038~1039)에 주조된 황송통보(皇宋通寶) 출토되었고 이 외에도 여러 동전이 있었다고 한다.

34) 위의 표에서 7릉떼의 2릉, 5릉, 7릉에 무인석으로 조사된 석인은 문인석을 오인하였을 것으로 보인다.

35) 『高麗史』 卷64, 志 18卷 禮6 凶禮. "壬申 葬于顯陵 以遺命喪葬園陵制度 依漢魏故事 悉從儉約." 世家2卷 太祖 26年 5月 丙午의 기사에는 漢魏二文故事라 하였는데, 한나라의 문제와 위나라의 문성제를 의미하는 것으로 판단된다.

36) 『漢書』, 本紀4卷, 文帝劉恒紀4 後7年. "夏六月己亥 帝崩于未央宮 遺詔曰… 服大紅十五日 小紅十四日 纖七日 釋服."

37) 許自然 편저 · 최무장 편역, 2006 『중국 황토 지역의 역대 무덤들』, 연천선사박물관 · 백산자료원, 85쪽.

38) 김원중 역, 2004 『사기본기』 고조본기, 417~418쪽.

39) 강우방, 1990 「신라 십이지상의 분석과 해석」 『원융과 조화』, 열화당, 352~353쪽.

40) 이근직, 2012 『신라왕릉연구』, 학연문화사, 479쪽. 십이지신상은 중국이 먼저 서역으로부터 받아들여 유행을 시켰지만, 부장품의 하나인 명기(明器)로만 사용했을 뿐 봉토 외부에 사용한 것은 성덕왕릉이 처음이라고 하였다. 또한 인도의 불탑을 모방하여 왕릉 주위에다 난간석을 두른 것도 성덕왕릉이 최초이다. 따라서 왕릉의 호석 구조에 십이지신상을 배치하고, 당 능묘제도 및 인도의 불탑적 요소를 받아들여 신라의 독창적인 왕릉제도가 만들어졌다고 하였다. 이로써 중국의 오랜 전통사상뿐만 아니라 불교사상적인 측면을 더하게 된 것이다.

41) 성덕왕릉은 호석에 지지대를 시설하였으나 경덕왕릉에서는 지지석을 제거하여 보다 완성된 형태를 보여주고 있다.

42) 楊寬, 『중국 역대 능침제도』(장인성 · 임대희, 2005년 번역. 서경), 166~167쪽. 당나라 황제릉과 신사의 묘에 쓰이는 석각무리는 그 종류가 엄격하게 구별되어 신하의 묘는 석양과 석호가 위주이지만 황제릉의 경우에는 석양과 석호는 보이지 않는다. 그런데 당나라 소릉(昭陵)의 배장묘인 장락공주의 묘에는 1쌍의 석주 · 석호 · 석양 · 석인이 있고, 신성공주의 묘에는 1쌍의 석

호가 있어서 태자와 공주라도 그 위상이 제각각이었다는 것을 알 수 있다.

43) 성덕왕릉의 경우는 2기가 봉분 주변에 있고 2기는 석인 옆에 있으며, 괘릉의 경우는 2쌍이 묘 앞에 도열해 있다.

44) 權江美, 2006 「통일신라시대 사자상의 수용과 전개」 『新羅의 獅子』, 국립경주박물관.

45) 강우방, 앞의 책, 481쪽, 강우방은 석사자가 중국 황제릉 전방에 배치된 사자상에서 기원하였을 것이라는 기왕의 논의에 의문을 제기하였다. 그는 "인도와 중국의 경우 불타의 사리를 모신 바르후트나 산치대탑의 난간석 사방 출입문 위 조각군 속에 사자상이 배치되어 있으며, 불상의 대좌에서는 초기부터 사자상이 등장하고 있어 그 사상적 연원은 난간석과 마찬가지로 인도의 불교문화에 있다." 고 하였다.

46) 고려왕릉의 봉분은 현릉을 기본으로 하였으나 여러 형태가 나타나게 된다.

47) 『조선고적도보』에 보이는 태조 현릉의 장명등은 고려후기적인 형태이기 때문에 2가지 가능성이 있는 것으로 보인다. 하나는 현릉조성 당시 설치한 장명등이 훼손되어 다시 설치한 것일 가능성과 다른 하나는 고려후기에 처음 설치한 것일 가능성이다. 조선초기 유학자들은 장명등이 불교적인 것이라며 없앨 것을 주장하였기 때문에 후기에 설치한 것이라기보다는 첫 번째 가능성이 높다고 생각된다.

48) 노명호, 2012 『고려 태조 왕건의 동상』, 지식산업사. 고려 태조 동상에 대한 연구서로 황제로서의 왕건상에 32길상의 요소들로 표현된 부위들이 있는데, 온 천하를 지배하는 힘과 신성함을 갖는 전륜성왕의 관념과 상징을 빌려 고려를 건국한 왕건의 힘과 신성한 권위를 동상에 형상화한 것으로 해석하였다.

49) 谷川道雄 저/전영섭 역, 2005 「탁발(拓拔)국가의 전개와 귀족제의 재편」 『세미나 위진남북조사』, 281쪽. 어린 나이에 즉위한 문성제는 젊어서 서거하였고, 그의 황후였던 문명태후 풍씨가 조정의 권력을 장악하였다.

50) 楊寬, 『중국 역대 능침제도』(장인성 · 임대희, 2005년 번역, 서경), 90~97쪽.

51) 박재우, 2005 『고려 국정운영의 체계와 왕권』, 신구문화사.

52) 國史編纂委員會, 1986 『국역 中國正史 朝鮮傳』 宋史 참조.

53) 김철웅, 2005 「고려시대 태묘와 원묘의 운영」 『국사관논총』 106 참조.

54) 國史編纂委員會, 1986 『국역 中國正史 朝鮮傳』 宋史, 280쪽.

55) 國史編纂委員會, 1986 『국역 中國正史 朝鮮傳』 宋史, 282쪽.

56) 『高麗史』 卷27. 世家27卷 元宗 15年 6月. "癸亥 王薨于堤上宮 在位十五年 壽五十六 遺詔曰…易月之服 三日而除 山陵制度 務從儉約…."

57) 이로 인해 충렬왕의 부왕인 원종은 충경왕, 조부인 고종은 1310년 충헌왕 시호를 받았다. 고종 홍릉에 석인 1쌍이 더 늘어난 것은 몽골에서 충헌왕(忠憲王)의 시호를 받은 이후의 일로 보인다.

58) 천더즈, 2011 「쿠빌라이의 고려정책과 원-고려관계의 전환점」 『13~14세기 고려-몽골관계 탐구』, 동북아역사재단, 149쪽.

59) 김호동, 2007 『몽골제국과 고려』, 서울대학교출판부, 99쪽.

60) 쿠빌라이가 동아시아의 이웃들에게 요구한 것은 자신을 통치자로 형식상 인정하라는 것이었다. 일단 이러한 서약이 이루어지고 나면, 동아시아 나라들의 내부에서 일어나는 일들에 거의 관여하지 않았다.(모리스 로사비, 앞의 책, 177쪽.)

61) 岳南 · 商成勇 · 許志龍 지음/정광훈 옮김, 2009 『황제의 무덤을 훔치다 - 중국 도굴의 역사』, 돌베개, 207쪽.

62) 모리스 로사비 지음/강창훈 옮김, 1989 『쿠빌라이 칸 : 그의 삶과 시대』(2008, 천지인), 362쪽.

63) 『宋史』 志 凶禮3 詔葬. "又按會要 勳戚大臣薨卒…墳所有石羊虎 望柱各二 三品以上加石人二人…."

64) 陳舜臣 지음/이용찬 옮김, 1990 『중국 고적 발굴기』, 대원사, 430쪽.

65) 主室은 원형으로 직경이 6.54m, 높이 6.48m이다. 入門 양측에 각기 1개의

磚券耳室이 있다.

66) 董新林, 앞의 책, 231쪽.

67) 董新林, 앞의 책, 232쪽.

68) 모리스 로사비, 앞의 책, 239쪽.

69) 『승정원일기』 영조 7년 6월 22일 계축. 영조 때에는 원나라 석공이 공민왕릉 조성에 참여한 것으로 인식하고 있었다.

70) 『고려사』 권29, 세가 29 충열왕 2년 7월 14일. "時請元木匠以修宮室今已三歲民不堪若人以爲天示灾以警之."

71) 『고려사』 권41, 세가 41 공민왕 14년 5월 12일. "癸巳 正陵役 大伐德陵木殆盡 以營齋室 守陵者 不敢禁."

72) 이한수, 2006 『고려에 시집온 칭기즈칸의 딸들』, 김영사, 177~178쪽.

73) 『고려사』 권44, 세가 44 공민왕 23년 10월. "十月 葬于正陵之西 陵曰玄陵 辛禑二年九月己酉 諡曰仁文義武勇智明烈敬孝大王 十一年九月丙子 大明賜諡曰恭愍."

74) 『고려사』 권87, 연표 2. "恭愍王 十八年 四月 大明遣使賜璽書及紗羅匹段 五月 停至正年號 遣使奉表如金陵 賀登極 仍謝恩."

75) 『고려사』 권87, 연표 2. "恭愍王 十九年 五月 帝遣使賚印來封王 七月 始行洪武年號 八月 易服色."
박용운, 2008 『고려시대사』, 일지사, 706~711쪽.

76) 『明史』 志 凶禮3 碑碣. "…五年重定 功臣歿後封王, 塋地周圍一百步 墳高二丈 四圍墳牆高一丈 石人四(文武各二) 石虎羊馬石望柱各二."

77) 林玲愛, 2001 「開城 恭愍王陵 石人像 硏究」 『강좌 미술사』 17, 한국불교미술사학회. 임영애는 송나라 황릉 앞에 문인상과 무인상을 각 2쌍씩 둔다는 『宋會要輯稿』의 기록에 근거하여 공민왕릉 석인에 접근하였다. 이에 따라 북송 황제릉의 경우 문관과 무관을 각각 따로 세우고, 이와 함께 갑옷을 입은 무사상(장군상)을 세운 것으로 보았다. 당 · 송 이후 관복제도를 보면, 조

복에는 진현관을 쓰고, 관복에는 복두를 쓰는 것이 원칙인데, 북송 황제릉 문관상의 경우 進賢冠을 쓰고, 복장은 대부분 U자형이나 앞이 Y자형으로 터졌고 뒤에 장식을 늘어뜨린 朝服을 입고 있어 제도에 부합하지만, 공민왕릉 문인석의 경우 조복을 입지 않고 관복을 입은 것이 二等遞降 원칙에 입각한 것으로 설명하였다. 공민왕릉 문인석은 남송 臣下墓의 문인상이나 송대 미술에 나타난 公服 문인상과 기본적으로 동일한 것으로 평가하였고, 무인상 역시 북송황제릉의 무사상은 송의 갑옷인 步人甲을 기본으로 하고 있는 것으로 보았다.

78) 명나라 제도는 묘 앞에 석물을 도열시키는 것이지만 고려는 봉분 주위에 놓았기 때문에 석마를 어디에 두어야 할지 결정할 수 없었기 때문에 제외해 두었던 것으로 보인다. 석마 설치에 관해서는 조선 세종 때에도 의견이 분분했었는데, 이때도 설치할 위치를 어디로 정할지가 논의의 핵심이었다. 결국 석인 뒤에 세우는 것으로 결정되었다.

79) 조선 건국 후에 '공양왕릉'으로 봉해졌다.

제3장 조선왕릉제도의 정비과정

1) 『태조실록』 권1, 태조 1년 8월 8일 정사.

2) 『태조실록』 권1, 태조 1년 10월 28일 병자.

3) 『태조실록』 권3, 태조 2년 1월 25일 신미.

4) 『태조실록』 권4, 태조 2년 9월 18일 경신.

5) 『北道陵殿志』 卷1.

6) 『태조실록』 권12, 태조 6년 12월 22일 경자.

7) 『태조실록』 권13, 태조 7년 3월 11일 무오.

8) 『태조실록』 권10, 태조 5년 8월 20일 을사.

9) 『태조실록』 권10, 태조 5년 8월 21일 병오.

10) 『태조실록』 권10, 태조 5년 8월 23일 무신.

11) 『태조실록』 권10, 태조 5년 9월 28일 계미.

12) 『태조실록』 권10, 태조 5년 9월 9일 갑자.

13) 『태조실록』 권10, 태조 5년 11월 19일 계유.

14) 『태조실록』 권10, 태조 5년 12월 24일 무신.

15) 『태조실록』 권11, 태조 6년 1월 3일 병진.

16) 『태조실록』 권11, 태조 6년 1월 15일 무진.

17) 『東文選』 제78권, 記. 「貞陵願堂曹溪宗本社興天寺造成記」

18) 『태조실록』 권10, 태조 5년 12월 1일 병술.

19) 『태조실록』 권11, 태조 6년 2월 19일 임인.

20) 『燃藜室記述』 권1, 「太祖朝 故事本末」 貞陵廢復.

21) 中央文化財硏究院, 2004 『서울 淸溪川 復元區間內 淸溪川 遺蹟』, 조사보고서 참조.

22) 『태조실록』 권15, 태조 7년 9월 12일 갑신.

23) 『정종실록』 권1, 정종 1년 2월 1일 임인.

24) 『정종실록』 권1, 정종 1년 2월 19일 경신.

25) 『정종실록』 권1, 정종 1년 4월 1일 신축.

26) 『태종실록』 권5, 태종 3년 4월 21일 정묘.

27) 『태종실록』 권6, 태종 3년 10월 20일 갑자.

28) 『태종실록』 권7, 태종 4년 2월 18일 기축.

29) 『태종실록』 권7, 태종 4년 3월 16일 정사.

30) 『태종실록』 권8, 태종 4년 9월 12일 경술.

31) 『태종실록』 권12, 태종 6년 11월 1일 정사.

32) 『태종실록』 권14, 태종 7년 10월 8일 무자.

33) 『태종실록』 권15, 태종 8년 3월 10일 기미.

34) 『태종실록』 권20, 태종 10년 7월 26일 신묘.

35) 장경희, 2010 『고려왕릉』, 예맥.

36) 석마는 세종 때에 설치한 것이다. 다음 장 참조.

37) 『태종실록』 권15, 태종 8년 5월 24일 임신.

38) 『태종실록』 권15, 태종 8년 5월 26일 갑술.

39) 『태종실록』 권15, 태종 8년 6월 12일 기축.

40) 『태종실록』 권15, 태종 8년 6월 28일 을사.

41) 『태종실록』 권16, 태종 8년 7월 5일 신해.

42) 『태종실록』 권16, 태종 8년 7월 9일 을묘.

43) 『태종실록』 권16, 태종 8년 7월 26일 임실.

44) 『태종실록』 권16, 태종 8년 7월 29일 을해.

45) 『태종실록』 권16, 태종 8년 8월 17일 임진.

46) 『태종실록』 권16, 태종 8년 8월 25일 경자.

47) 『태종실록』 권16, 태종 8년 9월 4일 기유.

48) 『태종실록』 권16, 태종 8년 9월 7일 임자.

49) 『태종실록』 권16, 태종 8년 9월 8일 계축.

50) 『태종실록』 권16, 태종 8년 9월 9일 갑인.

51) 『태종실록』 권16, 태종 8년 11월 2일 병오.

52) 『태종실록』 권16, 태종 8년 11월 11일 을묘.

53) 『태종실록』 권16, 태종 8년 10월 6일 경진.

54) 『태종실록』 권16, 태종 8년 11월 26일 경오.

55) 『태종실록』 권17, 태종 9년 윤4월 13일 을묘.

56) 『태종실록』 권19, 태종 10년 2월 10일 정미.

57) 『태종실록』 권20, 태종 10년 8월 28일 임술, 9월 22일 병술, 10월 28일 신유.

58) 『태종실록』 권23, 태종 12년 5월 26일 기유.

59) 『태종실록』 권26, 태종 13년 12월 22일 정묘.

60) 『태종실록』 권30, 태종 15년 11월 11일 갑진.

61) 『태종실록』 권35, 태종 18년 5월 23일 임신.

62) 후릉은 1412년 태종에 의해 왕비릉으로 조성되었고, 세종 즉위 후인 1419년 정종이 승하하여 합장하였다. 상왕인 태종이 실질적으로 조성에 주도하였으므로 태종대에 조성한 것으로 서술하였다.

63) 『태종실록』 권23, 태종 12년 6월 25일 무인.

64) 『태종실록』 권24, 태종 12년 7월 20일 계묘.

65) 『태종실록』 권24, 태종 12년 8월 4일 병진.

66) 『태종실록』 권24, 태종 12년 8월 8일 경신.

67) 『태종실록』 권24, 태종 12년 9월 24일 병오.

68) 『태종실록』 권27, 태종 14년 6월 20일 신유.

69) 『세종실록』 권5, 세종 1년 9월 26일 무진.

70) 『세종실록』 권5, 세종 1년 9월 27일 기사.

71) 『세종실록』 권6, 세종 1년 11월 29일 기사.

72) 『세종실록』 권6, 세종 1년 12월 15일 을유.

73) 『세종실록』 권6, 세종 1년 12월 26일 병신.

74) 『세종실록』 권6, 세종 1년 12월 27일 정유.

75) 『세종실록』 권7, 세종 2년 1월 1일 경자.

76) 『세종실록』 권7, 세종 2년 1월 3일 임인.

77) 『세종실록』 권7, 세종 2년 2월 12일 경술.

78) 리창언, 앞의 책, 210쪽.

79) 후릉의 산릉제도 기록에는 지방석의 길이가 누락되어 있다. 원경왕후 헌릉이 후릉의 제도를 그대로 따랐으므로 헌릉 기록을 표기하였다.

80) 원경왕후 헌릉 소전대석의 경우 높이가 1척 5촌으로 기록되어 있는데, 오기인 것으로 보인다.

81) 지름 3척은 지나치게 크기 때문에 원경왕후 헌릉의 족석 2척 기록이 맞는 것으로 보인다.

82) 『厚陵修改都監儀軌』 참조.

83) 『태종실록』 권30, 태종 15년 11월 15일 무신.

84) 『태종실록』 권32, 태종 16년 10월 7일 을축.

85) 『세종실록』 권8, 세종 2년 7월 10일 병자.

86) 『세종실록』 권8, 세종 2년 7월 11일 정축.

87) 『세종실록』 권8, 세종 2년 7월 17일 계미.

88) 『세종실록』 권8, 세종 2년 7월 19일 을유.

89) 『세종실록』 권9, 세종 2년 8월 24일 경신.

90) 『세종실록』 권9, 세종 2년 9월 24일 기축.

91) 『세종실록』 권16, 세종 4년 5월 10일 병인.

92) 『세종실록』 권16, 세종 4년 5월 13일 기사.

93) 『세종실록』 권16, 세종 4년 7월 10일 을축.

94) 『세종실록』 권16, 세종 4년 6월 4일 기축, 25일 경술, 26일 신해.

95) 『세종실록』 권17, 세종 4년 8월 23일 정미.

96) 『세종실록』 권16, 세종 4년 7월 17일 임신.

97) 『세종실록』 권16, 세종 4년 7월 12일 정묘.

98) 『세종실록』 권17, 세종 4년 8월 20일 갑진.

99) 『세종실록』 권17, 세종 4년 9월 5일 기미.

100) 『세종실록』 권17, 세종 4년 9월 6일 경신.

101) 『세종실록』 권83, 세종 20년 10월 1일 임자.

102) 『세종실록』 권101, 세종 25년 7월 20일 계유.

103) 『세종실록』 권105, 세종 26년 7월 17일 갑자.

104) 『세종실록』 권108, 세종 27년 4월 4일 정미.

105) 『세종실록』 권112, 세종 28년 6월 11일 정미.

106)『세종실록』 권111, 세종 28년 3월 24일 신묘.

107)『세종실록』 권111, 세종 28년 3월 25일 임진.

108)『세종실록』 권111, 세종 28년 3월 30일 정유.

109)『세종실록』 권111, 세종 28년 3월 26일 계사.

110)『세종실록』 권111, 세종 28년 3월 27일 갑오.

111)『세종실록』 권111, 세종 28년 3월 28일 을미.

112)『세종실록』 권112, 세종 28년 4월 24일 신유.

113)『세종실록』 권112, 세종 28년 5월 8일 을해.

114) 防牌: 조선초기 兵種의 하나로 군사적 기능을 가졌다기보다는 공공 役事에 동원되었다.

115) 六十: 고려~조선초기에 존재했던 군병의 하나로 10司의 각 領마다 소속된 隊正이 20인, 五衛가 40인씩을 통솔하였으므로 합하여 육십이라 하였다.

116)『세종실록』 권112, 세종 28년 4월 28일 을축.

117)『세종실록』 권112, 세종 28년 6월 13일 기유.

118)『세종실록』 권113, 세종 28년 7월 5일 신미.

119)『세종실록』 권113, 세종 28년 7월 16일 임오.

120)『세종실록』 권113, 세종 28년 7월 17일 계미.

121)『세종실록』 권113, 세종 28년 7월 19일 을유.

122)『明史』 志 凶禮3 碑碣. "明初 文武大臣薨逝 例請於上 命翰林官製文 立神道碑 惟太祖時 中山王徐達 成祖時榮國公姚廣孝 及弘治中昌國公張巒治先塋皆出御筆 其制 自洪武三年定 五品以上用碑 龜趺螭首 六品以下用碣 方趺圓首…五年復詳定其制 功臣歿後封王 螭首高三尺二寸 碑身高九尺 廣三尺六寸 龜趺高三尺八寸…."

123) 황정연, 2009「조선시대 능비의 건립과 어필비」『文化財』 제42권 · 제4호, 국립문화재연구소, 29~36쪽.

124) 조선은 명나라에서 영조척을 수입한 것으로 알려져 있다.

125) 『세종실록』 권9, 세종 2년 9월 4일 기사. 정종의 후릉에서 2개로 나눈 덮개돌을 썼었기 때문에 태종의 지시는 실록 편찬과정에서 발생한 오류 아니면, 재차 확인하는 차원이었을 것이다.

126) 『태종실록』 권24, 태종 12년 8월 28일 경진.

127) 『세종실록』 권6, 세종 1년 11월 1일 신축.

128) 『세종실록』 권6, 세종 1년 12월 25일 을미. 이때 변계량이 거론한 불교의식은 발인절차상에 필요한 의식으로 보인다.

129) 『經世遺表』 卷12, 地官修制 倉廩之儲3. 半留 ○"凡作倉舍…上際多穿風穴以銅網罩之 乃防雀也." 정약용은 창고건물의 경우 동망을 설치하여 참새의 출입을 방지하자는 제안을 하였다. 따라서 동망은 미물로부터 지키기 위한 시설이라는 것을 알 수 있다.

130) 주작은 두 문짝에 나누어 그려서 문짝을 합하면 하나의 형상을 이루게 한다.

131) 『세종실록』 권93, 세종 23년 8월 8일 임신.

132) 『세종실록』 권98, 세종 24년 10월 18일 을사.

133) 『세종실록』 권96, 세종 24년 5월 21일 경진.

134) 『세종실록』 권112, 세종 28년 5월 5일 임신.

135) 『단종실록』 권1, 단종 즉위년 5월 20일 임자.

136) 『단종실록』 권1, 단종 즉위년 5월 23일 을묘.

137) 『단종실록』 권1, 단종 즉위년 5월 29일 신유.

138) 『단종실록』 권1, 단종 즉위년 6월 6일 정묘.

139) 『단종실록』 권2, 단종 즉위년 7월 13일 갑진.

140) 『단종실록』 권2, 단종 즉위년 7월 17일 무신.

141) 『단종실록』 권2, 단종 즉위년 7월 23일 갑인.

142) 『단종실록』 권2, 단종 즉위년 8월 3일 계해.

143) 『단종실록』 권2, 단종 즉위년 7월 1일 임진.

144) 『단종실록』 권2, 단종 즉위년 7월 8일 기해.

145) 『단종실록』 권2, 단종 즉위년 8월 16일 병자.

146) 『단종실록』 권2, 단종 즉위년 8월 20일 경진.

147) 『단종실록』 권5, 단종 1년 2월 19일 병오.

148) 『단종실록』 권3, 단종 즉위년 9월 1일 경인.

149) 『단종실록』 권3, 단종 즉위년 9월 5일 갑오.

150) 『단종실록』 권5, 단종 1년 2월 22일 기유.

151) 『단종실록』 권5, 단종 1년 3월 7일 갑자.

152) 세조는 1456년 발생한 사육신 사건 이후 현덕왕후를 종묘에서 폐출하고 소릉을 폐하였다. 현덕왕후는 1513년 복위되어 현릉 옆 구릉에 봉분이 마련되었다.

153) 서(黍), 직(稷), 맥(麥), 양(粱), 도(稻), 마(麻), 숙(菽), 소두(小豆) 각 1개이다.

154) 혜(醯), 해(醢), 강계(薑桂), 가루[屑] 각 1개이다.

155) 예주(醴酒) 1개, 청주(淸酒) 1개이다.

156) 현(玄) 6개, 훈(纁) 4인데, 길이가 각각 18척이다. 조례기척(造禮器尺)을 사용하였다. 옥규(玉圭)도 같다.

157) 길이가 1척 2촌, 너비가 3촌, 두께가 3촌인데 벽옥(碧玉)을 사용하고, 홍초건(紅綃巾)으로 싼다. 갑(匣)과 자물쇠를 갖추었다. 갑은 나무로 만들고 주색으로 칠하였다.

158) 관(冠)은 조모라(皀毛羅)로 싸서 판을 덮는데, 밖은 조라(皀羅)이고 안은 홍라(紅羅)이다. 앞뒤에 각각 9개의 유(旒)가 있고, 유는 각각 9개의 옥으로 되어 있는데, 오색의 구슬로써 사이사이에 끼웠다.

159) 길이 5촌, 너비 2촌이다. 주머니는 청저사(靑苧絲)를 사용하고 훈초(纁綃)로 싸는데 길이 7촌, 너비 3촌이다.

160) 청초(靑綃)를 사용하는데, 용(龍)·화(火)·산(山)·화충(華蟲)·종이(宗彛)의 5장을 그렸다.

161) 홍초(紅綃)를 사용하는데, 조(藻)·분미(粉米)·보(黼)·불(黻)의 4장을 수

놓았다.

162) 백초(白綃)를 사용하는데, 깃[領]에는 보를 수놓고 소매 끝에는 청색으로 선을 둘렀다.

163) 홍초(紅綃)를 사용하는데 조 · 분미 · 보 · 불의 4장을 수놓았다.

164) 화선(花線)을 장식하였다.

165) 훈색(纁色)이다.

166) 안팎은 백라(白羅)인데, 홍색 · 녹색으로 선을 하였다.

167) 홍저사(紅紵絲)로 만들었다.

168) 홍초로 만들었다.

169) 백저포로 만들었다.

170) 백저포로 만들었다. 이 아래는 시속의 편의에 따라 하였다.

171) 대(臺)와 갑(匣)을 갖추었다.

172) 대빗[竹梳] · 나무빗[木梳] 각 1구씩이다.

173) 홍초단보(紅綃單袱)를 갖추었다.

174) 나무로 바탕을 하였다.

175) 『태종실록』 권12, 태종 6년 윤7월 28일 을유.

176) 『태종실록』 권35, 태종 18년 1월 11일 임술.

177) 『태종실록』 권16, 태종 8년 7월 7일 을묘.

178) 『태종실록』 권20, 태종 10년 8월 28일 임술.

179) 『태종실록』 권20, 태종 10년 10월 28일 신유.

180) 덕릉과 안릉에서 회격을 사용하였다는 것은 왕릉에서도 회격을 사용하려는 의지가 있었다는 것을 보여준다. 군신간의 위계(位階)를 확고하게 유지하기 위해 왕릉에서만 석실을 사용하게 하였던 것일 수도 있으나 회격 사용을 검토하였다는 것만으로도 중요한 의미가 있다.

181) 『세조실록』 권9, 세조 3년 9월 18일 기묘.

182) 『세조실록』 권9, 세조 3년 10월 24일 갑인.

183) 이는 실제로 세조가 유명을 내렸을 경우에 가능한 추론이지만, '세조의 유명'은 예종에 의해 만들어진 것일 수도 있다. 유교가 국시인 조선에서 유교적 의리명분이 약하고, 불교를 믿은 세조를 옹호하기 위해 예종은 세조도 『주자가례』에 따라 자신의 무덤을 회격으로 만들라는 '유명'을 내렸다고 함으로써 세조에 대한 혹독한 평가를 완화해 보고자 한 것일 수도 있다.

184) 송응성 지음/최병규 옮김, 2009 『천공개물』, 범우.

185) 『國朝五禮儀』 卷7, 「凶禮」 治葬. "…開南面 以爲羨道 其石室[同陵異室 以西爲上]制度…."

186) 『國朝五禮儀考異』 卷1, 治葬條 "石室之制 今不用 ○屛風石之制今不用[肅宗特敎永除 以爲後式]…."

187) 정해득, 2009 『정조시대 현륭원 조성과 수원』, 신구문화사, 57쪽.

제4장 조선왕릉의 석물과 시설물

1) 신문왕릉의 호석은 작은 돌을 마치 성벽 쌓기 공법으로 쌓은 후 일정한 간격으로 삼각형의 받침돌을 세워 무너지지 않도록 지지대 역할을 삼았다.

2) 정릉은 태종에 의해 묘로 강등되었으나 처음 조성 당시에는 석실과 병풍석, 난간석을 모두 갖춘 형태였다. 세종 영릉도 같은 방식이었을 것이나 여주로 천장되면서 시설하지 않았다.

3) 『성종실록』 권94, 성종 9년 7월 26일 을유.

4) 『현종실록』 권21, 현종 14년 6월 12일 경술.

5) 『영조실록』 권29, 영조 7년 6월 4일 을미.

6) 정조가 사도세자의 영우원을 옮겨 현륭원을 조성하면서 병풍석을 사용하였으나 이때는 능이 아닌 원이었다. 현륭원은 인조 장릉을 모범으로 삼아 각종

꽃문양을 화려하게 조각한 봉분이 만들어졌다.

7) 김이순, 2010 『대한제국 황제릉』, 소와당. 홍릉과 유릉은 황제릉 제도를 채택하였고, 조성주체의 문제가 있어 본고에서는 제외하였다. 고종은 대한제국을 선포한 이후 명성황후의 홍릉을 조성하였고, 1919년 고종의 홍서 이후 현재의 모습으로 정리되었다.

8) 『인조실록』 권29, 인조 12년 4월 8일 계해.

9) 앞의 그림 51 참조.

10) 『세종실록』 권113, 세종 28년 7월 19일 을유. 소혜왕후 산릉의 곡장 설치 방식은 『세종실록 오례의』 치장(治葬)에서 그대로 계승되었다.

11) 『현종개수실록』 권1, 현종 즉위년 6월 5일 갑오.

12) 『현종실록』 권5, 현종 3년 5월 21일 계사.

13) 『영조실록』 권112, 영조 45년 2월 1일 갑인.

14) 『정조실록』 권17, 정조 8년 2월 15일 신미.

15) 괘릉은 우리나라 왕릉 최초의 능호(陵號)라고 할 수 있다.

16) 『인조실록』 권34, 인조 15년 5월 12일 기묘.

17) 백제 무녕왕릉의 경우 진묘수가 있긴 하지만 그것은 무덤 안에 함께 묻어 겉으로 드러난 것은 아니다.

18) 권강미, 2006 「통일신라시대 사자상의 수용과 전개」 『新羅의 獅子』, 국립경주박물관. 참조.

19) 리창언, 2002 『고려 유적 연구』(2003년 백산자료원), 204~205쪽.

20) 『宋史』志 凶禮3 詔葬. "又按會要 勳戚大臣薨卒…墳所有石羊虎望柱各二 三品以上加石人二人…."

21) 辟邪는 邪鬼를 몰아내는 일인데, 상상의 짐승 이름이기도 하며, 한나라 때 그 형상을 많이 새겼다.

22) 『芝峯類說』 卷19, 「宮室部」 陵墓. "按秦漢以來 帝王陵前 有石獜石象薜邪石馬之屬 人臣墓前 有石虎石羊石人石柱之屬."

23) 『세종실록』 권25, 세종 6년 7월 21일 갑오. "驪興府院君 禮葬時 但有石羊石虎, 而無表誌石."

24) 『세종실록』 권127, 세종 32년 윤1월 22일 정묘.

25) 『성종실록』 권47, 성종 5년 9월 19일 신미. 이 조치는 1474년 『국조오례의』가 반포된 이후 석물관련 제도를 보완한 수교(受教)에 해당된다. 정해득, 2009 「朝鮮時代 京畿地域 墓祭石物研究」 『朝鮮時代史學報』 51 참조.

26) 유향양 · 추교순, 2012 『중국 당대 황제릉 연구』, 서경문화사, 69쪽.

27) 망상은 물귀신으로 어린아이 모양에 낯이 푸르고 몸과 털이 붉으며 빨간 손톱, 큰 귀, 긴 팔을 가졌다고 한다.(出典: 『莊子』 外篇 「達生」 『한국한시어사전』, 2002 국학자료원 참조.)

28) 『山林經濟』 卷3, 「雜方」, 辟墓中罔象蝹方. "灸轂子曰 罔象 好食亡人肝腦 而畏虎與柏 故墓上樹柏 墓前立虎."

29) 이스위(易思羽) 지음/정광훈 옮김, 2011 『중국문화사전』, 청어람, 424~429쪽.

30) 이스위(易思羽) 지음/정광훈 옮김, 2011 『중국문화사전』, 청어람, 498쪽.

31) 유향양 · 추교순, 2011 『중국 당대 황제릉 연구』, 서경문화사, 101~105쪽.

32) 『세종실록』 권93, 세종 23년 8월 8일 임신. "河演議 石馬有古制 自今於陵室皆置石馬二爲便… 上從演議." 및 권98, 세종24년 10월 18일 을사.

33) 일반인들은 가운데에 놓인 돌이라는 의미로 '정중석'이라 부르고 있으나 근거는 없다.

34) 『세종실록』 권7, 세종 2년 1월 3일 임인 및 『세종실록』 권17, 세종 4년 9월 6일 경신.

35) 이정근, 2010 『신들의 정원, 조선왕릉』, 책으로 보는 세상, 129쪽.

36) 『세종실록』 권24, 세종 6년 4월 5일 경술.

37) 『獻陵誌』 卷2, 像設. 일반에서는 '정중석(正中石)'이라는 명칭을 사용하기도 하지만, 근거는 없다.

38) 이근직, 2012『신라왕릉연구』, 학연문화사 참조.

39) 석상의 용도와 관련하여 석실로 들어가는 출입구라는 주장도 있으나 전혀 근거가 없다.

40) 건원릉과 헌릉에는 5개의 족석이 있다. 세종이 석상의 규모를 줄인 후 4개만 설치하게 된다.

41)『선조실록』 권40, 선조 26년 7월 1일 계축.

42) 정해득, 앞의 논문 참조.

43) 석등은 8각 양식을 기본으로 하고 있는데, 불교의 기본교리인 팔정도(八正道)를 상징하고, 4개의 화창은 사성제(四聖諦)를 상징하는 것으로 알려졌다. 고려대학교 한국사연구소 고려답사회 편, 2012『한국 문화유산 산책』, 새문사 참조.

44) 金旼奎, 2008「朝鮮時代 長明燈 硏究」, 동국대학교 석사학위논문 참조.

45)『세종실록』 권24, 세종 6년 5월 7일 신사. "命議獻陵大祥後長明燈燃火及朝夕焚香 領議政柳廷顯 左議政李原等議云 長明燈焚香 非古制 宜除 星山府院君李稷 大提學卞季良 吏曹判書許稠 禮曹參判李明德等議云 除燃燈而焚香依健元陵例 命從李稷等議."

46) 국립경주박물관 편저, 2008『신라, 서아시아를 만나다』 및 정수일, 2005『한국 속의 세계』(상) 참조. 정수일은 이 서역인상을 무인석으로 보았으나 옆에서 있는 옹중 역시 무인석이기 때문에 보다 정밀한 논증이 필요할 것으로 생각된다.

47) 국립중앙박물관, 1995『알타이문명전-우리의 뿌리를 찾아서-』 도록 참조.

48)『승정원일기』 고종 2년 11월 10일 신미.

49) 葉驍軍, 1994『中國墓葬歷史圖鑑』中, 唐代帝王陵, 甘肅文化出版社, 126쪽. 엽효군은 고종 건릉이 황릉 석각군의 정형을 만든 것으로 보았다.

50) 옹중석의 도상은 문석인의 시립자세와 비슷하고, 서역인은 무신으로 보는 견해도 있으나 시기적으로 문무석인 개념이 설정되어 제도적으로 정비되지

않았다. 외국사신을 조각하여 설치한 당나라 건릉을 모범으로 삼았기 때문에 통일신라 역시 국제교류를 하던 서역인을 세운 것으로 보인다.

51) 『승정원일기』 영조 7년 6월 22일 계축. "…致中曰…而諸陵寢屛石起畫 最初見樣 出於前朝恭愍王陵 此蓋元時石工所造云…." 『懶齋集』 권1, 「遊松都錄」 1477년 개성을 유람한 蔡壽는 개성 성균관에 있던 五聖과 十哲의 塑像과 福靈寺의 16나한을 원나라 사람이 만들었는데 정교하기 그지없었으며, 雲居寺의 달마상에는 원나라 至正(1341~1367)에 쓴 글씨가 있었다고 하였다. 이러한 기록은 공민왕 대의 조각이 원나라의 직접적인 영향을 받았다는 사실을 방증하는 것이다.

52) 양관, 2005 『中國歷代 陵寢制度』 제5장 능침제도의 확대와 개혁시기(당송·명청) 및 葉驍軍, 앞의 책 참조. 남송의 황릉은 임시로 정한 攢宮이었기 때문에 石刻을 진열하지 않았다. 원나라는 황릉의 위치는 비밀에 부쳐졌기 때문에 석공들이 모델로 한 왕릉은 북송의 황릉이 가장 가까웠던 것이다. 실제 공민왕릉의 석물과 북송 황제릉은 상당히 유사한 형태를 보이고 있다.

53) 『인조실록』 권11, 인조 4년 2월 3일 병자. "禮葬都監回啓曰…文石人象 著冠帶 執笏之狀 武石人象 著甲胄 佩劍之狀 此乃國喪象文武百官之制也."

54) 『芝峯類說』 卷19, 宮室 陵墓. "漢官儀曰 古不祭墓 始皇起寢陵殿於墓側 漢因不改 起居衣服 象生人之具 四時上飯 此後世崇奉陵寢之始也."

55) 『沙溪全書』 卷24, 家禮輯覽圖說[祠堂全圖].

56) 리창언, 앞의 책 및 國立文化財研究所, 2003 『江華碩陵-發掘調查報告書』 참조. 강화도에 있는 고려왕릉 가운데 석릉에는 장방형의 건축시설물이 봉분 앞에 있었던 것으로 보고되었다.

57) 리창언, 앞의 책, 207쪽. 북한에서는 정자각을 '제당'이라고도 한다. 조선중앙사진선전사, 2004 『고려의 옛 수도 개성』.

58) 『朝鮮古蹟圖譜』 참조.

59) 여주로 천장한 뒤에도 8칸 정자각을 유지하다가 광해군 때 개건한 일이 있

었는데, 인조 때 건원릉의 제도에 따라야 한다며 5칸으로 줄인 일이 있다.(『인조실록』 권39, 인조 17년 8월 10일 을미.) 광해군의 정치를 부정한 인조반정 세력은 광해군이 정자각을 8칸으로 늘려 지은 것으로 여겼던 것이다.

60) 현재 寧陵을 비롯하여 孝陵, 泰陵, 康陵 등의 정자각은 정전 3칸에 배위청 3칸으로 구성되어 있다. 후일 정자각은 개건이 있었던 것인데, 1870년 경복궁 영건 당시 능원묘의 정자각을 수개한 것과 관련이 있는 것으로 판단된다.(『고종실록』 권7, 고종 7년 1월 24일 경인.)

61) 숙종은 건원릉 능관의 보고에 따라 정자각을 8칸으로 늘려 지으려고 하였는데, 최석정(崔錫鼎) · 이이명(李頤命) 등이 왜적의 병화가 미치지 않은 것은 본시 신령(神靈)의 도움이라고 일컫고 있으니, 가볍게 헐어 고칠 수 없다고 주장하여 그만둔 일이 있었다.(『숙종실록』 권46, 숙종 34년 8월 9일 임자.) 8칸 정자각이 대세를 이루었던 상황을 짐작하게 한다.

62) 『國朝喪禮補編』 卷4, 治葬. 手敎.

63) 『國朝喪禮補編』 圖說, 丁字閣.

64) 조선초기에는 북도 8릉의 정자각에 位版이 설치되어 있었는데, 1426년(세종 8) 건원릉과 헌릉의 예에 따라 모두 철거하여 땅에 묻었다.(『세종실록』 권31, 세종 8년 3월 7일 신축.)

65) 『國朝喪禮補編』 卷1, 治葬 諸具. "瘞坎一 開丁字閣北壬地 以磨石作匡 其內方二尺五寸 深一尺六寸 底鋪方甎 用松板爲盖 具鎖鑰 所以燎瘞祝幣者."

66) 『태종실록』 권30, 태종 15년 8월 8일 임신.

67) 『단종실록』 권3, 단종 즉위년 9월 1일 경인.

68) 『國朝喪禮補編』 卷1, 治葬 諸具. "○石牀一俗稱山神石 設於閣東北 所以三年來祠后土者."

69) 『國朝五禮通編』 卷1, 補治葬, "…設石牀一於癸地卽山神石…以上山陵都監."

70) 『澤堂先生別集』 卷16, 雜著, 祭儀 山神祭. "盛器豐盈爲主 不可盡用象生事人之儀 逐墓祭神似煩 合祭一處 所盛務豐."

71) 『세종실록』 권17, 세종 4년 9월 6일 경신.

72) 『연산군일기』 권55, 연산군 10년 8월 19일 병자. "禮曹判書金勘啓 恭順昌三陵參奉 已令出標外 陵寢盡空 祭器及丁字閣神座褥諸物 無人守直 恐盜賊不計禁標 潛入竊去 傳曰 守祭庫及丁字閣者 姑留勿出."

73) 『현종개수실록』 권18, 현종 8년 10월 29일 경자.

74) 『숙종실록』 권31, 숙종 23년 3월 21일 임신.

75) 『[懿仁王后]山陵都監儀軌』 各所應行條件 造成所. "一 左邊守僕房二間 右邊水剌間二間 紅門一坐 已上丹青."

76) 上同, 別工作. "水剌間溫堗房 蘆葦三浮."

77) 『國朝喪禮補編』 卷1. 治葬. "…南置庫房 其齋廚及齋坊 隨地之宜…."

78) 정해득, 2009 『정조시대 현륭원 조성과 수원』, 신구문화사, 77쪽.

79) 중국 명13릉에는 대홍문(大紅門)이 설치되어 있다. '금줄'에서 유래하였을 것으로 보는 견해도 있으나 세종의 행차 때 붉은 깃발을 든 군사가 작문(作門)한 것과 관련된 것으로 보인다. 일본의 경우 신사(神社)에 세워진 '도리이'와 형태적으로 유사한데, 일본에서는 도리이가 금줄에서 유래된 것으로 보고 있다.

80) 『세종실록』 권17, 세종 4년 9월 6일 경신.

81) 『[正祖]健陵山陵都監儀軌』 卷1, 傳敎啓辭, 庚申10月6日. "同日…丁字閣碑閣丹靑畢役後 撤去浮階爲白遣 丁字閣月臺前香御路築階後 磚石排鋪爲白乎旀水剌間守僕房畢役 緣由竝以馳啓爲白臥乎事."

82) 『[懿仁王后]山陵都監儀軌』 卷1, 啓辭, (辛丑)2月 29日. "…且丁字閣 御路所用薄石 亦已浮取於江華 將爲輸運…."

83) 조선왕릉 가운데 태종 헌릉은 어도가 하나로 되어 있고, 세조 광릉은 어도가 없다. 또한 철종 예릉과 고종 홍릉, 순종 유릉은 삼도(三道)로 되어 있다. 헌릉은 아직 왕릉 제도가 정비되지 않았던 시기에 조성되었으므로 시원적인 형태를 보이는 것으로 판단되며, 광릉은 박장(薄葬)을 강조하였기 때문에

시설하지 않은 것으로 보인다. 예릉 이후로 어도제도가 변한 것으로 보인다.

84) 『芝峯類說』 卷19, 宮室 陵墓. "世傳顯陵祔葬時 兩陵間有松栢遮蔽 而不日盡枯 通望無礙 禧孝二陵間 有路自開 未嘗生草 又孝陵陵上至丁字閣 一道成蹊 常如踐踏 此則尤異矣."

85) 『영조실록』 권89, 영조 33년 6월 23일 계미. 이 날의 논의는 『國朝喪禮補編』 卷4, 治葬조에 실렸다.

86) 조선전기에는 홍살문에서 정자각에 이르는 길을 신도하고 하였으나 후기에 제작된 의궤들에는 모두 어도로 기록하였다. 참도는 일본 신사에서 쓰는 용어를 그대로 가져다 쓴 경우이다.

87) 『일성록』 정조 22년 11월 12일 신미. "壯勇外使 徐有隣啓言 禿城山城別將… 至於赴任後 園所紅箭門外肅拜 及奉安閣肅拜 不可無一番定式 依迎華察訪例 一體擧行之意 請分付 從之." 및 『元陵改修都監儀軌』 庚午六月二十一日. "早朝紅箭門外肅拜後 與本陵別檢李遠翊 參奉韓用鑲 眼同 陵上莎草蹲縮處 一齊奉審後…." 『文孝世子墓所都監儀軌』 2冊 三物所, 日記 丙午 閏7月 22日. "…都監提調都廳本所郎廳各所郎廳會墓上奉審後 退伏紅箭門外 哭再拜辭墓而退復命 肅拜." 여러 사례를 통해 관리들이 홍살문 앞에서 숙배하였다는 것을 알 수 있다.

88) 『영조실록』 권39, 영조 10년 9월 16일 무자.

89) 『國朝喪禮補編』 卷1, 治葬. "丁字閣-丁字閣正南立紅箭門 設望陵位其左." 이 자리는 구한말~일제시기에 각 왕릉의 자료를 정리한 『○陵誌』 자료에는 외판위(外板位), 능판위(陵板位), 배위(拜位) 등으로 기록되어 있다.

90) 李敏植, 1996 「朝鮮時代 陵墓碑에 關한 硏究」, 漢城大學校 碩士學位論文 및 황정연, 2009 「조선시대 능비(陵碑)의 건립과 어필비(御筆碑)의 등장」 『文化財』 제42권 · 제4호, 국립문화재연구소 참조.

91) 『세조실록』 권3, 세조 2년 1월 25일 을미.

92) 『北道陵殿誌』 卷1. 定陵, "碑碣 神道碑在丁字閣西二百五十步許 面向西…."

1393년 정총(鄭摠)이 짓고, 성석린(成石磷)이 글씨를 썼으며, 권중화(權仲和)가 전액을 올려 건립되었다. 임진왜란 때 정릉 신도비가 파손되어 1611년 옛 비문을 그대로 사용하여 오익주(吳翊住)가 글씨를 쓰고, 김상용(金尙容)이 전액을 올렸으며, 이정귀(李廷龜)가 추기를 써서 다시 세웠다.

93) 金九鎭, 1975「舊王陵 神道碑와 石物에 대하여」『歷史教育』第18輯 참조.

94)『明史』志 凶禮3 碑碣. "明初 文武大臣薨逝, 例請於上 命翰林官製文 立神道碑 惟太祖時 中山王徐達, 成祖時榮國公姚廣孝 及弘治中昌國公張巒治先塋, 皆出御筆 其制 自洪武三年定 五品以上用碑 龜趺螭首 六品以下用碣 方趺圓首…五年復詳定其制 功臣歿後封王 螭首高三尺二寸 碑身高九尺 廣三尺六寸 龜趺高三尺八寸…."

95)『北道陵殿誌』卷1. 德陵, 安陵, 智陵, 淑陵, 義陵, 純陵 등에 세워진 비석은 전면에 "○王○陵"과 후면에 建立年月만을 기록하였다.

96)『國朝喪禮補編』卷4, 治葬. 手教.

97)『고종실록』 권27, 고종 27년 1월 5일 병오.

98)『고종실록』 권39, 고종 36년 8월 3일(양력).

99) 정해득, 2012「사도세자 현창의 전개과정과 국왕추존」『사도세자』, 수원화성박물관 참조.

100)『순종실록』 권2, 순종 1년 5월 6일 및 11일(양력).

101)『헌종실록』 권12, 헌종 11년 10월 20일 무신.

102)『세종실록』 권,9 세종 2년 9월 16일 신사.

103)『厚陵誌』(1904年 寫. 장서각 소장 K2-4503)

104)『세종실록』 권17, 세종 4년 9월 6일 경신.

105) 등메는 龍鬚草를 재료로 해서 만든 고급 화문석의 일종이다.

106)『일성록』 정조20년 2월 11일 정해.

107)『세종실록』 권17, 세종 4년 9월 6일 경신 및 권113, 세종 28년 7월 19일 을유;「五禮」凶禮儀式 治葬.

제5장 조선왕릉의 조성과 관리
– 원릉의 사례 –

1) 영조는 1890년 추상된 존호로서 영종이라 해야 하지만, 서술의 필요상 꼭 영종으로 표시해야 할 부분만 영종이라 하고, 일반적으로 영조라 서술하였다.

2) 『영조실록』 권127, 영조 52년 3월 6일 정축.

3) 『[英祖]元陵山陵都監儀軌』 上. 啓辭秩을 보면 3월 10일부터 기록되어 있다.

4) 『일성록』 정조 즉위년 3월 11일 임오. “山陵都監啓言 丁丑年國恤時 山陵虛右之制 依古例擧行事 已有大行遺敎 而其時刻石置標 於裁穴處矣 臣與禮曹堂上觀象監提調 山陵都監提調 卽當進詣 陵所更加看審 發出石刻裁定止 穴而不可不先告事由於陵所 請令該曹擇日 允之.”

5) 『일성록』 정조 즉위년 3월 13일 갑신. “…予曰 當以乙坐定之乎 晦曰 然矣而若以乙坐爲之 則青龍實而白虎似不足矣.”

6) 『일성록』 정조 즉위년 3월 14일 을유. “…予曰 院相之意何如 尙喆曰 若以乙坐辛向爲之則青龍邊 似有流下之慮矣 尙喆曰 臣與總護使 更爲奉審後稟定矣.”

7) 『일성록』 정조 즉위년 3월 18일 기축. “國榮率相地官 前縣監車亨道 士人張振翼 前主簿李衡胤 入侍 予謂亨道曰 山陵行龍何如 得水何如 亨道曰 行龍確威得水合格矣 振翼曰 以乙坐辛向爲之 則此是日出扶桑格 以臣等所見可謂極盡矣 予曰 穴處果是正穴乎 亨道 曰然矣 予曰 青龍白虎何如 振翼曰 龍進虎退格矣.”

8) 『일성록』 정조 즉위년 3월 19일 경인. “罷總護使 左議政 申晦職…以領議政 金尙喆爲總護使.”

9) 上同. “召見山陵看審諸臣 及時原任大臣 奉朝賀九卿禮堂儒臣于廬次…予曰 前日已知其未洽 而今者猝當恐 未能十分 無疑以朱子山陵議 見之 重言復言 期於審愼 若有一毫未盡 則事將奈何 鳳漢曰 聖意旣如此 則更求而得之似好矣 相福

曰 聖意旣如此 更求好矣 鳳漢曰 更求於各陵寢局內 而得之則幸矣 致仁曰 第當求之矣 陽澤曰 第無可信地師 殊甚可悶 予曰 地師 何以則得之乎 鳳漢曰 有金泰亨者 行于世 三十餘年 有金基良卽鰲興家所信用 而金尙鉉爲名人 亦有名稱矣."

10) 『일성록』 정조 즉위년 3월 20일 신묘. "教曰 山陵初看審 長陵洞口內 順陵洞口內 昌陵左岡先爲看審 而待地師金基良入來 都監堂上一員 錦城尉 行司直金漢耆 進詣看審後 以奏."

11) 『일성록』 정조 즉위년 3월 22일 계사. "黃海都事 李顯模上疏 請寢山陵改奉審之命 命還給. 教曰…原疏給之 其令更究 朱夫子山陵議狀可也 仍教曰 黃海都事 李顯模汰去."

12) 김기량이 보고한 장소가 어느 곳인지는 확실하지 않지만 장릉 동구 내로 추정된다.

13) 풍수 용어로 단점을 보완하여 눌러 쓴다는 의미이다.

14) 『승정원일기』 정조 즉위년 3월 23일 갑오. "丙申三月二十三日酉時 上詣殯殿…上下問基良等曰 往審諸處則何如 基良曰 癸坐丑坐 皆無欠處 而年運不利 乙坐則水勢與弘陵無異矣 上曰 明陵東岡 順陵局內 或有制用之道乎 仍命日官 持萬年圖入侍 賤臣承命召入日官池日賓進前 上曰 癸坐丑坐 有制用之道乎 日賓曰 運克不得制用矣…上曰 弘陵 何如 基良曰 別無欠處 而腦似不正又後脫矣 上曰 弘陵奉安處穴星 何如 基良曰 無欠矣 上曰 補土處及靑龍低處何如 以所見奏之 基良曰 別無所欠 而以大體論之 則局勢亦見 而似是巽局矣上曰 用與不用 詳細奏之 基良曰 乙坐則後欠主脈矣 上曰 然則乙坐似無可論當更求他處矣…."

15) 『승정원일기』 정조 즉위년 3월 24일 을미. "丙申三月二十四日申時 上詣殯殿…上曰 地師會者幾人 鳳漢曰 十九人 而山論或疊入矣 上曰 長湍則遠而通津則隔水矣 陽澤曰 舊章陵內 有可見處矣 鳳漢曰 恭陵順陵火巢外 亦似可見矣 上曰 諸地師 不必盡送矣 陽澤曰 金基良等數人可遣矣 上曰 都廳率往 可也…."

16) 上同. "陽澤曰 昭寧園越麓 甚好云矣 上命錦城尉 地師進前 上曰 諸地師各陳所見可也 基良曰 上下兩穴 皆好 無優劣之可言者矣 上曰 比昭寧園 果何如 基良曰 此乃正幹也 田曰 此乃十全大地 而而比昭寧園 尤雄偉矣 上曰 坐向 何如 田曰 酉坐卯向矣 上曰 過靖嬪墓乎 田曰 然矣 上曰 自昭寧園洞口 相距幾何 田曰 爲數馬場矣 陽澤曰 大行朝 曾以屢次登臨云矣 上曰 誠不偶然矣 上曰 雖明日 當初看審乎 明源曰 都廳則雖曰三處 竝爲看審 而昭寧園洞口外二處 則非看審之處也 命書傳敎曰 明日昭寧園靑龍第二岡 高嶺鶯峯山下 都監堂上一員 錦城尉 率地師金基良 李衡胤 金田 進詣看審以來, 依前除辭朝進去…."

17) 『일성록』 정조 즉위년 3월 29일 경자. "予曰 更爲看審所見何如 明源曰 地師言內 主峰龍虎 果無欠處 凡眼則極盡矣 予曰 地師各陳所見 基良奏曰 再看審則可謂天作之地矣 予曰 龍虎何如 基良曰 如回龍顧祖形 靑龍高而蔽壬坎癸三方 白虎之低 論以地理最好之格矣 田曰 果是十全大地矣 衡允曰 穴星尊嚴矣 予敎曰 陵役之一日遲延 可悶 明日總護使與本都監提調 及禮曹堂上各一員 進詣昭寧園靑龍內第三崗初占處 看審以來 其在重其事之道 不可以一二地師之說擇定 總護使知悉 如有術業之稍優者 一二人 亦爲帶去之意 自政院言于總護使."

18) 『일성록』 정조 즉위년 4월 1일 임인. "予曰 看審則所見何如 陽澤曰 以凡眼觀之 山勢雄偉龍虎合格 實爲無欠 餘慶曰 穴勢貴吉 行龍森嚴 二十四位皆無欠矣 予曰 姑不裁穴乎 陽澤曰 三看審時 完定後 當爲之矣."

19) 上同. "敎曰 昭寧園左二岡看審處 伐木時 例有告由云 卽令該曹照例擧行."

20) 『일성록』 정조 즉위년 4월 6일 정미. "敎曰 左承旨馳詣昭寧園奉審後 山陵占標處 始役與否 地師山論詳問 總護使卽爲回奏."

21) 『일성록』 정조 즉위년 4월 8일 기유. "予曰 置標處盡爲看審乎 商鳳曰 然矣 予曰 皆無可合處乎 商鳳曰 地師言內 實無可合處云矣…."

22) 上同. "…基良曰 健元陵局內 舊寧陵岡龍勢 凡百極爲好矣 而旣是遷陵舊基則臣等不敢仰達矣 予曰 故相閔鎭遠 以舊寧陵不可棄之意 有奏議 命入閔文

忠奏議 讀奏訖 予曰 當博詢後 決定矣."

23) 『일성록』 정조 즉위년 4월 9일 경술. "陽澤曰 山陵昨日 又未完定 焦迫罔措矣 予曰 舊寧陵何如 致仁曰 曾聞 舊寧陵之好矣 承旨國榮曰 甲辰山陵 是亦多留意云耳 予問地師曰 雖求它而不得如此之處乎 基良曰 舊寧陵體勢 與健元陵無異矣 予曰 告其眞的可也 基良曰 局勢雖支健元陵 而其正榦精神盡在於此矣 東亨曰 佛巖山正榦面目 皆向此處 誠爲十合之地矣 予曰 年運利乎 基良等曰 然矣 予曰 健元陵第幾岡乎 基良等曰 第二岡矣 ○敎曰 今日時原任大臣錦城尉 金漢蓍率地師 進詣健元陵第二岡奉審以來."

24) 『弘齋全書』 卷57, 雜著四, 「遷園事實」 정조는 문효세자 서거 이후에 사도세자 영우원을 수원 현륭원으로 옮기면서 혈식구원의 방도를 이야기하기도 하였다.

25) 『일성록』 정조 1년 2월 14일 경술. "召見承旨 洪國榮于尊賢閣. 予曰 永陵則雖以凡眼見之 龍虎與局勢甚好 而至於弘陵 則穴處太高 龍虎未包 似欠穩當矣 國榮曰 果如聖敎矣 予曰 神理人情 本不相遠 無論地理之如何 弘陵之移奉于元陵 事理當然而數年之內 年運不合云 可悶矣."

26) 『일성록』 정조 1년 7월 17일 경진. "召見大臣以下于興政堂. 予謂鍾秀曰 往審元陵陵幸時 程途乎 鍾秀曰 昨已往審 而出還官 皆以永祐園爲晝停所 此雖出於除 民弊之聖意 而小路作行 亦如何矣 尙喆曰 元陵陵幸 兼行永祐園展拜多難便之端 永祐園別爲幸行似好矣 予曰 卿等與禮判 更爲磨鍊後 日次以奏."

27) 『[英祖]元陵山陵都監儀軌』 1冊, 啓辭秩 3月 12日.

28) 上同, 3월 14일.

29) 『일성록』 정조 즉위년 4월 10일 신해. "該曹啓言 健元陵右二岡伐木置標時告由吉日推擇 則今四月十三日 巳時爲吉云 請令都監擧行 允之."

30) 『일성록』 정조 즉위년 4월 11일 임자. "…陽澤曰 山陵裁穴甚難 蓋當初打開之地 故必以黃土塡補 然後可以裁穴云矣 予曰 舊裁穴處何如 陽澤曰 稍上一金井合宜云矣 予曰 伐木前當補土 則告由祭退定乎 陽澤曰 先爲告由似未安

矣 予曰 然則退定好矣….”

31) 『일성록』 정조 즉위년 4월 13일 갑인. “召見山陵看審相地官 金基良等于廬次(相地官 柳東亨 金田) 予曰 更爲看審則何如 基良等曰 上下山原探見 來見正脈 及水口諸處 則實是十全大地矣 予曰 補土何也 基良等曰 非爲形體之低 而補土也惶恐者 前所穿壙處 故四方皆高 中則甚低 若有天落水則無就下處 恐有濕氣 故更塡新土 以爲平衍然後 詳審裁穴 以開金井 似宜矣 予曰 然則無妨矣.”

32) 『일성록』 정조 즉위년 4월 15일 병진. “山陵三看審裁穴後入來也 ○予曰 伐木後何如 陽澤曰 伐木後所見尤好矣 尙喆曰 臣則初奉審矣 雖以凡眼見之 似是正幹矣 予曰 開金井當在何時 陽澤曰 在於來月矣…陽澤曰 金井稍上舊壙矣 尙喆曰 舊壙之上 卽新裁穴之下 此乃已驗之地 聖心宜益信矣.”

33) 『일성록』 정조 즉위년 4월 16일 정사. “○別單 元陵右旋左落 辛兌龍亥入首亥坐巳向 艮兌得水巽破(丁亥丁巳)分金(穿山丁亥 透地辛亥) 洪運己丑火 忌水….”

34) 上同. “…年月日時 今年雖値天官符 以納音及六白制用爲吉 正運壬辰水 運泊貴人宮 大行大王甲戌生 忌水日….”

35) 上同. “…方造命三合得局 年丙申火食神印綬 月丙申火聚祿聚貴 日壬午水歲月聚德 時壬寅金兩干不雜六白到坐.”

36) 『일성록』 정조 즉위년 6월 7일 병오. “國葬都監以山陵各項吉日改擇別單書入啓. 啓欑宮七月二十五日卯時 發引同月二十六日寅時 下玄宮同月二十七日酉時.”

37) 『일성록』 정조 즉위년 4월 27일 무진. “…予曰前陵何向乎 尙喆曰前陵乾坐巽向 新陵亥坐巳向矣.”

38) 上同. “左議政 金尙喆啓言 今番山陵都監 凡事一依庚子儀軌 命行而與喪禮補編 或下無矛盾處 新陵事役 與舊陵事役 自多不同 與丁丑弘陵儀軌 參互擧行之意請分付 敎以從後施行.”

39) 上同. "…左議政 金尙喆啓言 新陵齋室基址定於惠陵齋室北邊 而徽陵齋室當移建於健元陵齋室東邊 此不過仍舊材取用 請分付 戶曹趁卽擧行 從之…."

40) 『[英祖]元陵山陵都監儀軌』(奎 13585)와 『日省錄』, 『元陵志』를 참고하여 주요 내용을 정리하였다.

41) 『일성록』 정조 즉위년 6월 2일 신축. "○予曰 山陵開金井 土色何如 陽澤曰 土色甚好矣 穿壙之際 有數塊灰般矣 予曰 此不爲欠乎 陽澤曰 此不過舊壙之灰則少 無爲欠之端矣 予曰 穴深爲幾尺 陽澤曰 八尺矣 予曰 不爲太深乎 相地官所見何如 基良曰 雖深無妨矣 予曰 灰般之長廣幾許 陽澤曰 似可爲二尺許矣 予曰 錦城尉所見亦不爲欠乎 明源曰 此則少 無所妨矣."

42) 1석=15두.

43) 『元陵志』, 장서각 소장, k2-4457.

44) 『元陵志』, 127~128쪽.

45) 『일성록』 순조 5년 1월 20일 을사. "召見禮曹判書 韓用龜都監堂上金勉柱 觀象監提調 趙鎭寬于廬次. 以山陵看審出去也 ○予曰看審之行 當自元陵爲先乎 用龜曰 先詣元陵奉審後 各陵局內封標諸處 亦當一體看審矣 予曰 元陵同原 若卜新兆 則年運何如云耶 鎭寬曰 若爲元陵同原 則今年年運 卽是小利年云 而取考封標諸處所錄 則舊寧陵左右岡 皆有吉地云 舊寧陵云者 卽今元陵之謂也 左右同岡各處年運 亦皆吉利云矣 予曰 若依明陵已例 得以卜吉於元陵同岡 則情理與事體 俱爲允愜矣 卿等須體此意 周詳看審可也…."

46) 『일성록』 순조 5년 1월 22일 정미. "…則諸地師皆以爲元陵 陵上左邊 穴星之尊嚴 案對之均正 誠爲十全大吉之地 而與右邊原穴之盡善盡美 少無異同…."

47) 『일성록』 순조 5년 1월 25일 경술. "…封標處旣在本陵曲墻之內 則不可無告由之節 令該曹照例磨鍊 封標吉日時 亦令推擇啓下 以爲擧行之地."

48) 『일성록』 순조 5년 1월 27일 임자. "…邁修曰 兩寢石物 各爲排設 則不但裁穴之恐偏 一邊補土之役 過爲濶大 若遵崇陵制度 兩寢之間 通排象設 則曲墻可安於原地補築 只在於暈臺兆域 形體亦極豐圓 而但本陵欄干橫石二箇 竪石

三箇 面隅石四箇 勢不得不移動 此必稟定然後 可以奉行矣 予曰移動處 在何方位乎 邁修曰 本陵寅方矣….”

49) 『일성록』 순조 5년 2월 6일 경신. “…以上 米二千九百四十石 木一百十六同四十疋 錢一萬六千九百三十四兩四錢 正布八同.”

50) 『일성록』 순조 5년 2월 16일 경오. “山陵都監啓言 山陵石物中 長明燈或各設於兩陵之前 或移設於兩陵之間 其制不一 而謹稽崇陵謄錄 則舊陵長明燈筵稟定奪 移立於兩陵之間矣 請今亦依此擧行 允之.”

51) 『일성록』 순조 5년 3월 1일 을유. “左議政 徐邁修啓言 謹稽丁丑謄錄 則依下教 新舊表石 同安一閣矣 今此元陵碑閣爲二間 新表石奉安於下邊空間似好而不得不撤毁垣壁 奉安後改築似好 兩陵間石欄干 合爲一圍 一依崇陵制度事頃伏承下教矣….”

52) 『일성록』 순조 5년 4월 15일 무진. “左議政 徐邁修曰 昨日以山陵開金井 擇日退定事 自禮曹草記 蒙允矣 更爲擇日 則五月初二日開金井 十一日下外梓宮爲吉云 而若開金井後 卽爲穿壙 則其間日子 尙遠亦不無地氣漏泄之慮 開金依擇日爲之 穿壙則稍緩日子 下外梓宮三四日前 期爲之 似好矣 予曰 依此爲之可也….”

53) 『일성록』 순조 5년 6월 26일 무인. “…封陵制度 前面高八尺六寸 後面高七尺八寸 左右高八尺 前後徑二十七尺 左右徑二十六尺五寸 周回八十尺…予曰陵上與大王陵寢 其間爲幾許乎 尙鎭曰 其間爲營造尺二尺許矣….”

54) 『일성록』 고종 26년 12월 30일 신축. “廟號都監啓言 元陵表石 今當改造 而丁巳年仁陵表石磨用 雖有已例 本陵表石 則正廟朝御筆 事體不可磨淨 請新備造成 允之.”

55) 『일성록』 고종 27년 1월 3일 갑진. “詣太廟展謁追上英祖大王 貞聖王后 貞純王后尊號册寶仍行改題主.”

56) 『일성록』 고종 27년 1월 4일 을사. “廟號都監啓言 元陵表石 今將改建碑閣亦不可不添建矣 當有先告事由之擧 令該曹擇日擧行 表石始役 及碑閣始役

吉日竝爲推擇之意 請一體分付允之."

57) 『일성록』 고종 27년 1월 6일 정미. "敎曰 元陵表石訖役間 廟號都監堂郞 使之仍爲擧行事 分付."

58) 『일성록』 고종 27년 1월 27일 무진. "敎曰 元陵表石 與陰記當親書矣 分付廟號都監."

59) 『일성록』 고종 27년 윤2월 2일 임인. "廟號都監以元陵表石前面草圖書書入啓."

60) 『일성록』 고종 27년 윤2월 24일 갑자. "廟號都監以元陵表石陰記草圖書書入啓."

61) 『일성록』 고종 27년 3월 14일 계미. "該都監啓言 元陵表石前後面印本 各四件粧簇以入 而各一件粧簇 世子宮請封進."

62) 『일성록』 고종 27년 3월 16일 을유. "元陵表石竪立後 大臣仍詣陵上奉審 丁字閣命一體奉審. …秉世曰 然矣 連値日氣 晴佳 元陵表石與加簷石 安寧 抵陵下 今日趁時刻竪立…仍敎曰 新表石與舊表石同乎 秉世曰 新表石比舊表石長加五分矣 予曰 何以然乎 秉世曰 稍有加分似無甚差矣."

63) 『元陵志』, 155쪽. 수복은 능침을 경계하는 역할을 담당하였기 때문에 눈에 잘 들어오도록 홍의를 입은 것으로 보인다.

64) 『元陵志』, 145쪽. "一. 陵上 殿內 碑閣 每日使上直守僕 一一修掃事. 一. 朔望焚香時 使守僕率長番軍 修掃 陵上 寢殿內外 而階庭等處 亦爲一一掃除事. 一. 每於 大祭前期三日 守護軍合番修掃事. 一. 陵上雜草 及安香廳 典祀廳 齋室 及紅箭門外道路雜草 合番除去 而使守護軍分掌 自二月至八月 每一朔一番除草 而(六月再番除草)冬月掃雪亦爲合番掃除 而隨其雨雪之多少 或聚近處軍 或合遠居卒 隨便掃除事. 一. 丁字閣左右磚石所鋪之外 不除雜草 使之結根以防雨水衝破事."

65) 『元陵志』, 149~150쪽. "一 禁養每年春秋伐草 火巢以防野火 而或有失火之患 則卽報禮曹 垓字掘鑿處 或有塡塞之弊 則亦爲枚報禮曹 禮曹郞官與本州

牧使 摘奸後 更爲 掘鑿事. 一 火巢內樹木 逐日發遣山直巡山 陵官亦爲無時摘奸 以禁樵伐 而外山七岡 則以山底居民定爲家前 嚴飭守護 如有犯斫現發之事 則山直及家前治罪 犯斫人重者 報禮曹或本官嚴治 輕者 自齋所治罪事. 一火巢之內 切禁村人放牧 以爲樹木茂密之地 而枯枝落葉 亦勿許採 若有犯禁 被捉者 隨輕重治罪事."

66) 『元陵志』, 151쪽.

67) 『元陵志』, 153~155쪽. 「外案山禁養節目」 "本州禿音面蘇渼山 卽元陵十里內相望之地 而一山全麓 擧皆童濯間有脫莎 所見極爲未安 適於今番 本陵莎草修改時 大臣禮堂望之 慨然 并出禁養之論 而此與陵寢直案山有異 則 筵奏定奪事 涉張大有不敢輕議 是戶乃 自本宮與本齋方便禁護 似合事 面是如 諸議純同乙仍于 同山地中 可以禁養處定送鄕色 詳細看審劃定經界 則 自山頭北邊爲三十步 西邊爲一百步 南邊亦爲五十步是遣 山之東邊 旣是山背不見之處故不爲擧論是如乎…."

68) 『일성록』 순조 5년 8월 21일 신축. "則以爲京居米商洪愼恒 辛酉春移葬 其父於外案山禁養之地 其時入直官 遣書員片奉泰 摘奸其形止後 不惟不禁 至許繼葬 以致其冬…蓋此犯葬處 雖是案山之背 其腦後六七步以上則正爲陵上案對之地…."

69) 『일성록』 순조 5년 8월 29일 기유. "義禁府啓言 元陵前參奉 沈兢之原情…則乃是禁標外山背之麓 而癸卯禁養節目中 山背不見處 不爲擧論 而洪愼恒營葬處 明是禁標外 故果不爲禁葬 凡標外不遠處入葬者例 呈勿侵之狀 故亦爲題給 該曹草記中 其腦後六七步以上 正爲陵上案對云 而自其最高處 循背以下 約十餘步 而有山脈作腦處 又其下幾許步 而爲洪哥之冢 則溯計步數拖到 對案果何所據云…."

70) 『元陵志』, 134쪽.

71) 『元陵志』, 167~169쪽, 「本陵 幸行時 擧行條件」

72) 동구릉이 당시에는 7개 능이 있었으므로 동칠릉이라 하였다.

73) 『일성록』 정조 1년 1월 4일 신미. “禮曹啓言 元陵位田以漆原縣 猪島等處劃定 而果是空閒之地 問於本道監司則關粘縣監牒呈 果有耕墾處 假令爲五六十結云 劃屬本陵 御覽成册修正上送事 請分付 允之.”

74) 『일성록』 정조 1년 6월 29일 계해. “命柴宮山 猪島等處還作封山. 領議政 金尙喆啓言 統制使 李昌運狀啓 以爲因禮曹啓下關 元陵位田劃定 漆原縣 龜山鎭 柴宮山 猪島等處 松田 而陵監下來 樹木剪伐廣墾 地方官眠同摘奸 則松木幾億萬 不出十年 可成船材 且其土地瘠薄 民不願耕設 或肥沃 爲其五六十結之地 撤罷七八十里鬱密之松山 利害懸殊 位田移定事 請稟旨分付矣….”

75) 『일성록』 정조 1년 6월 12일 병오. “行次對于興政堂 ○予曰 元陵位田處所及結數書來乎 禮曹判書 洪樂性曰 書入矣 予曰 元陵位田之尙未有定處 非他故也 謂以量外加耕 圖占松田 故到處見塞 迄未決定 此乃牟利之輩 慫慂陵官 欲爲多占之致 極爲無狀 樂性曰 果有此弊矣 予曰 新定處以五十結書啓 依其所報 以戶曹元結中 五十結定給 無妨矣 樂性曰 下敎 誠好矣…予曰 各陵園位田多寡 懸殊極其怪訝 當依健元陵結數 均齊磨鍊 甚好 禮判與戶判 相議考出書入可也.”

76) 『元陵志』, 163쪽.

77) 『일성록』 정조 1년 6월 17일 신해. “召見戶曹判書 洪樂純于尊賢閣. 予曰 元陵位田劃定處 已爲商量乎 樂純曰 業已議定矣…以湖西所在 免稅劃定矣 予曰 各陵園墓中 位田之未滿五十結者 置而勿論 數多處 依元陵例酌定 而園墓則比之陵寢 宜有差等矣.”

78) 『일성록』 정조 1년 9월 25일 정해. “命位田結數只園墓釐正. 禮曹啓言各陵園墓位田一依健元陵例以八十結定式而光陵減七結九十七負明陵減二十結昭寧園減五十七結懿昭墓減二百六十六結七十七負七束之意臣蔡濟恭與戶曹判書鄭弘淳消詳釐正以此定式施行而所減結數幷屬該曹之意請分付敎以光陵 明陵當減之結不甚懸殊勿爲釐減只園墓釐正.”

79) 『일성록』 정조 9년 5월 6일 갑인. “元陵陵軍免稅相換軍丁換定命禮判 畿伯明

日入侍稟處. 右承旨 李文源啓言 臣昨今年來 奉審或差祭屢詣元陵 細聞本陵事情 守護軍七十名內 近地居生爲二十餘名 五十餘名 散在各邑 遠爲百餘里 近爲七八十里…故陵寢內積雪 不能當日掃除 其餘修掃等處 多費日子云…."

80) 上同. "教曰 如早聞之 豈至今因循以卿所奏 出擧條 即令禮曹與本道 及土地所管 營門衙門 往復停 當亦令禮判 畿伯 明日入侍 稟處."

81) 『일성록』 정조 9년 5월 7일 을묘. "…履素曰 日昨左承旨 李文源所奏 元陵守護軍事 擧條下者 有稟處之命 而事勢不無相礙之端 敢達矣 各軍門 衙門 屯田之在本州者 取考該曹 收稅案 則其數本自零星 多不過十餘結之內 少不出三四結之外 而至於均廳所關屯田 最多數至百餘結 第未詳 其遠近之如何矣…."

82) 『일성록』 정조 9년 5월 28일 병자. "履素曰…若使較量 結數參計田畓以給 則一人所授 似至十七八斗落矣 方與惠堂 商確之際 陵軍輩 來訴臣曹 以爲廣州抱川境壤 相錯兩邑之邇 反勝於本州 而各衙營所管土地 亦在廣抱間 自願劃得 故其遠邇多少纔 令本道詳爲踏給 而來往之際 自致時日間遲滯 故敢達矣 予曰 依爲之."

83) 『일성록』 정조 9년 6월 28일 을사. "禮曹判書 金履素啓言 元陵陵軍位田換給事 各營門隣近所在田畓 踏驗以來 而結數初不相當 無以準數 而廣州所在 畓十九結 分付地方官與本陵官 眼同請均分劃給 從之."

84) 『일성록』 정조 11년 2월 29일 정묘. "召見大臣備堂于誠正閣. 禮判 鄭昌聖…又啓言 元陵位田 因特教 以楊州 呂州所在屯田番三十五結八十餘卜 換劃以給 而其中或免稅 或未免稅云 請依各陵例 盡爲免稅 從之." 『元陵志』에는 양주에 논 13결 24부 3속, 밭 13결 79부 1속, 여주에 논 8결 80부 6속으로 원결이 도합 35결 84부 1속으로 기록되어 있다.

85) 『일성록』 정조 20년 3월 6일 임자. "右議政 尹蓍東啓言 臣差往元陵忌辰祭獻官 聞本陵位田 初定湖西 因年前 特教換給于畿內 楊州 驪州等地之後 守護軍之收稅 需用大勝於前而猶以不得耕食之故 近處居生者 名數鮮少 几干使役及掃雪等節 皆後於他陵寢云 火巢外近處 或有勳府 及軍門屯田可合相換者 則

禮曹堂上問于本陵官 從便換給 以爲就食居生 專意使役之地 似好….”

86) 『일성록』 정조 20년 4월 10일 을유. “禮曹判書 閔鍾顯啓言…本陵近處 雖有糧餉廳 總戎廳屯田 而結數旣不相稱 民情亦有難便 聞兵曹所屬 驛位田之在火巢外者其數頗多 就此中以十三結零 換給於陵軍 使之就食居生 專意使役恐爲便好矣 從之.”

87) 『일성록』 정조 20년 12월 20일 신묘. “兵曹正郎 鄭晩錫所懷 元陵陵軍位土以蘆原驛位畓相換 而取其陵底附近地劃給事命下 而陵軍輩不論面里之遠近 只擇土品之膏饒 故驛位畓之散在各面者 亦多劃執 且以田換畓者 爲二十七日耕加數濫劃者 爲一結零 陵軍位田事體 目別代土相換 實合事宜 而第其取捨之際 有欠均平之道 無識驛卒輩 不無抑鬱之歎 依初判下 附近面劃給事 更爲申飭于禮曹 實爲兩便之道矣 教以其委折 令判堂査實草記 稟處.”

88) 『일성록』 정조 21년 1월 17일 무오. “兵曹啓言…遣將校逐處摘奸 則果如鄭晩錫所懷 蓋洞口外龜旨面所在 驛卒位土爲一百三十餘結 就其中擇換陵軍位土十二結零 則地旣餘裕事 甚便 當而陵軍輩 不計遠近 只擇膏饒 或至十餘里 二十里 而東取一畝 西執一頃 在陵軍殊無附近劃給之意 在驛卒實有向隅之歎 請更令該色郎廳陵官 眼同踏驗 其最附近 饒沃一坪使之相換 拔其虛負 比其畓總以爲均平劃給之地 允之.”

89) 『元陵志』, 133쪽. “香炭山 慶尙道 固城縣西距二十里西面西里於令浦 實結八十結 收稅六百八十兩內 三手糧八十兩除 馱價六十六兩除 實上納五百三十兩每年十月內 該邑定色吏 輸納本陵 捧上 記在謄錄册(丁酉折授).”

90) 上同. “香炭四十石內 一年朔望 焚香炭 二十四石 六大祭焚香炭十二石(每一香 二石式) 留庫炭四石(若値閏月 或有別享則進排 陵幸 親祭時 香炭自本官進排事).”

91) 『일성록』 정조 1년 8월 10일 계묘. “行朝講及次對于宣政殿. …予曰 元陵 香炭山 尙無定處 誠極可悶矣 領議政 金尙喆曰 下輩之求 得松田 專爲伐木 發賣之計 故其所望定之際 至於納賂 尤極痛駭矣 予曰 與禮判相議望定後 次對以

稟可也."

92) 上同. "命西春君爔及安仁宅拿問查處. 領議政 金尙喆啓言 卽見全羅前監司 李普行 報備局 則因元陵 香炭山望定 南原 光陽等兩邑 李得輝者 圖占差人 行賂於西春君 及其妹夫安仁宅 故得輝今方捉囚於本道云 不可置而不論 西春君爔及安仁宅幷拿問查處 在逃各人待其跟 捕照律重繩之意 請分付道臣 從之."

93) 『일성록』 정조 1년 11월 10일 임신. "元陵香炭依明陵結數命擧行. 禮曹判書蔡濟恭啓言 元陵香炭 尙未完定 自朝家 從長區劃然後 庶可以永久無弊 請下詢大臣 敎曰 此與宮結之弊同矣 卿等之意何如 領議政金尙喆啓言 俄聞禮判之言 懿昭墓位田 還出稅之中 有推移之道云 就此許劃 誠似宜矣 左議政鄭存謙啓言 就其墓所位田 還出稅之中 參量許劃 實合事宜矣 予謂禮判曰 如此則好乎 諸陵寢 各墓園中 懿昭墓之香炭最多 前所除減者 爲幾結乎 今又就其中移劃好矣 濟恭曰 懿昭墓位田三百餘結內 纔因筵敎 依健元陵例 以八十結屬之 本墓其餘二百餘結 竝令出稅矣 今若於出稅之中 一準明陵香炭之數除出八十結 爲元陵香炭 則事極便好矣 敎以依明陵香炭結數 擧行可也."

94) 上同. "召見藥院副提調 洪國榮于誠正閣. 予曰 元陵香炭事 今始決定 此後則陵屬似無紛紜之弊矣 國榮曰 然矣."

95) 『일성록』 정조 1년 4월 1일 병신. "遣承旨詣元陵奉審. 敎曰元陵 莎草有枯損處云 左承旨馳詣奉審以來."

96) 『일성록』 정조 1년 4월 3일 무술. "召見左議政 金尙喆于興政堂. 予曰 元陵莎草枯損處何如 尙喆曰 詳審則外面似是枯損 而頗有生意 故只隨枯損處 張張改補矣…."

97) 『일성록』 정조 3년 5월 13일 병신. "元陵慰安祭命設行. 禮曹啓言 卽接元陵別檢所報 則今日大雨 陵上莎草頹圮云 慰安祭今十五日設行 依例 政府以下進去 奉審後 請稟處 允之."

98) 『일성록』 정조 3년 5월 14일 정유. "元陵陵上莎草頹下處修改命卽爲擧行. 領議政 金尙喆等啓言 臣等進詣陵所奉審後 莎草頹下處尺量 則長四尺 廣八尺 罅

隙處 廣七寸 修改之節 不容少緩 卽爲擇日擧行 教以依請爲之."

99) 『일성록』 정조 4년 6월 1일 무신. "元陵慰安祭 命不卜日設行 政府以下進去奉審. 禮曹啓言 卽接元陵別檢所報 則陵上莎草蹲頹之患 極爲驚心 慰安祭不卜日 今初三日設行 依例 政府以下進去 奉審後 請稟處 允之."

100) 『일성록』 정조 4년 7월 26일 임인. "遣承旨詣元陵奉審. 敎曰 夜雨大霔 月前修補處 更無蹲退渟滀之患乎 左承旨馳詣元陵奉審以來."

101) 『일성록』 정조 5년 윤5월 19일 신유. "元陵慰安祭命不卜日設行政府以下進去奉審. 禮曹啓言 卽接元陵別檢所報 則今番大雨 陵上自酉方至亥方 廣七尺長三尺 深一尺許 頹頣云…."

102) 上同. "元陵奉審後入來也○予曰 陵上莎草有頣處 果何如 而長廣尺深爲幾許方位是何方耶 命善曰 臣等馳詣陵所奉審後 莎草有頣處 以木尺 尺量 則長五尺五寸 廣十六尺 深八寸 而方位則自酉方至亥方…連日暴注 故昨年莎草補築處 罅縫自開漸 次蹲退仍至有頹下之境矣…予曰 元陵 莎草蹲退之患 殆無年無之甚可悶矣 未知何故而然耶 命善曰 陵上不但 甚高地形 亦爲峻急 故莎草之着根未易 一經 潦雨輒致蹲縮矣…."

103) 『일성록』 정조 5년 윤5월 26일 무진. "遣承旨詣受香所奉審摘奸. 元陵 齊陵慰安祭在明日也."

104) 『일성록』 정조 6년 4월 2일 무진. "元陵陵上莎草枯損命詳細奉審. 禮曹啓言卽接元陵參奉所報 則本陵陵上 莎草 自丑方至卯方 長二十七尺 廣十六尺 根不着土 葉不抽靑 見無回蘇之望云…."

105) 『일성록』 정조 6년 4월 3일 기사. "元陵陵上莎草枯損處 命政府以下 依例進去奉審. 敎曰 今聞奉審承旨言 陵上莎草枯損處 果如陵官所報 修改之擧不容少緩 政府以下依例進去 奉審以來 本陵陵上莎草 年年有頉 去年已有所云然領府事一體進去奉審以來."

106) 上同. "尙喆曰 臣於昨年奉審後 有仰達之辭矣 丙申因山 在七月二十七日 而八月初二日 始乃畢役 故時當潦水盛暑 莎草之着根未實 封築亦甚高峻 每年

有頃 寔由於此不可不留待後日 以爲改封築之擧 此有甲子年 明陵已行之例矣 自庚子至甲子爲二十餘年之間 陵上有頉無歲 無之以其封築甚高 莎草易於枯損 故不得不改封築矣."

107) 上同. "…予曰 今欲仍行改築改莎之擧 似有非時之例 雖不得不遲待後日 以爲改封築之計…予曰 甲子八月日記 及禮曹謄錄入之…."

108) 上同. "予曰 甲子年參贊爲明陵參奉 其時事可以詳知乎 東暹曰 封築自來堅固 莎草難於着根 或間年或連年 有頉 故甲子乃有改封築之擧 而有頉在六月 以其非時修改之役 退行於八月矣…."

109) 上同. "…予曰 奉審處何如耶 尙喆曰 莎草枯損處 雖有間間立苗者 而皆不附土 此是昨年修改時 不以新土培之 故 今乃有頉 且枯損處外 或多葉靑者 而手到輒頹 其根之不善着土 從此可知 今番修改時 以爲一新修改之似好矣…."

110) 『일성록』 정조 6년 4월 30일 병신. "行次對于誠正閣. 予曰 元陵改莎草時 欲待雨始役 迄此未果 殊極爲悶 故今日遣承旨奉審 而其頉尤甚處 不可不先爲改補矣…予曰 待秋後 雖當改莎 而今則當補最急處矣."

111) 『일성록』 정조 6년 5월 4일 경자. "行次對于誠正閣. 領議政 徐命善曰 元陵改莎 以今初七日擇定 而向日奉審之行 領府事以特敎出去矣…."

112) 『일성록』 정조 6년 5월 8일 갑신. "行抄啓文臣應製科次于誠正閣. 予曰 元陵陵官待令乎 時偉曰 然矣 予曰 承旨出去 以某條遮陽 盡得着根事 言于陵官 各軍門中 最完水車 卽爲出送事分付."

113) 『일성록』 정조 6년 6월 14일 기묘. "行次對于誠正閣. 右議政 李福源曰 臣聞元陵 水車 領去將校之言 則今番陵上修改莎草 皆已着根 與舊莎草無間云…."

114) 『일성록』 정조 7년 7월 14일 계묘. "召見判府事 鄭弘淳于誠正閣 元陵奉審後入來也○予曰 今番奉審所見 比向來何如 弘淳曰 一如向來奉審時矣 予曰 大體不得不改封築矣 弘淳曰 然矣…."

115) 『元陵改修都監儀軌』 奎 13601. 이때의 공역은 봉분을 개축한 것이므로 의

궤를 작성하였다.

116) 『일성록』 정조 7년 8월 6일 을축. "有政. …鄭弘淳爲元陵改修都監都提調徐有隣 李在協爲提調 韓大裕爲郎廳…弘淳曰 臣自外已與諸臣 及日官涓擇吉日 則今二十五日最吉矣."

117) 『일성록』 정조 7년 8월 13일 임신. "召見改修都監都提調以下于誠正閣. …予曰 雖仍舊土 而新土不可不待令 而觀勢也 弘淳曰 舊土之上覆 以新土少許則莎草似當善着根矣…有隣曰 在前圍圓 受土之物 或以杻 或以葛矣 今番則何以爲之乎 弘淳曰 葛勝於杻矣 予曰 隨好爲之可也 予曰 役軍雇價爲幾何弘淳曰 錢二戔 米二升 以價計之 則幾過三戔 似不少矣 予曰 新土當入幾負乎 弘淳曰 不過三四百負矣…予曰 勿設甕家 依遮日例爲之可也…弘淳曰 圓封之上尖下圓制度 未詳 一遵甲子年明陵前例爲之 似好矣 予曰 從便爲之…."

118) 『일성록』 정조 7년 8월 22일 신사. "予曰 奉審所見何似 豊之曰 元陵封築比他陵寢 重高 莎草多有壁立者 故年年有頉似由於此矣 予曰 比崇陵如何 豊之曰 崇陵高爲八尺二寸 元陵高爲十尺 比他陵過尺餘 而陵上莎草移改 終涉未安 自屛風石以下莎上加莎 補土添修 則陵上莎草 不爲修改 而封築之高 似可減下矣…."

119) 『일성록』 정조 7년 8월 25일 갑신. "…予曰 制度何以爲定 都提調 鄭弘淳曰上尖下豐 卽萬年之圖 而今番修改時 下面則仍舊 而上面豐厚處 以漸而從尖似好矣…予曰 旱餘 莎草 得無枯損之慮乎 弘淳曰 以新造水車 隨時灌注 則豈有枯損之理乎…教曰…況此新上莎草 尤宜別加沾潤然後 庶不止枯損 自今晦限解凍前 莎草有無頉 每十日報于禮曹 以爲登聞之地 可也."

120) 『일성록』 정조 7년 9월 30일 무오. "…有隣曰 昨日元陵奉審後 莎草無頉 幾至着根云 故敢達矣 予曰 莎草幾至着根 則從此可無他慮耶 有隣曰 然矣."

121) 『일성록』 정조 11년 5월 19일 을유. "禮曹啓言 卽接元陵別檢所報 則昨夜大雨 陵上辰方莎草 坼開 深七寸許 左右罅痕 長六尺許云 極爲驚心…又教曰大臣以下 當陵滲濕處 奉審 圖形成出後 先爲復命…."

122) 『일성록』 정조 11년 7월 26일 신묘. "元陵 莎草修改命姑置之. 教曰…日特命 錦城尉 及禮判進去 奉審者也 聞其回奏之言 果如所料修改 姑置之 今則頉處完好 雖値雨水 似不必蓋覆 而撤覆時 不可知委陵官 今日奉審諸臣 更進監撤後 回啓."

123) 『元陵改修都監儀軌』 奎 13602. 1810년에 진행한 개수 내용을 기록하였다.

124) 『일성록』 순조 10년 6월 20일 계묘. "禮曹啓言 卽接元陵官員所報 則今日申時量 大王陵上莎草 自寅方至巳方 爲雨水 蹲縮以周尺尺量 則廣爲二十五尺高爲十尺云矣 慰安祭不卜日 今二十二日設行 修改之節 政府以下卽爲 進去奉審後 稟處 允之. 召見左議政 金載瓚 禮曹判書 朴崙壽 觀象監提調 繕工監提調 洪義浩于誠正閣. …予曰 然則待秋節以設都監擧行可也. 禮曹啓言 元陵 莎草蹲縮處 修改吉日時 令日官推擇 則來八月二十日辰時 爲吉云 請以此日時擧行 允之."

125) 『일성록』 순조 10년 7월 30일 임오. "元陵修改告由命兼行於秋夕節享."

126) 『일성록』 순조 10년 8월 17일 기해. "辭陛也○載瓚曰 …而勿拘日子 期於堅完而已矣 改莎後 當以油芚 遮陽 水車 弓漑之節 雖於都監罷歸之後 付諸本陵官 使之擧行 而油芚易爲曝乾 反不如白木遮日云 此則當以木遮日代用 以松葉黏水均灑 勝於水車之過注 故今番則水車不爲出去 以松葉代灑爲計矣…."

127) 『일성록』 순조 10년 8월 21일 계묘. "召見元陵改修都監都提調 金載瓚等于誠正閣. 予曰 莎草修改 無事克完乎 載瓚曰 昨日辰時始役 今日午時竣事 而有頉處 幾至四周 爲役稍廣 且新舊土 難於交合 故使之爛泥堅築矣 予曰 今則庶無後日之慮耶 崙壽曰 今番則便是一新修築 可無他日之慮矣…."

128) 『일성록』 순조 10년 8월 22일 갑진. "元陵改修都監都提調以下施賞有差."

〈부표〉

1) 1456년 성삼문 등의 단종복위 운동이 발각된 후 폐위되었다가 1513년 복위되면서 현릉과 합릉하였다.

2) 1630년부터 목릉과 합봉하자는 논의가 있어 정자각을 합설하고 참봉과 수호군을 합하였다. 1682년 목릉참봉이 가뭄으로 裕陵의 莎草가 손상된 것에 대한 보고가 마지막 기록이다.[『승정원일기』 숙종 8년 6월 25일.]

3) 1707년 혜릉의 사초가 무너진 것에 대하여 논의한 일이 있는데[『승정원일기』 숙종 33년 7월 3일.], 1720년 숙종의 능호를 정하면서 惠陵 · 愼陵 · 景陵을 삼망으로 올렸다.[『승정원일기』 숙종 46년 6월 15일.] 1707년과 1720년 사이에 목릉과 합봉된 것으로 보이나 자세한 시기는 알 수 없다.

4) 1857년 순원왕후의 능호를 文綾 · 睿陵 · 哲陵을 삼망으로 올려 문릉이라 의정하였지만 인릉에 합부하기 때문에 새로운 능호를 실제로 사용하지는 않았다. [『[純元王后]仁陵山陵都監儀軌』 上, "陵號曰 文陵(註: 山陵將行合祔之禮 不必用新定陵號事 傳教)同月十八日 定合祔之禮于仁陵.]

5) 1849년 헌종의 陵號는 肅陵 · 熙陵 · 睿陵으로 올려 숙릉으로 정하였으나 총호사의 주청에 따라 새로 정한 능호를 사용하지는 않았다.[『[憲宗]景陵山陵都監儀軌』 上, "陵號曰 肅陵(註: 定 山陵後因摠護使箚子 收議不用新定陵號)七月十三日巳時 封標於景陵同原右邊曲墻外."

6) 1903년 11월 20일 효정왕후의 능호로 正陵 · 禎陵 · 裕陵을 삼망하여 정릉으로 정하였으나 고종의 조칙에 따라 새로 정한 능호를 사용하지는 않았다.[『[孝定王后]景陵山陵都監儀軌』 上, "陵號曰 正陵(註: 山陵後旣定於 景陵同原 今則不用新定陵號事 詔勅)同月二十六日 定祔左之禮標于景陵."

7) 문화재청에서 관리하기 위해 붙인 명칭을 따랐다.

8) 일제시기에 집단으로 옮겨 옴.

참고문헌

〈사료〉

『사기본기』(김원중 역, 2004 민음사.)
『漢書』『宋史』『明史』

『高麗史』
『高麗史節要』
『承政院日記』
『日省錄』
『朝鮮王朝實錄』
『國朝五禮儀』
『國朝五禮儀考異』
『國朝喪禮補編』

『文孝世子墓所都監儀軌』
『[懿仁王后]山陵都監儀軌』
『[英祖]元陵山陵都監儀軌』
『元陵改修都監儀軌』
『[正祖]健陵山陵都監儀軌』
『厚陵修改都監儀軌』

『健陵誌』

『明陵誌』

『北道陵殿志』

『元陵志』

『獻陵誌』

『經世遺表』

『東文選』

『沙溪全書』

『山林經濟』

『燃藜室記述』

『芝峯類說』

『澤堂先生別集』

『弘齋全書』

〈보고서 및 단행본〉

국립문화재연구소, 2003『江華碩陵』.

국립문화재연구소, 2006『사진으로 보는 북한국보유적』.

국립문화재연구소, 2007『江華高麗王陵-嘉陵 · 坤陵 · 陵內里石室墳』.

국립문화재연구소, 2009『조선왕릉[Ⅰ] 종합학술조사보고서』.

국립경주박물관 편저, 2008『신라, 서아시아를 만나다』 도록.

국립중앙박물관, 1995『알타이문명전-우리의 뿌리를 찾아서-』 도록.

國史編纂委員會, 1986『국역 中國正史 朝鮮傳』.

조선총독부 편, 1916『大正五年度古蹟調査報告』.

조선총독부 편, 1920『朝鮮古蹟圖譜』.

조선유적유물도감편찬위원회, 1992「공민왕릉」『조선유적유물도감』(평양).
조선중앙사진선전사, 2004『고려의 옛 수도 개성』.
中央文化財硏究院, 2004『서울 淸溪川 復元區間內 淸溪川 遺蹟』조사보고서.
한국문원 편집실, 1995『문화유산-왕릉』, 한국문원.
한국문화원연합회경기도지회, 2007 · 2008『경기도능원총람 상 · 하』.

고려대학교 한국사연구소 고려답사회 편, 2012『한국 문화유산 산책』, 새문사.
고유섭, 1946「고려왕릉과 그 형식」『송도의 고적』(우현 고유섭전집7, 열화당).
關野 貞, 1932『조선미술사』.
국학자료원, 2002『한국한시어사전』, 국학자료원.
김원룡, 1973『한국미술사』, 범우사.
김원룡 · 안휘준, 2003『한국미술의 역사』, 시공사(1993『신판 한국미술사』개정판).
김이순, 2010『대한제국 황제릉』, 소와당.
김인철, 2003『고려무덤 발굴보고』, 백산자료원.
김호동, 2007『몽골제국과 고려』, 서울대학교출판부.
노명호, 2012『고려 태조 왕건의 동상』, 지식산업사.
모리스 로사비, 1989『쿠빌라이 칸 : 그의 삶과 시대』(강창훈 역, 2008 천지인).
文明大, 1986『세종시대의 미술』, 세종대왕기념사업회.
리창언, 2002『고려유적연구』(백산자료원, 2003년 발행).
박용운, 2008『고려시대사』, 일지사.
사회과학원 고고학연구소[김인철 집필], 2009『고려의 무덤』, (주)진인진.
영남대학교 민족문화연구소 편, 2009『고려시대 율령의 복원과 정리』, 景仁文化社.
이근직, 2012『신라왕릉연구』, 학연문화사.
이한수, 2006『고려에 시집온 칭기즈칸의 딸들』, 김영사.

임대희 · 이주현 · 이윤화 외 옮김, 2005『세미나 위진남북조사』, 서경문화사.
장경희, 2010『아름다운 우리 문화재③-고려왕릉-』, 예맥.
장호수, 2000「개성지역 고려왕릉」『韓國史의 構造와 展開』, 혜안.
정수일, 2005『한국 속의 세계』, 창비.
정해득, 2009『정조시대 현륭원 조성과 수원』, 신구문화사.
秦弘燮, 1995『韓國의 石造美術』, 文藝出版社.

董新林, 2005『中國古代陵墓考古研究』, 福建人民出版社.
潘伟斌, 2004『魏晉南北朝隋陵』, 中國青年出版社.
송응성 지음/최병규 옮김, 2009『천공개물』, 범우.
楊寬, 2005『중국역대 陵寢제도』, 서경문화사.
葉驍軍, 1994『中國墓葬歷史圖鑑』中, 甘肅文化出版社.
유항양 · 추교순, 2011『중국 당대 황제릉 연구』, 서경문화사.
윤호진 옮김, 1994『조선부』, 까치.
이스위(易思羽) 지음/정광훈 옮김, 2011『중국문화사전』, 청어람.
정광훈 옮김, 2009『황제의 무덤을 훔치다-중국 도굴의 역사』, 돌베개(岳南 商成勇 許志龍 지음).
許自然 편저, 최무장 편역, 2006『중국 황토 지역의 역대 무덤들』, 연천선사박물관 · 백산자료원.
[日]曾布川冠 著/傅江 譯, 2004『六朝帝陵』, 南京出版社.

〈연구논문〉

강우방, 1990「신라 십이지상의 분석과 해석」『원융과 조화』, 열화당.
권강미, 2006「통일신라시대 사자상의 수용과 전개」『新羅의 獅子』, 국립경주박물관.
權容玉, 1981「朝鮮王朝 王陵 文人石像의 服飾形態에 관한 연구」『服飾』 제4호.

金九鎭, 1975 「舊王陵 神道碑와 石物에 대하여」 『歷史敎育』 第18輯.

김규연 · 정기호 · 최종희, 2011 「조선왕릉의 神路 · 御路 형식에 관한 연구」 『韓國傳統造景學會誌』 Vol.29, No.1.

金旼奎, 2008, 「朝鮮時代 長明燈 研究」 동국대학교 석사학위논문.

김상협, 2010 「조선왕릉 현궁(玄宮) 조성방법」 『능묘를 통해 본 동아시아 諸國의 위상』, 고려대학교 박물관.

金右臨, 2000 「朝鮮時代 墓制에 나타난 象徵體系」 『역사민속학』 11-1, 한국역사민속학회.

김철웅, 2005 「고려시대 태묘와 원묘의 운영」 『국사관논총』 106, 국사편찬위원회.

김충현, 2012 「효종 영릉의 조성과 능제의 변화」 『역사문화논총』 제7호, 역사문화연구소.

金成馥, 1992 「朝鮮時代 文人石에 관한 研究」, 弘益大 彫塑科 碩士學位論文.

金成會, 1985 「韓國文人石에 關한 研究」, 弘益大 彫塑科 碩士學位論文.

金元龍, 1959 「李朝 王陵의 石人彫刻-李朝 彫刻樣式의 變遷-」 『아세아연구』 2권 2호.

______, 1963 「李朝石獸彫刻」 『鄕土서울』 13호.

金銀善, 2002 「朝鮮後期 陵墓 石人像 研究」, 東國大 美術史學科 碩士學位論文.

裵允秀, 1984 「朝鮮時代 王陵 石獸에 대한 研究」, 梨花女大 史學科 碩士學位論文.

申光澈, 2004 「朝鮮時代 王陵의 石人 石獸 造形性 研究」, 忠南大 美術學科 碩士學位論文.

왕성수, 1992-2 「개성일대 고려왕릉에 대하여」 『조선고고연구』.

劉永敎, 1976 「朝鮮後期 王陵의 石人 · 石獸 研究」, 弘益大 彫刻科 碩士學位論文.

李璟珣, 1995 「朝鮮前期 陵墓石人像 研究」, 東國大 美術史學科 碩士學位論文.

어원선, 2013 「조선시대 사대부 灰隔墓 연구」 한신대 한국사학과 석사학위논문.

李敏植, 1996 「朝鮮時代 陵墓碑에 關한 研究」, 漢城大學校 碩士學位論文.

李永貫 외, 2010「唐乾陵과 明孝陵의 建筑文化의 特色과 韓國王陵의 連繫樣相」『韓國思想과 文化』第51輯.
이정윤, 2008「〈顯隆園〉 石物 造成 硏究」, 한신대 국사학과 석사학위논문.
林玲愛, 2001「開城 恭愍王陵 石人像 硏究」『강좌미술사』17, 한국불교미술사학회.
장호수, 2000「개성지역 고려왕릉」『한국사의 구조와 전개』, 혜안.
전나나, 2012「조선왕릉 봉분의 구조적 특성에 대한 일고」『文化財』Vol.45, No.1, 국립문화재연구소.
鄭炳模, 2001「恭愍王陵의 壁畵에 대한 考察」『강좌미술사』, 한국불교미술사학회.
鄭鍾秀, 1994「朝鮮初期 喪葬儀禮 硏究」, 중앙대학교 박사학위논문.
정해득, 2009「朝鮮時代 京畿地域 墓祭石物硏究」『朝鮮時代史學報』51, 朝鮮時代史學會.
정해득, 2012「원릉의 조성과 능침의 관리」『英祖大王資料集』1, 한국학중앙연구원출판부.
정해득, 2012「조선왕릉의 상설제도 연구」『역사문화논총』제7호, 역사문화연구소.
정해득, 2012「조선초기 왕릉제도의 정비과정」『朝鮮時代史學報』63, 朝鮮時代史學會.
朱海滄, 1976「李朝 石獸彫刻이 李朝彫刻에 미친 影響」『建國大學校學術誌』20.
秦弘燮, 1968「昭陵石虎」『藝林』1, 梨花女子大學校.
秦弘燮, 1995「其他石造-石人-」『韓國의 石造美術』, 文藝出版社.
최인성, 1977「朝鮮王朝 王陵 武人石像의 甲冑形態에 對한 硏究」, 梨花女大 碩士學位論文.
洪慶振, 1987「朝鮮時代 王陵 및 石造物 樣式變遷에 관한 硏究」, 慶熙大 史學科 碩士學位論文.
황정연, 2009「조선시대 능비(陵碑)의 건립과 어필비(御筆碑)의 등장」『文化財』제42권 · 제4호, 국립문화재연구소.

찾아보기

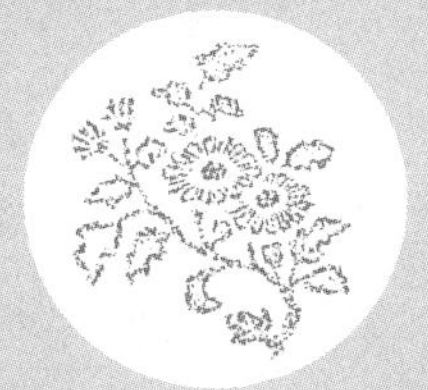

ㄱ

ㄴ

ㄷ

ㄹ

ㅁ

ㅂ

ㅇ

ㅈ

ㅊ

ㅌ

ㅍ

ㅎ

정해득

경기도 수원 출생, 문학박사
한국문화유산연구원 전통문화연구실장 역임
현재 역사문화연구소 기획연구부장,
　　경기도문화재전문위원
　　한신대학교 외래교수

주요논저
『정조시대 현륭원 조성과 수원』
「조선시대 경기지역 묘제석물 연구」
「화령전의 건립과 제향」
「사도세자 국왕추숭의 전개과정과 그 성격」 외 다수

역사문화연구총서 16

조선 왕릉제도 연구

초판 1쇄 발행　2013년 3월 25일

지은이　정해득
펴낸이　김정일
펴낸곳　신구문화사
디자인　은디자인

등록　1968. 6. 10. 제1-205호
주소　경기도 성남시 중원구 금광2동 2661번지
전화　031-741-3055~6
팩스　031-741-3054
이메일　shingupub@naver.com
홈페이지　www.shingubook.com

ISBN 978-89-7668-196-6　93910
값 20,000원

*지은이와 협의에 따라 인지는 생략합니다.